ŒUVRES COMPLÈTES
DE
EUGÈNE SCRIBE

DE L'ACADÉMIE FRANÇAISE

COMÉDIES

VAUDEVILLES

LA FRONTIÈRE DE SAVOIE
ESTELLE — ÊTRE AIMÉ OU MOURIR
UNE CHAUMIÈRE ET SON CŒUR
LA PENSIONNAIRE MARIÉE
VALENTINE

PARIS
E. DENTU, LIBRAIRE-ÉDITEUR
PALAIS-ROYAL, 15-17-19, GALERIE D'ORLÉANS

1883

Paris — Imp. PAUL DUPONT, 44, rue J.-J.-Rousseau. (Cl.) 300.4.83.

ŒUVRES COMPLÈTES

DE

EUGÈNE SCRIBE

DE L'ACADÉMIE FRANÇAISE

RÉSERVE DE TOUS DROITS

DE PROPRIÉTÉ LITTÉRAIRE

En France et à l'Étranger

LA FRONTIÈRE DE SAVOIE

COMÉDIE-VAUDEVILLE EN UN ACTE

EN SOCIÉTÉ AVEC M. BAYARD

Théâtre du Gymnase. — 20 Août 1834.

PERSONNAGES.	ACTEURS.
LASCARI, major.	MM. KLEIN.
GODIVET, épicier, en tournée.	NUMA.
PEPITO, valet de chambre	SYLVESTRE.
CARLO, soldat.	DAVESNE.
LA COMTESSE DE LASCO.	Mmes GRÉVEDON.
ADOLPHINE, femme de Godivet.	MONVAL.
NISIDA, jeune fille du château.	HABENECK.

SOLDATS. — DOMESTIQUES du château.

Dans un château, près de Chambéry.

LA
FRONTIÈRE DE SAVOIE

Un grand salon dans un vieux château. Porte au fond, et une porte de chaque côté de la porte du fond. Portes latérales sur le deuxième plan, à droite et à gauche. Sur le devant, à gauche de l'acteur, une table.

SCÈNE PREMIÈRE.

CARLO, NISIDA, entrant par le fond.

NISIDA.

Carlo, que je suis aise de te voir!... Pauvre garçon! il n'en peut plus.

CARLO.

Je crois bien... j'arrive, toujours courant... j'en perds la respiration, la parole.

NISIDA.

Viens t'asseoir près de moi.

CARLO.

Non... je n'ai qu'un instant à te donner, et je m'en retourne comme je suis venu... je ne veux pas qu'on s'aperçoive de mon absence au poste.

NISIDA.

Comment au poste?... tu es près d'ici?

CARLO.

A un quart de lieue du château, avec ma compagnie... nous sommes placés en surveillance, dans les environs de Chambéry, je ne sais pourquoi... On parle de *carbonari* réfugiés sur cette frontière de France.

NISIDA.

Des *carbonari?*

CARLO.

AIR : Connaissez mieux le grand Eugène. (*Les Amants sans amour.*)

Oui, ma chère, de pauvres diables
Qu'on poursuit sans les ménager ;
Ils sont faibles, ils sont coupables,
Mais les rôles peuvent changer.
Bientôt peut-être à leur audace
Il faudra céder... En ce jour
C'est nous qui leur donnons la chasse,
En attendant qu'ils aient leur tour.

Enfin, c'est notre devoir... Ce qui me console, c'est que ça me rapproche de toi.

NISIDA.

La belle avance! ma mère qui a rejeté ta demande... qui refuse un soldat pour gendre.

CARLO.

Eh bien! j'aurai mon congé... Dans huit jours, je suis libre, et je t'épouse.

NISIDA.

Et demain on me marie.

CARLO.

Demain, ô ciel!

NISIDA.

A un imbécile, un bavard, espèce de valet de chambre

que madame la comtesse vient de prendre pour le service de monsieur le comte, qu'on attend tous les jours... et comme ma mère a quelques épargnes, il est amoureux de ma dot.

CARLO.

Et c'est demain!... mais ne peux-tu pas gagner du temps?... huit jours seulement... huit jours... c'est bien peu.

NISIDA.

Tu as raison; je résisterai à ma mère... je ne sais pas comment, mais c'est égal... Eh bien! tu pars déjà?

CARLO.

Il le faut... c'est l'heure de relever les postes... mais je te reviendrai bientôt pour ne plus te quitter... Toujours là... ce sera ma consigne... Adieu, du courage... huit jours de gagnés... et tu es à moi.

NISIDA.

Je ne demande pas mieux... Chut! quelqu'un... (Carlo lui baise la main et sort doucement par la porte du fond. — Pepito entre brusquement par une des portes du fond, celle qui est à gauche de l'acteur.) Ah! il était temps.

SCÈNE II.

NISIDA, PEPITO.

PEPITO, à la cantonade.

Bavard! bavard!... c'est possible... ça me regarde.

NISIDA, à part.

Allons, en voilà un qui se dispute toujours.

PEPITO.

Ah! ma jolie prétendue!... Comment ça va-t-il?... à merveille, j'en suis bien aise.

NISIDA.

Là!... il fait les demandes et les réponses pour en avoir plus long à dire.

PEPITO.

Bon!... vous aussi vous allez m'appeler bavard... j'en suis sûr... C'est votre mot à tous... bavard!... Si je l'étais!... certainement, il y a une foule de choses que je garde pour moi... par exemple, ce que je viens de voir tout à l'heure, en traversant le jardin... je n'en ai parlé à personne.

NISIDA.

Quoi donc?... contez-moi ça...

PEPITO.

Je ne demande pas mieux!... Figurez-vous que je quittais madame votre mère... je vous cherchais... Dame!... lorsqu'on n'a plus qu'un jour pour s'aimer... il faut toujours être ensemble.

NISIDA, le repoussant.

Allez donc... allez donc.

PEPITO.

Je venais par ici... quand tout-à-coup j'aperçois un grand corps bleu qui file... file entre le mur et la charmille, du côté du château.

NISIDA.

Ah! mon Dieu! (A part.) Si c'était Carlo!

PEPITO.

C'était un homme, un bel homme, ma foi... enveloppé dans un grand manteau bleu.

NISIDA, à part.

Oh! non... Carlo n'en avait pas.

PEPITO.

D'abord, ç'a ma fait quelque chose. Vous concevez, quand on n'est pas prévenu qu'on va avoir une surprise, ça vous remue un peu.

NISIDA.

Vous êtes poltron?

PEPITO.

Quelquefois... mais pas aujourd'hui... Je me suis mis à le suivre bravement, de loin... jusqu'à une porte qui s'est ouverte pour lui... et j'ai cru distinguer la voix de madame la comtesse.

NISIDA.

AIR : Va d'une science inutile.

Ciel! taisez-vous, qu'osez-vous dire?
Si l'on vous avait entendu...
La comtesse qui nous inspire
Tant de respect pour sa vertu...

PEPITO.

Elle en a beaucoup, on l'assure,
Cela doit suffire en ce cas...

NISIDA.

Pour ne pas avoir d'aventure.

PEPITO.

Non, mais pour qu'on n'en parle pas.

Mais comme j'ai vu...

NISIDA.

Taisez-vous... C'est son mari, sans doute... car vous savez bien qu'on l'attend.

PEPITO.

Oh! certainement... elle aura beau jeu à le dire... car dans ce château, où il n'est jamais venu, personne ne le connaît... mais je répondrai à cela qu'un mari ne se cache pas... ça n'arrive pas avec un manteau bleu, par la petite porte dérobée... Au contraire, ça vient toujours par la grande porte... un courrier en avant... c'est plus prudent.

NISIDA.

Là! encore... et vous direz que vous n'êtes pas le plus bavard...

PEPITO.

Méchante! je sais bien pourquoi vous trouvez que je cause trop... vous avez peur de ne pas avoir assez souvent votre tour, quand vous serez ma femme.

NISIDA.

Oh! je n'y tiens pas.

PEPITO.

A votre tour?

NISIDA.

A être votre femme.

PEPITO.

Laissez donc... c'est une affaire arrangée avec votre mère... C'est une si bonne femme!... une maîtresse femme qui sait se faire obéir... je l'aime beaucoup.

NISIDA.

En ce cas, épousez-la.

PEPITO.

Ah! quelle idée!... une femme d'âge!... avec moi qui suis dans ma fleur... Au lieu que vous, qui êtes si gentille!

NISIDA.

Oui, mais il y a un inconvénient... c'est que j'en aime un autre... là!

PEPITO.

Un autre que moi... un nouveau!

NISIDA.

Non, un ancien.

PEPITO.

Bah! qu'est-ce que ça me fait?... vous l'oublierez... voilà.

NISIDA.

Non, j'ai promis de l'aimer toujours, et je tiendrai ma promesse.

PEPITO.

C'est ce que nous verrons, quand je serai votre mari.

NISIDA.

Mon mari... (A part.) Oh! le vilain homme!... rien ne peut l'effrayer... et je lui dirais que... je ne sais quoi... ce serait tout de même... (A Pepito.) Enfin, monsieur, si je n'étais pas libre?

PEPITO, riant.

Qu'importe?... à moins que vous ne soyez déjà mariée.

NISIDA, avec dépit.

Et si je l'étais?

PEPITO.

Hein?

NISIDA.

Oui, mon petit Pepito... oui, mariée en secret... je vous le confie... à vous qui êtes un honnête homme.

PEPITO.

Mariée!... c'est une cheminée qui me tombe sur la tête!... quelle indignité!... et quel est le séducteur? car je ne vois personne dans le pays... pas un jeune homme.

NISIDA.

Dame!... je vous en ai déjà trop dit... et je ne puis pas...

PEPITO.

Nommez donc... nommez donc!

NISIDA.

Silence!... Madame la comtesse. (A part.) Puisqu'il n'y avait pas d'autre moyen.

PEPITO.

Je suis d'une colère... j'étouffe!

SCÈNE III.

Les mêmes; LA COMTESSE.

LA COMTESSE, rêveuse, un papier à la main. Elle entre par le fond.

Que faire? quel parti prendre? (Les apercevant.) Ah! sortez... laissez-moi.

1.

NISIDA.

Oui, madame la comtesse... (Bas à Pepito.) Surtout, pas un mot !

(Elle sort lentement.)

PEPITO.

Mais, madame, je voulais...

LA COMTESSE.

Laissez-moi donc... je veux être seule... (Pepito et Nisida sortent.) Mon mari ici !... mon mari... et poursuivi comme *carbonaro*. Ah! tout me fait trembler! tout m'épouvante... Arrivée ce matin, il me semble que ce château est un refuge dangereux... on ne peut manquer d'y faire des recherches... il faut qu'il parte, qu'il passe la frontière de France... Mais comment? des soldats couvrent le pays... (Ouvrant le papier qu'elle tient.) J'avais pris ce passeport, pour voir s'il n'y avait pas moyen de le faire viser... de changer le nom... que sais-je !... mais c'est impossible... et il faut lui dire !... (Elle s'approche de la porte latérale à gauche, Pepito paraît.) Ciel !

PEPITO.

Madame !

LA COMTESSE.

Que voulez-vous encore ?

PEPITO.

Madame la comtesse, il y a là quelqu'un qui demande à vous parler.

LA COMTESSE, tremblant.

Et... qui donc ?

PEPITO.

C'est une personne qui n'a pas voulu se nommer.

LA COMTESSE, à part.

Ah! si c'était déjà... je sens un froid glacial... Allons... du courage !... (A Pepito.) Faites entrer... (Pepito sort et introduit Godivet.) Des recherches peut-être. (Elle met le passeport à sa ceinture. Voyant Godivet qui entre avec Pepito.) Ah !... ce n'est pas un militaire.

SCÈNE IV.

PEPITO, LA COMTESSE, GODIVET.

GODIVET, entrant.

Madame la comtesse est mille fois trop bonne.

LA COMTESSE.

Qu'est-ce, monsieur ?... que me voulez-vous ?

GODIVET.

Permettez, madame la comtesse... car c'est à madame la comtesse de Lasco que j'ai l'honneur de parler... on m'avait bien dit... un air de dignité... (A part.) Une superbe femme !

LA COMTESSE.

Qui êtes-vous, monsieur ?... je ne vous connais pas.

GODIVET.

C'est un avantage que vous aurez bientôt... (Montrant Pepito.) Pardon, c'est à vous seule que je voudrais avoir affaire. (Sur un signe de la comtesse, Pepito sort.) Je ne suis pas fâché de l'éloigner... ces gens-là ont leurs créatures... (A la comtesse.) Je viens, madame, vous faire mes offres de service... je tiens l'épicerie.

LA COMTESSE.

Ah ! monsieur est...

GODIVET.

Horace Godivet, épicier... épicier français, marié dans ce pays à une petite femme charmante... et par suite, établi récemment dans la ville voisine... Grande rue... où je tiens tout ce qui concerne mon état.

AIR de la Vieille.

Marchandises toujours nouvelles,
  Femme aimable dans mon comptoir ;
Aux Savoyards les plus rebelles
  Ma boutique est superbe à voir.
Au Mortier d'or... avec chandelles,

Et gros pains de sucre en sautoir,
Oui, d'honneur, c'est superbe à voir !
Tout est français, chez nous, par caractère;
De nos auteurs la gloire littéraire
Dans nos cornets se trouve tout entière...
Car notre France, au monde qu'elle éclaire,
Montre aujourd'hui sous les mêmes lauriers
Ses auteurs et ses épiciers.

LA COMTESSE.

Épicier !... si vous saviez combien cela me fait de plaisir !

GODIVET.

Madame la comtesse... c'est trop de bonté... j'y suis parfaitement sensible... d'autant plus que je n'y suis pas habitué... au contraire, depuis quelque temps, les épiciers, on les vexe.

LA COMTESSE.

Monsieur...

GODIVET.

En France surtout... C'est pour ça que j'en suis sorti... On n'y a pas assez de considération pour un état qui, j'ose le dire, rend des services à la société qu'il éclaire... Épiciers, épiciers !... ils abusent de ce nom-là... ils le donnent à tort et à travers à des gens qui n'ont jamais pris patente... c'est une profanation !... et, pour vous en donner une idée... il y a un an, j'étais à Paris pour un héritage que j'avais eu le malheur de faire... Un soir, j'étais au spectacle... j'aime beaucoup les pièces de théâtre... celles d'aujourd'hui surtout... elles sont épicées, salées et poivrées... j'adore ça... On jouait une pièce nouvelle... c'était horriblement beau... j'en avais la chair de poule !... lorsqu'un monsieur qui était près de moi, au plus beau moment... *ut*... lâche un coup de sifflet... Voilà tout le parterre debout, qui s'écrie, en se retournant de mon côté : « A bas l'épicier !... à la porte l'épicier !... » J'étais rouge, j'étouffais... C'est égal, je me lève et je crie : « Oui, messieurs, je suis épicier, mais... »
On ne me laisse pas finir... les huées... les éclats de rire,

les sifflets... ça part de tous les côtés... le commissaire de police en écharpe me prend par le bras, me met à la porte au milieu des éclats de rire et des bravos... et le lendemain, je lis dans le *Moniteur*, partie officielle, que c'est un épicier qui a fait tomber la pièce.

LA COMTESSE.

Monsieur, le château a ses fournisseurs, et je suis désolée de la peine que vous avez prise.

(Elle fait un pas pour sortir.)

GODIVET.

Du tout... Ç'a été un plaisir... d'ailleurs c'est mon chemin pour passer en France.

LA COMTESSE, s'arrêtant.

Ah! monsieur passe en France?

GODIVET.

Avec ma femme qui m'attend à l'auberge voisine... Nous avons des emplettes, des provisions à faire.

LA COMTESSE.

Mais vous ne savez peut-être pas la surveillance qu'on exerce sur la frontière... Comment la tromper?

GODIVET.

Je ne tromperai personne... j'ai mes papiers bien en règle... un passeport visé de ce matin.

LA COMTESSE.

Ah! un passeport!

GODIVET.

Oui, madame... comme négociant, comme Français.

LA COMTESSE, souriant d'un air aimable.

Voilà qui est bien différent... et s'il m'est prouvé que vous êtes Français...

GODIVET, se fouillant.

Tout ce qu'il y a de mieux prouvé.

LA COMTESSE.

C'est qu'il y a tant de marchands forains qui nous trompent !

GODIVET.

Je connais ça... des porte-balle, Italiens, Vénitiens ou Lombards... des fabricants de mélasse, qui se disent marchands de sucre... des droguistes qui déshonorent l'épicerie!... c'est partout comme cela... tandis que moi, madame... (Lui donnant son passeport.) Lisez, lisez... je suis fier de mon état.

LA COMTESSE, lisant.

« Laissez librement circuler et traverser la frontière de « France, le sieur Horace Godivet, épicier... »

GODIVET.

Épicier-chocolatier; je tiens à tous mes titres... Chocolatier... ce qu'il y a de plus distingué... car parmi les fabricants de chocolat on compte des marquis... j'en connais à Paris, passage du Panorama.

LA COMTESSE, qui pendant ce temps a changé le passeport et lui donne celui de son mari.

Dès que ce sont des marchandises françaises, je prendrai tout ce que vous voudrez... Vous avez la pratique du château.

GODIVET, saluant.

Madame la comtesse... (A part.) Voilà une femme charmante.

SCÈNE V.

Les mêmes ; NISIDA.

NISIDA, entrant par le fond.

C'est égal, je ne l'épouserai pas.

LA COMTESSE.

Ah ! mademoiselle, approchez... Vous ferez la note de ce qu'il faut en épiceries... vous la remettrez à monsieur.

GODIVET.

A moi!

LA COMTESSE, se rapprochant de lui.

Oui, monsieur Godivet... et quant au prix, ne vous gênez pas... on paiera d'avance.

GODIVET.

Ah! c'est mille fois trop de bonté... mais c'est inutile.

LA COMTESSE.

Tout ce que vous voudrez.

AIR : Venez, mon père, ah ! vous serez ravi.

(A part.)
Ah! que le ciel protége mon mari!
(Haut.)
Adieu, monsieur, je me retire,
Mais je bénis, plus que je ne puis dire,
L'heureux hasard qui vous amène ici.
Si vous saviez quel plaisir je vous doi!...

GODIVET, saluant.

Madame!...
(A part.)
Comme elle s'explique!
A son bonheur, on dirait que c'est moi
Qui viens lui donner ma pratique.

Ensemble.

GODIVET.

Comptez sur moi, ce n'est pas à demi
Qu'à vos ordres je veux souscrire ;
Je suis confus, plus que je ne puis dire,
Des doux égards que j'ai trouvés ici.

LA COMTESSE.

Ah! que le ciel protége mon mari!
Pour qu'il parte, je me retire ;
Oui, je bénis, plus que je ne puis dire,
L'heureux hasard qui vous amène ici.

(Elle sort par la porte latérale à gauche.)

SCÈNE VI.

NISIDA, GODIVET.

GODIVET.

Ma foi, il est impossible d'avoir des manières plus distinguées... elle est fort bien pour l'épicerie, cette femme-là.

NISIDA, à part.

Quel est cet homme-là? D'où tombe-t-il?

GODIVET, à Nisida.

A nous deux, ma belle enfant... (A part.) Elle est gentille la petite... (Haut.) Nous disons, la liste des provisions... Huile d'olive, bougie, café... soixante livres de chaque...

NISIDA.

Mais, monsieur, c'est trop... cela se gâtera.

GODIVET.

C'est ce qu'il faut... je reviendrai plus vite auprès de vous... Car elle est charmante, et me ferait presque oublier ma femme qui m'attend.

NISIDA.

Votre femme!

GODIVET.

Oui, mon ange... et elle n'aime pas attendre, Mme Godivet... c'est ma faute, je l'ai habituée à l'exactitude... avec ça qu'elle est un peu jalouse... Dame! j'ai eu mon temps... le temps des conquêtes... quand j'étais premier garçon, rue des Lombards... et que toutes ces petites marchandes de la rue Saint-Denis... Il n'y a rien de plus galant que l'épicier en général... et surtout en particulier... aussi, en ce moment encore, il me semble; (Mouvement de Nisida.) mais non, non... je cours rejoindre ma femme... je la conduis ce soir en France, où nous passerons une quinzaine de jours... et en repassant, je vous apporterai ce que vous m'avez commandé, sans compter pour vous quelques douceurs.

NISIDA.

Je n'en écoute jamais.

GODIVET.

Et moi, je vous en offre... deux livres de chocolat... et pour madame votre mère, une bouteille d'anisette.

AIR des Carabiniers. (*Fra-Diavolo.*)

Acceptez-la, mademoiselle,
De vous l'offrir il m'est bien doux.

NISIDA.

Monsieur est trop bon.

GODIVET.

Ah! ma belle!
Peut-on l'être trop avec vous?
A ces cadeaux-là je m'engage,
C'est un usage convenu,
Dans tous les châteaux... et l'usage
Est aussi d'en prendre un reçu.

(Il l'embrasse.)

NISIDA, parlé.

Monsieur!

GODIVET, de même.

Pardon... l'ancienne habitude des conquêtes.

Ensemble.

GODIVET.

Adieu! ma femme que j'oublie
Contre moi doit être en courroux;
Mais il n'est rien, ma jeune amie,
Que l'on n'oublie auprès de vous.

NISIDA.

Une telle galanterie...
Mais pourquoi me mettre en courroux?

Je n'ai jamais vu de ma vie
D'épicier plus galant que vous.

(En sortant par le fond, Godivet lui envoie des baisers. — Pepito paraît au moment où il sort.)

SCÈNE VII.

PEPITO, entrant par la porte latérale, à droite; NISIDA.

PEPITO, le regardant.

Eh bien! qu'est-ce qu'il a donc celui-là avec sa pantomime, et ces baisers qu'il lui envoie?

NISIDA.

Qu'est-ce que cela vous fait?

PEPITO.

Cela me fait que tout m'est suspect... depuis ce que vous m'avez dit ce matin... aussi, je viens d'en parler à votre mère.

NISIDA.

Quelle indiscrétion!... moi qui m'étais fiée à vous... je suis sûre que ma mère est furieuse de ce mariage.

PEPITO.

Furieuse... ce ne serait rien... mais elle est comme moi, elle n'y croit pas.

NISIDA.

Eh bien! par exemple.

PEPITO.

Et elle se dit qu'à moins de voir le mari... car enfin, où est-il?... quel est-il?

NISIDA.

Si je ne veux pas le nommer!

PEPITO.

Parce que vous ne le pouvez pas... parce qu'il n'existe pas... parce qu'on le connaîtrait dans le pays.

NISIDA.

Et s'il n'en était pas!... si c'était... (A part.) Ah! mon Dieu! ce monsieur qui part pour la France, et qui ne reviendra que dans quinze jours!...

PEPITO, la contrefaisant.

Eh bien!... si c'était!...

NISIDA.

Celui que vous venez de voir.

PEPITO.

Qui, tout à l'heure, vous envoyait des baisers?...

NISIDA.

Dame!... ça lui est permis.

PEPITO.

Malédiction!... c'est moi qui l'ai introduit ce matin, qui lui ai ouvert la porte!

NISIDA.

Vous, monsieur Pepito!... Ah! que je vous en remercie!

PEPITO.

C'est donc ça qu'il avait un air mystérieux... et qu'il ne voulait pas dire, en ma présence, pour qui il venait.

NISIDA.

C'était pour moi... Quand on est marié...

PEPITO.

C'est-il possible!... c'est là votre mari!... Je vous en fais mon compliment... il est gentil... un grand sec, avec sa figure bête... et ses petites jambes!... Ah! Dieu! quelles jambes!

NISIDA.

Dame! tout le monde n'est pas construit aussi heureusement que vous.

PEPITO.

Fi! mam'zelle, c'est affreux!... se donner à un homme

comme ça!... vous et votre dot... et en secret encore! mais si je le retrouve jamais... si je le rencontre...

NISIDA.

Par bonheur, il est loin, (A part.) et. ne reviendra pas de longtemps.

SCÈNE VIII.

Les mêmes; GODIVET, LE MAJOR LASCARI, tenant Godivet par le bras. DEUX SOLDATS en faction à la porte du fond.

LASCARI.

Je suis désolé, monsieur, de vous retenir... mais je ne connais que ma consigne... fixe et immobile.

NISIDA, effrayée.

Ah! mon Dieu! le revoilà!

PEPITO, à part.

C'est lui!

GODIVET.

Je vous répète, monsieur le major, que je suis pressé; et au moment de sortir du château, vous me mettez la main sur le collet.

LASCARI.

Formalité indispensable et préliminaire... mais ne craignez rien... Le major Lascari, officier piémontais, qui a servi autrefois dans la gendarmerie française, sait ce que l'on doit d'égards aux gens que l'on arrête. Car, pour ce qui est de la politesse... fixe et immobile... Votre nom?

GODIVET.

Godivet, épicier.

PEPITO.

Ce n'est pas vrai.

LASCARI.

Où alliez-vous?

GODIVET.

Je sortais de ce château pour aller embrasser ma femme.

PEPITO.

Ce n'est pas vrai... il vient de l'embrasser.

GODIVET.

De quoi se mêle-t-il, celui-là? Je vous dis que j'allais retrouver mon épouse.

PEPITO.

Au contraire, il venait de la quitter... car son épouse, la voilà.

(Montrant Nisida.)

NISIDA.

Si on peut dire... (A Pepito.) Voulez-vous bien vous taire?

PEPITO.

Je ne me tairai pas... Voilà le mari de madame.

GODIVET.

Moi!

PEPITO.

Oui, monsieur, vous-même... Je sais que vous vouliez cacher votre mariage... mais il n'est plus temps... c'est connu... elle en est convenue elle-même.

GODIVET, surpris.

Elle-même?

PEPITO.

Oui, monsieur... Ici, tout à l'heure, elle m'a avoué qu'elle vous avait épousé.

GODIVET, avec joie.

Elle l'a avoué... c'est différent... (A part.) Diable! voilà une aventure... et si madame Godivet ne m'attendait pas!... (Haut.) Monsieur le major, je ne nie pas...

PEPITO, à Lascari.

Vous l'entendez.

GODIVET, s'approchant de Nisida.

D'autant que la petite est charmante. (A part.) Le fait est qu'elle est mieux que ma légitime.

NISIDA, troublée.

Mais, monsieur...

GODIVET, vivement.

Je suis votre mari... c'est convenu... pas maintenant... vous savez qu'il faut que je m'éloigne... mais au retour...

NISIDA.

Monsieur!

GODIVET.

N'oubliez pas que nous sommes mariés... que vous l'avez dit.

PEPITO, bas à Lascari.

Les voyez-vous qui se consultent... c'est assez clair.

NISIDA, passant entre Godivet et Lascari, à Pepito.

Eh bien! oui, puisque vous le voulez absolument, et avant que monsieur s'en aille, je le dis devant vous... devant lui... et je vais le dire à ma mère... Êtes-vous content, maintenant?

(Elle sort en courant.)

PEPITO.

Je suis furieux.

GODIVET.

Et moi, je suis ravi... et avant de partir, je veux lui répéter...

(Il fait un pas pour sortir.)

LASCARI, le retenant par le bras.

Un instant, monsieur... Vous ne nous quitterez pas ainsi... Vos papiers, votre passeport?

GODIVET.

Les voici.

(Il donne son passeport à Lascari.)

SCÈNE IX.

Les mêmes ; LA COMTESSE, entrant par la porte latérale, à gauche.

LA COMTESSE, à part.

Il était temps... sorti par une porte tandis que les soldats entraient par l'autre... et pourvu, maintenant, qu'on lui laisse quelques heures d'avance... (Apercevant Lascari.) Ah ! c'est le major !

LASCARI, qui pendant ce temps a parcouru le passeport.

Que vois-je ! celui que nous sommes chargés d'arrêter... le comte de Lasco.

GODIVET, prenant le passeport.

Moi !... laissez donc tranquille !

LA COMTESSE.

O ciel !

PEPITO, à part.

Notre maître ! et l'autre qu'il a épousée... Quelle horreur !

GODIVET, lisant.

Comte de Lasco !

LASCARI.

Qu'avez-vous à répondre ?

GODIVET.

Que c'est une erreur... une bêtise de l'employé aux passeports... un Piémontais qui écrit comme un savoyard. Et voilà madame la comtesse qui vous dira que je suis Godivet l'épicier... N'est-il pas vrai ?

LA COMTESSE, à part.

Oh ! mon Dieu ! quelques heures seulement... et il est sauvé !...

LASCARI.

Vous voyez qu'elle hésite.

GODIVET.

Du tout... et madame va vous dire...

LA COMTESSE, à Godivet.

Tout ce que vous voudrez... mais cependant... et au point où en sont les choses... je ne vois pas, monsieur, à quoi sert de continuer plus longtemps ce déguisement.

GODIVET.

Qu'est-ce à dire?

LA COMTESSE, vivement.

Puisque vous êtes reconnu... D'ailleurs, M. le major est un galant homme, à qui l'on peut se fier.

LASCARI.

C'est ce que je disais à M. le comte.

LA COMTESSE.

Et j'ai la certitude maintenant que vous n'avez rien à craindre... qu'il n'y a aucun danger.

LASCARI.

Je le pense de même.

GODIVET.

Et moi, je ne pense plus... je ne sais plus où j'en suis!... Cependant je ne rêve pas... je suis éveillé... je n'ai bu que de l'eau... et à moins que ce ne soit une mystification!... en tout cas, si c'est une mystification, elle est bonne; et je vous demanderai, dans la supposition où je serais monsieur le comte...

LASCARI, avec indignation.

La supposition!

GODIVET.

Eh bien! je le suis... je le veux bien... j'y consens... comte, baron, tout ce qu'il vous plaira... puisqu'il paraît que ce sont des accidents auxquels on est exposé à présent, en voyage... et qu'un citoyen qui était sorti bourgeois, ne sait pas maintenant ce qu'il sera en rentrant chez lui... Je suis comte, c'est convenu; et comme tant d'autres, sans savoir comment... mais dans ce cas-là, je demande ce qu'on attend de moi... ce qu'on me veut... ce qu'on exige... Répondez.

LASCARI.

Ce qu'on exige, monsieur le comte?... que vous restiez ici, dans votre château, près de madame la comtesse, jusqu'à ce que nous ayons reçu des ordres ultérieurs.

GODIVET.

Pas autre chose?

LASCARI.

Pas autre chose... Et moi et mes gens qui allions vous attendre sur la frontière...

LA COMTESSE, à part.

O ciel!

LASCARI.

Resterons ici, près de vous, sans vous gêner en rien, et en vous laissant tout à fait libre... J'espère, madame la comtesse, que je ne peux pas faire mieux...

LA COMTESSE.

Non certainement... et je n'oublierai jamais le service que vous rendez en ce moment à moi (Appuyant, et avec intention.) et à mon mari.

GODIVET, à part.

Son mari!... elle aussi qui le veut... Ma foi, si c'est une plaisanterie contre les épiciers, rira bien qui rira le dernier. (Haut.) Madame la comtesse... mon épouse...

LA COMTESSE.

Monsieur le comte...

LASCARI.

A la bonne heure!

GODIVET.

Puisque les qualités sont connues, je ne m'en dédis plus.

PEPITO, stupéfait.

C'est donc là notre vrai maître ? eh bien ! je m'en doutais... et je me disais, en voyant cet air distingué : ça ne peut pas être un épicier.

GODIVET.

Taisez-vous !

PEPITO.

Mais...

GODIVET.

On vous dit de vous taire... il raisonne beaucoup, ce grand-là ! qu'est-ce qu'il est dans la maison ?

LA COMTESSE.

Votre valet de chambre.

PEPITO.

Pour vous servir.

GODIVET.

Et il ne fait que m'ennuyer... Il s'est permis d'insulter l'épicerie... voilà de ces choses que je ne pardonnerai jamais... et puisque je suis ici, chez moi, dans mon château, je le chasse. (Se reprenant et regardant la comtesse.) Je le chasse avec l'agrément de mon épouse.

PEPITO.

Ah ! madame...

LA COMTESSE.

Obéissez à M. le comte, il est le maître ici.

GODIVET, regardant la comtesse.

Ah ! je suis le maître !... c'est bon à savoir... c'est agréable... j'en userai... Soupe-t-on ici, chère amie ?... y a-t-il de bon vin dans mes caves ?

LA COMTESSE.

Ce qu'il y a de mieux en vins de France.

GODIVET.

Je ne quitte plus mon château... vous souperez avec nous, major.

LASCARI.

C'est mon devoir, monsieur le comte... je serai là... fixe et immobile.

GODIVET.

Comme votre consigne... Touchez là... je vais, en attendant, passer un habit plus convenable... je ne vois pas pourquoi je me gênerais... (A Pepito.) Montre-moi mon appartement. (Regardant la comtesse.) Je veux dire notre appartement.

LA COMTESSE.

Grand Dieu!

(Pendant ce temps, Lascari est allé au fond, a donné ordre aux deux soldats de s'éloigner, et en rentrant a fermé la porte du fond.)

GODIVET, à part.

Nous verrons comment ça finira.

AIR du vaudeville des Gascons.

Je sors, bientôt je reviendrai
    Plus tendre,
  Et sans me faire attendre.
Je ne m'étais pas préparé
  Aux grands airs... mais je m'y ferai.
Ici, tout est fort de mon goût,
  Hommages et titre de comte;
Caves, château, j'accepte tout,
    (Regardant la comtesse.)
  Et ce n'est encor qu'un à-compte.

(A la comtesse.) Chère amie! (A Lascari.) Major, au revoir. (A part.) Allons, morbleu! ne nous refusons rien.

Ensemble.

GODIVET.

Je sors... bientôt je reviendrai
    Plus tendre,
  Et sans me faire attendre;
Je ne m'étais pas préparé
  Aux grands airs, mais je m'y ferai.

LES AUTRES.

Il part, bientôt il reviendra
Plus tendre,
Et sans se faire attendre;
Et la toilette le rendra
Plus aimable qu'il n'est déjà.

(Il sort par la porte latérale, à gauche.)

SCÈNE X.

LASCARI, PEPITO, LA COMTESSE.

PEPITO, qui lui a montré la porte de l'appartement.

Grâce au ciel, il n'y est plus... et je peux enfin dire la vérité à madame la comtesse et à monsieur le major.

LA COMTESSE.

Qu'est-ce que ça signifie?

PEPITO.

Qu'il y a ici tromperie, trahison... oui, madame, je le prouverai.

LA COMTESSE.

Et qui vous interroge?

PEPITO.

Ah! je ne crains rien... je brave tout... je n'ai plus de ménagements à garder.

LA COMTESSE, à part.

Il me fait trembler.

PEPITO.

Et puisqu'il me chasse... puisqu'il me renvoie, je vous apprendrai que M. le comte est un séducteur.

LASCARI.

Voulez-vous bien vous taire!

PEPITO.

Je ne me tairai pas... un séducteur, qui, non content de posséder une femme aussi jolie, a encore séduit Nisida, ma prétendue...

LA COMTESSE.

Que dites-vous?

PEPITO.

Et lui a persuadé qu'il l'épousait... et elle l'a cru sur parole.

LASCARI.

Il perd la tête.

PEPITO.

Du tout, ce n'est pas moi... c'est elle qui l'a perdue... Sous ce nom de Godivet, qui est son nom de guerre et de conquêtes, il a triomphé de sa raison... elle se croit madame Godivet.

LA COMTESSE.

Il serait possible !

PEPITO.

Elle l'a dit à sa mère... elle l'a dit ce matin devant moi... devant monsieur le major.

LASCARI.

C'est vrai... je me le rappelle maintenant.

LA COMTESSE.

AIR du vaudeville de l'Avare et son ami.
Qu'entends-je !

PEPITO.

Ma cause est la vôtre.

Vengez-vous.

LASCARI.

C'est mal, j'en convien,
De toucher à la part d'un autre,
Quand pour la sienne on a si bien.

PEPITO.
La guerre entre nous n'est pas franche !
Me prendr' ma femm' ! c'est lâche à lui,
Surtout quand il sait bien qu'ici
On n'peut pas prendre sa revanche.

LA COMTESSE, à part.

O ciel ! est-ce qu'en effet ce serait ?... Pauvre enfant ! à qui j'enlève son mari... Courons vite la rassurer, la détromper.

LASCARI.

Mais, madame, calmez-vous.

LA COMTESSE.

Non, non... je vais la trouver, je vais apprendre le secret de cette jeune fille... (A part.) et lui confier le mien.

(Elle sort par le fond.)

LASCARI.

Mais, madame... (A Pepito.) Bavard ! est-ce qu'on répète ces choses-là devant une femme ?

PEPITO.

Qu'est-ce que ça me fait ?... il m'a chassé et je voudrais pouvoir le faire pendre.

LASCARI.

Le pauvre diable !... cela peut bien lui arriver, sans que tu t'en mêles... car, je ne lui ai pas dit... mais si les ordres que j'attends...

PEPITO.

Vous croyez... ah ! Dieu !... certainement, c'est mon maître... je le respecte... mais j'en serais bien content.

SCÈNE XI.

PEPITO, GODIVET, LASCARI.

GODIVET, sortant de l'appartement. Il est en robe de chambre.

Je suis bien dans cette robe de chambre... On dirait que

j'ai été fait pour elle... Dieu!... si mes pratiques me voyaient comme ça, dans mon comptoir!... et s'ils avaient vu mon appartement... quels beaux meubles, et quel bon lit! un lit très-grand... et des candélabres avec de la bougie magnifique... de la bougie à quatre francs la livre... moi, d'abord, je ne la donnerais pas à moins de cent sous!... (A Lascari, qui s'est assis auprès de la table à gauche du théâtre.) Ah! c'est vous, major... où est mon épouse?

LASCARI.

Elle vient de sortir.

(Il se lève.)

GODIVET.

Tant pis... car elle est bien, ma femme... très-bien, n'est-ce pas? et puis une comtesse...

(Deux domestiques apportent une table servie.)

LASCARI.

Monsieur le comte n'est pas à plaindre.

GODIVET.

Mais jusqu'à présent, je ne me plains pas.

PEPITO, à part.

Je le crois bien... vil séducteur!

GODIVET, à part.

Et nous verrons plus tard jusqu'où ça ira, car maintenant que me voilà lancé... je n'en aurai pas le démenti. (Haut.) Ah! voilà le souper... à table, major!...

LASCARI.

Et votre femme?

GODIVET.

Tiens, c'est vrai... je n'y pensais plus... La voici. (S'asseyant.) Venez donc, chère amie... nous vous attendions.

SCÈNE XII.

Les mêmes; LA COMTESSE, entrant par la porte latérale à droite.

LA COMTESSE, à part en souriant.

Pauvre Nisida! je sais tout, et je compte sur elle.

GODIVET, à la comtesse.

Eh bien! venez donc là... près de nous. (La faisant asseoir à sa droite.) Ah! c'est délicieux de se trouver ainsi à une bonne table... entre Mars et Vénus... C'est pour vous, monsieur le major, que je dis cela... vous comprenez la plaisanterie... eh! eh! eh! A boire! qu'on me verse à boire!

PEPITO debout, le servant.

Voilà... (A part.) Si je pouvais me raccommoder avec lui... Versons-lui tout plein.

LA COMTESSE, lui offrant une assiette.

Voulez-vous de ce macaroni?

GODIVET.

Oui, ma chère comtesse... c'est-à-dire, ma chère femme... j'en veux bien... (Lui serrant la main.) Je veux de tout... et le major aussi... le dieu Mars!... Je suis aimable, n'est-ce pas?... je le suis toujours quand j'ai faim... et voilà un macaroni!... excellent macaroni!

LA COMTESSE.

Vous trouvez?...

GODIVET.

Oui, femme charmante... Par exemple, le parmesan n'est pas assez fort... ce n'est pas ce que nous appelons parmesan première qualité.

PEPITO.

C'est cependant ce qu'il y a de mieux... on le prend chez Giletti, le premier épicier de Chambéry.

GODIVET, avec colère.

Giletti ! un débitant de cassonade... un droguiste à la demi-livre...

PEPITO.

Permettez...

GODIVET.

Tandis que nous avons là des épiciers français...

PEPITO.

Mais, monsieur le comte...

GODIVET.

Oui, monsieur, la France est encore la première nation de l'Europe pour l'épicerie... Il y a là quelque chose de fin, de délicat, de coquet, dont vos Savoyards ne se doutent pas.

LASCARI.

Nous n'aurons point de dispute là-dessus.

GODIVET.

Je crois bien... il paraît que le dieu Mars n'aime pas la guerre. C'est drôle, n'est-ce pas?... c'est de l'érudition!... a boire !... (Pendant qu'on lui verse.) Toujours à boire... et buvons à nos amours... aux vôtres, monsieur le major.

LASCARI.

Ah ! monsieur le comte, ne me parlez pas de cela... ici surtout.

GODIVET.

Un soupir !... il a laissé quelques souvenirs d'amour dans ce pays...

LASCARI.

C'est vrai : j'étais jeune alors...

GODIVET.

« J'étais jeune et superbe. »

Comme l'Œdipe de M. de Voltaire, dont on ne veut plus maintenant, et dont nous faisons des cornets.

LA COMTESSE.

Hein !...

(Elle lui donne un coup de pied.)

GODIVET, à part.

Ah! elle m'a marché sur le pied...

LASCARI.

J'adorais une petite fille de ces environs... et j'en étais aimé... Cette chère Adolphine !

GODIVET.

Adolphine !... tiens, c'est le nom de ma femme.

LASCARI.

Comment? madame la comtesse...

LA COMTESSE, vivement.

Oui, monsieur... un de mes noms...

GODIVET.

Bah !... vous aussi... est-ce étonnant !

LASCARI.

Par malheur, et pendant ma dernière campagne, qui a duré trois ans... toujours dans la gendarmerie française... elle m'écrivit qu'elle était obligée de se marier.

GODIVET, riant.

Ah ! c'est charmant !...

LASCARI.

Mais que si jamais elle avait à se plaindre de son mari, elle me jurait bien...

GODIVET.

De vous prendre pour vengeur. (Riant et s'échauffant.) Elle est bonne celle-là... et le mari n'a qu'à bien se tenir... Je bois à sa santé. (A Pepito, qui rentre.) Qu'est-ce que c'est?... Qu'est-ce que tu veux ?

PEPITO.

Il y a une femme qui vient d'arriver au château... elle demande à parler à monsieur le comte ou à madame la comtesse.

GODIVET.

Est-elle gentille?

LA COMTESSE.

Monsieur...

GODIVET.

Pardon, madame la comtesse... (A Pepito.) Qu'elle attende! on verra après le souper... Apporte-nous du café, de la liqueur... quelque chose de bon... de l'huile de Vénus... du cassis... j'adore le cassis... surtout le mien.

LASCARI.

Le vôtre?

LA COMTESSE, vivement.

Oui, celui que je fais... n'est-ce pas, mon ami?

GODIVET, à part.

Bah! vraiment?... elle fait du cassis... c'est original. (Haut, chantant.) Tra, la, la, la... la petite chanson... Chantez-vous, mon ange?

LA COMTESSE.

Jamais, monsieur.

GODIVET.

Et moi, toujours.

« J'étais bon chasseur autrefois. »

Ou bien :

« Femmes, voulez-vous éprouver... »

PEPITO, à part.

Voilà monsieur le comte dedans.

GODIVET.

Et j'ai du neuf... je sais tout Desaugiers et les refrains de M. Béranger...

« Allons, Babet, un peu de complaisance. »
« Eh! zon, zon, zon,
« Baise-moi, Suzon... »

(Il veut embrasser la comtesse. — La comtesse le repousse.)

Encore!... ah! ma chère comtesse... Mais j'y suis, c'est le major. (A Lascari.) Dites donc, major, voilà qu'il est tard... on va vous conduire dans votre chambre.

LASCARI, se levant.

C'est juste... je me retire... par exemple, je vais faire mettre des factionnaires à la porte de cet appartement.

GODIVET.

Tout ce que vous voudrez, pourvu que vous nous laissiez seuls...

(Deux valets emportent la table.)

LA COMTESSE, à part.

Et Nisida qui m'avait promis...

LASCARI.

Bonsoir, monsieur le comte.

GODIVET.

Bonsoir, major, bonne nuit.... bonne nuit, entendez-vous... (Prenant les flambeaux, et invitant la comtesse à le suivre dans son appartement.) Enfin... ils s'en vont, et je triomphe. (A la comtesse.) Allons donc, chère amie...

(Au moment où il va pour entrer dans la chambre, paraît Nisida, qui en sort.)

SCÈNE XIII.

LES MÊMES ; NISIDA.

NISIDA, accourant.

Eh bien ! monsieur, que devenez-vous donc ?... il se fait assez tard, j'espère, et moi qui vous attends...

GODIVET.

. Hein ! que veut celle-là ?

LA COMTESSE, à part.

Ah ! je respire.

LASCARI, qui est prêt à sortir, revient.

Qu'y a-t-il ?... et qu'est-ce que cela veut dire?

NISIDA.

Que je suis obligée de venir jusqu'ici chercher mon mari.

LA COMTESSE.

Son mari! (A Godivet.) Comment, monsieur, qu'est-ce que j'apprends là?

GODIVET.

Une erreur... une plaisanterie.

NISIDA.

Une plaisanterie!... eh bien, par exemple!...

GODIVET, à Nisida.

Eh! oui, ma chère... (A la comtesse.) Ne faites pas attention, comtesse...

(Il lui prend la main.)

LA COMTESSE, dégageant sa main.

Si, monsieur... je saurai ce que cela signifie.

NISIDA, feignant de pleurer.

Cela signifie... que nous sommes mariés... qu'il y a un mariage secret.

GODIVET.

Bien secret, car je n'en ai jamais entendu parler.

NISIDA.

Quelle horreur!... quand ce matin même, devant ces messieurs, il en est convenu.

LASCARI.

C'est vrai.

PEPITO.

Je l'ai entendu.

GODIVET.

Parce que vous le vouliez absolument... et pour vous faire plaisir... (A la comtesse.) Car comment supposer que moi... un homme marié... qui aime... qui suis aimé...

LASCARI.

Un homme de qualité.

GODIVET.

Certainement... première qualité.

NISIDA.

De qualité ?

PEPITO, à Nisida.

Oui, mademoiselle, c'est M. le comte de Lasco, notre maître.

NISIDA.

Qu'est-ce que ça me fait ?

PEPITO, avec indignation.

Ce que ça lui fait ?...

NISIDA.

Certainement... je suis sa femme, aussi bien que madame.

LA COMTESSE.

Elle a raison. Et après une trahison... une perfidie pareille ! Fi, monsieur !... c'est affreux ! c'est indigne... un homme de votre rang, se cacher sous un faux nom, pour séduire une jeune fille.

GODIVET.

Mais écoutez-moi.

LA COMTESSE.

Non, monsieur... voici votre appartement... voici le mien... laissez-moi.

GODIVET.

Mais que le diable m'emporte si je l'aime !... si j'y ai jamais songé... c'est vous seule que je veux pour femme.

NISIDA, le prenant par le bras.

Et vous croyez que je le souffrirai !... j'invoquerai plutôt la justice.

LASCARI.
Cela peut aller aux tribunaux.

GODIVET.
Eh! dites donc, gendarme, mêlez-vous de ce qui vous regarde. (Allant à la comtesse.) Ma chère amie!

LASCARI.
C'est juste... ce sont des affaires de ménage et d'intérieur... je vais poser mes factionnaires.

(Il sort par le fond.)

ADOLPHINE, en dehors.
Je veux voir madame la comtesse... je la verrai.

PEPITO.
Ah! c'est cette dame qui vous demandait, et qui se sera lassée d'attendre.

SCÈNE XIV.

Les mêmes; ADOLPHINE, en costume de voyage. Elle entre par la porte à gauche de la porte du fond.

GODIVET.
Allons, qu'est-ce encore? je ne peux pas être seul un instant dans mon ménage... dans mon double ménage.

ADOLPHINE.
Il a dû venir ici... et madame la comtesse me dira... (Apercevant Godivet.) Dieu! c'est lui... mon mari!

(Elle court dans ses bras.)

GODIVET, stupéfait.
Ma femme!

PEPITO, à part.
Encore une!... c'est donc le mari de toutes les femmes!

ADOLPHINE.
En robe de chambre... ici... tranquillement!... pendant

que je l'attendais à Saint-Thibaut, où je tremblais d'inquiétude qu'il ne lui fût arrivé quelque chose... Tu n'as rien, n'est-ce pas ?

GODIVET, avec embarras.

Non, ma bonne... rien.

PEPITO, bas à Adolphine.

Que deux femmes de trop.

GODIVET, avec colère.

Pepito !...

PEPITO, s'inclinant.

Pardon, monsieur le comte.

ADOLPHINE.

Lui, monsieur le comte !

GODIVET, à demi-voix.

Tais-toi donc, et va-t'en... je t'expliquerai.

LA COMTESSE, regardant vers le fond, à part.

On peut tout leur dire... Ciel !... des factionnaires !

(On voit dans le fond Lascari placer deux soldats en dehors.)

ADOLPHINE.

Il y a donc quelque mystère ?... Parle vite... parle donc... tu sais si je suis jalouse !

PEPITO, bas à Adolphine.

Femme imprudente, prenez garde... sa femme est là, qui vous entend.

ADOLPHINE.

Sa femme !... laquelle ?

PEPITO.

C'est là l'embarras.

ADOLPHINE, regardant Nisida et la comtesse.

Où est-elle ?... de quel côté ?

PEPITO.

Où vous voudrez... ça n'y fait rien. (Montrant Nisida.) Celle-là en est une, comme vous... et l'autre est la véritable... madame la comtesse.

ADOLPHINE.

Sa femme! on oserait soutenir...

LA COMTESSE et NISIDA.

Oui, vraiment. (A part, et regardant Lascari qui les regarde du fond.) Il le faut bien, pour quelques instants seulement.

GODIVET, regardant la comtesse.

Dieu! que cette femme-là m'était attachée... et la perdre dans un moment pareil! (A Adolphine.) Permettez, chère amie... demain matin, vous saurez...

ADOLPHINE.

Je n'écoute rien.

NISIDA.

Ni moi non plus.

GODIVET.

Pardonnez-moi, madame la comtesse.

LA COMTESSE.

Laissez-moi, vous dis-je... et sortez... ne reparaissez jamais devant moi.

NISIDA.

Oui, monsieur... sortez.

LASCARI, entrant tout-à-fait.

Sortir!... un instant; ma consigne s'y oppose... (Chancelant un peu.) Et pour ce qui est de la consigne... fixe et immob... (Regardant Adolphine.) Ah! mon Dieu! je ne me trompe pas... c'est bien elle... mon Adolphine.

GODIVET.

Votre Adolphine?

ADOLPHINE.

Le major Lascari!

GODIVET.

Celle dont vous me parliez tout à l'heure?

LASCARI.

Justement.

GODIVET.

C'est un peu fort... et de quel droit, ma femme...

LASCARI.

Sa femme!

ADOLPHINE.

Et de quel droit vous-même?... quand je vous retrouve ici avec deux femmes... car ce sont vos deux femmes.

PEPITO et LE MAJOR.

Certainement.

ADOLPHINE.

Et je me vengerai.

GODIVET.

Ah! vous le prenez sur ce ton! eh bien! moi aussi, je me vengerai... et madame la comtesse...

LA COMTESSE, le repoussant avec dédain.

Laissez-moi, vous dis-je.

GODIVET.

Ou cette petite Nisida...

NISIDA.

Éloignez-vous.

GODIVET.

AIR : Sortez, sortez. (*La Fiancée*.)

Madame, permettez...

LA COMTESSE.

Non, vous êtes un traître.

NISIDA.

Un monstre.

GODIVET, à sa femme.

Et toi?

ADOLPHINE.

Mon cœur ne doit plus vous connaître.

TOUTES TROIS.
Vous ne m'êtes plus rien ici,
Non, vous n'êtes plus mon mari.

Ensemble.

TOUTES TROIS.
Sortez à l'instant de ces lieux,
Ne paraissez plus à mes yeux.

PEPITO et LASCARI.
Trois à la fois, oh! c'est affreux!
Encor si ce n'était que deux!

GODIVET, allant de l'une à l'autre.
Restez un instant dans ces lieux...
Fut-on jamais plus malheureux!

(La comtesse sort par la porte latérale, à droite. — Nisida par le fond, par la petite porte à droite de la porte du fond. — Le major Lascari, par la porte du fond. — Pepito, par la petite porte à gauche de la porte du fond; et Adolphine, par la porte latérale à gauche. — Nisida et Adolphine emportent chacune un flambeau. — Toutes les portes se ferment à la fois. — Le théâtre est dans l'obscurité.)

SCÈNE XV.

GODIVET, seul.

Allons, on me laisse seul, toutes les portes fermées... et si je pouvais seulement me raccommoder avec une de mes premières... car, pour mon ancienne, je l'abhorre... je la déteste!... Être venue me déranger au plus beau moment!... et c'est encore elle qui criait plus fort que les autres... c'est tout simple, la légitime!... mais à présent, qu'elle n'est plus là, si je pouvais... reprendre la conversation où je l'ai laissée... car cela allait bien, et au milieu de toutes ces beautés, j'avais l'air d'un sultan, ou tout au moins d'un pacha... Le pacha Godivet! (Allant doucement regarder par le trou de la serrure, et frappant à la porte à droite.) Ma chère comtesse... (On entend fermer un verrou en dedans.) Si c'est comme cela qu'elle m'ouvre!... (Allant à la petite porte par où Nisida est sortie.) Ma chère petite Nisida... (On entend aussi fermer les verrous.) Même réponse... Je crois qu'elles s'entendent. (Allant à la porte latérale à gauche.) Madame Godivet... (On ferme les verrous.) Et elle aussi!... c'est trop fort... moi qui tout à l'heure avais trois femmes... à présent, votre serviteur ; il n'y a plus personne, et je me vois réduit à rien, après avoir été dans l'embarras des richesses. (S'asseyant.) Je ne peux pourtant point passer la nuit dans ce fauteuil... On y est très-mal... et j'avais un si bon lit... un lit de damas, à baldaquin... et madame Godivet, sans penser à moi, est capable de l'avoir accaparé à elle toute seule... elle est si égoïste... (Comme frappé d'une idée.) Ah! mon Dieu! peut-être pas tant que je crois... et sa jalousie, ses projets de vengeance dont elle me parlait tout-à-l'heure... elle l'avait promis à cet imbécile de major... et elle est si fidèle à ses promesses, qu'elle est femme à m'oublier... seulement pour me vexer... Car, au fond, elle m'adore... mais c'est égal, ça serait amusant... ça serait gentil... pendant que je suis ici, en garçon... de penser que ma femme, ou mes femmes...

AIR du vaudeville de la Famille de l'Apothicaire.

Il est des malheurs, ici-bas,
Qu'il faut bien que chacun subisse ;
Comment, en ce moment, hélas !
Empêcher qu'on ne me trahisse ?
Mes trois femmes, sans contredit,
Doivent m'en donner l'assurance...
Puisqu'avec une seule on dit
Que l'on a déjà tant de chance !

(On entend ouvrir à gauche la porte par où Pepito est sorti.)

Chut... j'entends du bruit... Qu'est-ce que c'est que ça? Encore quelque événement... encore quelque femme qui m'arrive!... pourvu que ce ne soit pas la mienne!

SCÈNE XVI.

GODIVET, CARLO et PEPITO, entrant doucement.

PEPITO, à voix basse.

C'est lui!... le voilà.

GODIVET, à part.

Un soldat!

PEPITO.

Maintenant, qu'est-ce que vous lui voulez?

CARLO.

Ça ne te regarde pas... je t'ai promis vingt-cinq ducats si tu m'ouvrais cette porte secrète... Monsieur le comte va te les donner.

PEPITO.

A la bonne heure!

GODIVET.

Qui va là?

CARLO.

Silence... c'est un ami qui vient vous sauver... car nous n'avons pas un instant à perdre.

GODIVET, à part.

Qu'est-ce que je disais?... voilà que ça s'emmêle encore... Le château est enchanté.

CARLO.

Prenez votre manteau, le danger presse.

GODIVET.

Le danger!...

CARLO.

Silence... dans une heure, on vous conduit à Turin pour y être fusillé... l'ordre est arrivé.

3.

GODIVET.

Par exemple... pas de bêtises... c'est encore pire que ce que je craignais tout-à-l'heure... et je ne veux pas...

CARLO.

Ni moi non plus... je viens vous sauver, vous faire évader.

GODIVET.

Vous êtes bien bon... et j'accepte.

CARLO.

Donnez-lui vite vingt-cinq ducats, et partons.

GODIVET, étonné.

Hein! vingt-cinq ducats!...

CARLO.

Oui, à Pepito.

GODIVET.

A cet imbécile-là!... Plutôt mourir!

PEPITO, prêt à s'en aller.

Alors, il ne tient qu'à vous... ce ne sera pas long.

CARLO, le retenant.

Y penses-tu!... (A Godivet.) Allons, de grâce... ne marchandez pas... Qu'est-ce que c'est que vingt-cinq ducats, pour vous surtout!

GODIVET.

Je vous jure, mon cher ami, que je ne les ai pas... (Se fouillant.) J'ai là quinze francs, argent de France.

PEPITO, refusant.

Par exemple!

CARLO.

Allons donc, monseigneur, ce n'est pas pour moi... je ne vous demande rien; et pourvu que vous me fassiez épouser Nisida...

PEPITO.

Lui!... laissez donc! vous donner sa maîtresse!...

CARLO.

Nisida ! y penses-tu ?

PEPITO.

Eh ! oui... elle adore monsieur le comte qui l'a trompée, séduite, épousée, est-ce que je sais ?... car il épouse tout le monde.

CARLO, avec fureur.

Est-il possible !...

GODIVET.

Allons, v'là que ça va recommencer encore !

CARLO.

Oui, c'est infâme ! c'est affreux ! le perfide ! et moi qui venais le sauver... Monsieur le comte, nous sommes quittes maintenant... et je vous arrête.

GODIVET.

Ah ! mon Dieu !... mais, mon ami, mon généreux ami, vous êtes dans l'erreur... je ne suis pas monsieur le comte.

CARLO.

Plaît-il ?

PEPITO.

Il a peur.

GODIVET.

Certainement, j'ai peur.

CARLO.

Ah ! vous n'êtes pas monsieur le comte... vous n'êtes plus mon rival ! un vil séducteur !... Eh bien ! l'épée en avant... vous aurez ma vie, ou j'aurai la vôtre.

GODIVET.

Comment, ma vie !... je la garde... et je n'ai pas besoin de la vôtre.

CARLO.

Nous nous battrons.

GODIVET.

Je ne me battrai pas !... je ne me bats jamais.

CARLO, tirant son épée.

Allons, dépêchez-vous.

GODIVET.

Otez-moi donc cette arme-là... ça peut blesser. Ah! çà, ils sont tous enragés dans cette maison... les hommes, les femmes, les soldats... (Il passe entre Carlo et Pepito.) Eh bien! non, je me révolte à la fin... qu'ils viennent, vos soldats, vos sbires... je reste... je me moque d'eux, et de vous, comme de zéro.

Ensemble.

GODIVET.

AIR des Malheurs d'un amant heureux.

Laissez-moi, c'en est trop,
La moutarde me monte ;
Je saurai, s'il le faut,
Tous vous mettre en défaut.
Je ne dois pas de compte
A vous, à vos soldats ;
Je ne suis pas un comte,
Je ne marcherai pas.

CARLO.

A la fin, c'en est trop,
Il viendra, fût-il comte !
Suivez-nous, il le faut,
Ou j'appelle aussitôt.
Vous devez rendre compte
De semblables éclats ;
C'est en vain qu'on m'affronte,
Il faut suivre mes pas.

PEPITO.

Prenez-le, c'en est trop, etc.

(Les portes s'ouvrent avec bruit, et les trois femmes paraissent. — Lascari paraît au fond avec des soldats.)

TOUS.

Ah! quel bruit, quel fracas!
D'où viennent ces éclats?

SCÈNE XVII.

GODIVET, LASCARI, CARLO, PEPITO, LA COMTESSE, ADOLPHINE, NISIDA, Soldats.

TOUTES TROIS, ensemble.

Ah! grand Dieu!

GODIVET.

Voilà mes femmes à présent!

LA COMTESSE.

Que se passe-t-il donc?

GODIVET.

Il se passe... qu'on veut me faire violence... qu'on veut m'enlever... Ce garçon-là...

NISIDA.

Toi, Carlo?

CARLO.

Laissez-moi, perfide!

LASCARI.

Et il fait son devoir.

GODIVET.

Le dieu Mars, à présent...

LASCARI.

L'ordre m'est arrivé de vous arrêter sans pitié, pour vos intelligences avec la frontière.

GODIVET.

Je n'ai pas d'intelligences.

LASCARI.

Et de vous envoyer sur-le-champ à Turin, où la bonne justice de Sa Majesté vous attend.

ADOLPHINE.

O ciel! mon mari! je me trouve mal!

(Elle tombe dans un fauteuil.)

CARLO.

On en a déjà fusillé deux.

LA COMTESSE, tombant dans un autre fauteuil.

Dieu! si c'était...

NISIDA, pleurant.

Monsieur le comte...

GODIVET.

Eh bien! voilà qu'elles pleurent toutes les trois!... elles se croient déjà veuves. (Allant de l'une à l'autre.) Mesdames, mesdames, rassurez-vous... reprenez vos sens comme je reprends moi-même mes titres, et mon vrai nom... car je déclare ici, à la face du ciel, que je suis Godivet, le seul et véritable Godivet... je ne suis ni grand seigneur, ni trompeur, ni séducteur... je suis épicier, un loyal épicier : j'ai voulu venger l'honneur du corps... ça m'a joliment réussi... et voilà ma femme qui vous l'attestera, si elle ne veut pas me laisser pendre.

ADOLPHINE, à Lascari.

Il l'aurait bien mérité... mais je suis déjà assez vengée.

LASCARI.

Hélas! madame, cette ruse-là même ne le sauvera pas... car un rapport que je reçois à l'instant m'apprend que l'épicier Godivet, grâce à un passeport bien en règle, a passé la frontière ce matin.

LA COMTESSE, s'élançant.

Mon mari, monsieur?...

(Elle prend le rapport.)

LASCARI.

Eh non!... l'épicier Godivet...

LA COMTESSE.

Il est sauvé!... (A Godivet.) Pardon, monsieur, pardon... je vous ai compromis un instant, en changeant votre passeport, à votre insu... mais vous le voyez, c'était pour sauver mon mari.

ADOLPHINE.

Est-il possible! et cette petite?

LA COMTESSE.

Une plaisanterie pour gagner du temps... et pour ne pas épouser Pepito qu'elle déteste.

PEPITO.

Merci.

ADOLPHINE.

Et moi qui ai pu le soupçonner... moi, qui dans ma colère...

LA COMTESSE.

Major, j'ai bien des excuses à vous demander.

LASCARI.

Aucune, madame... et je suis trop heureux de l'accueil que j'ai reçu au château.

GODIVET.

Je n'en dirai pas autant... et je reviens à ma femme, ma vraie femme, ma seule et unique... car de trois femmes que j'avais, il ne m'en reste qu'une... pourvu encore qu'elle m'appartienne entièrement... et que cet imbécile de major...

ADOLPHINE.

Qu'est-ce que c'est?

GODIVET, la prenant sous le bras.

Rien... je me renferme désormais avec ma femme, dans mon comptoir (Regardant le major.) où il n'y a place que pour deux, et alors on verra...

(Saluant tout le monde.)

NISIDA.

N'oubliez pas que vous avez la pratique du château.

GODIVET.

C'est la seule chose que j'y aurai gagné... et... (S'adressant au public.) si ces messieurs et ces dames veulent bien ne pas oublier notre adresse... Grande rue... *Au Mortier d'Or* : Godivet, épicier.

Ensemble.

GODIVET.

AIR : Allons, mettons-nous en voyage.

L'aventure était singulière,
Je peux rentrer dans mon comptoir ;
Seul avec ma femme, j'espère,
On m'y reverra dès ce soir.

TOUS.

L'aventure était singulière,
Il peut rentrer dans son comptoir ;
Seul avec sa femme, j'espère,
On l'y reverra dès ce soir.

GODIVET, au public.

AIR du vaudeville de *Philibert marié.*

Si par hasard, dans cette salle,
Quelques épiciers sont présents,
Qu'ils ne fassent pas de scandale,
Nos couplets sont fort innocents.

De l'indulgence, je vous prie !
Messieurs, n'allez pas envoyer,
Par égard pour l'épicerie,
Notre pièce chez l'épicier.

ESTELLE

ou

LE PÈRE ET LA FILLE

COMÉDIE-VAUDEVILLE EN UN ACTE

Théatre du Gymnase. — 7 Novembre 1834.

PERSONNAGES.	ACTEURS.
M. DE SOLIGNI, ancien militaire et ancien négociant . . . . MM.	SAINT-AUBIN.
RAYMOND DE BUSSIÈRES, marin . . .	RHOZEVIL.
FUMICHON, notaire à Pau.	FERVILLE.
RENAUD, domestique de M. de Soligni. . .	BORDIER.
ESTELLE, fille de M. de Soligni . . . . . Mme	LÉONTINE VOLNYS.

Dans le château de M. de Soligni, situé dans le département des Basses-Pyrénées.

ESTELLE

ou

LE PÈRE ET LA FILLE

Un salon attenant à une première pièce, dont la croisée ouverte laisse voir les murs extérieurs et la tourelle du château. Porte au fond ; deux portes latérales. A droite du spectateur, une table. A gauche, sur le premier plan, un secrétaire ou une caisse faisant partie de la boiserie. Un peu sur le devant du théâtre, et du même côté, un canapé.

SCÈNE PREMIÈRE.

RAYMOND, RENAUD, entrant par le fond.

RAYMOND.

Comment, je ne pourrai pas le voir?

RENAUD.

Non, monsieur.

RAYMOND.

Dites-lui que c'est un jeune officier de marine qui demande à lui être présenté.

RENAUD.

Impossible, monsieur, mon maître ne reçoit personne.

RAYMOND.

Alors, et quoique j'aie peu de temps à moi, je reviendrai plus tard.

RENAUD.

Plus tard, ce sera de même : ni les étrangers, ni les gens du pays n'entrent au château. Notre maître n'aime pas la compagnie; il veut toujours être seul ici avec sa fille.

RAYMOND.

C'est bien singulier!

RENAUD.

C'est tout au plus s'il aime à me rencontrer dans le parc, moi son valet de chambre, moi qui suis de la maison, et qui ne lui dis jamais rien; et je ne sais même pas comment vous avez pu pénétrer jusqu'ici.

RAYMOND.

Le pont-levis était baissé; je suis entré, et tu es la première personne que je rencontre.

RENAUD.

Si Monsieur s'en aperçoit, le vieux concierge sera renvoyé.

RAYMOND.

Qui vient là?... Est-ce ton maître?

RENAUD.

Non, vraiment. Encore un étranger! Il y a foule aujourd'hui, et depuis deux ans, je n'en ai jamais tant vu à la fois.

SCÈNE II.

RAYMOND, FUMICHON, RENAUD.

FUMICHON.

Enfin voilà quelqu'un à qui on peut parler. (A Raymond.) Enchanté de trouver un jeune homme, un militaire, ça me rassure, car l'extérieur de ce vieux château, aux pieds des

Pyrénées, avec ses fossés, ses créneaux, ses ponts-levis... et pas un être vivant...

RENAUD.

Vous n'avez donc pas vu Michel, le concierge?

FUMICHON.

Solitude complète. Et moi, qui ne suis pas un brave, je me disais... (On entend un coup de fusil.) Qu'est-ce que c'est que ça? Est-ce qu'il y a ici du danger?

RAYMOND.

Ne craignez rien, monsieur.

RENAUD.

C'est le vieux Michel qui aura aperçu un isard. Il ne peut pas y résister; c'est pour le poursuivre dans la forêt qu'il aura quitté un instant la porte du château.

AIR : Tenez, moi je suis un bon homme. (*Ida.*)

Ah! j'admire fort son audace ;
Mais s'il aime tant le gibier,
Que ne le fait-on garde-chasse
Au lieu de le nommer portier?
Je crains, cumulant les deux places,
Qu'il n'aille, par quelques erreurs,
Tirer le cordon aux bécasses
Et son fusil aux visiteurs.

FUMICHON, à Raymond.

Voudriez-vous, mon jeune ami, me conduire près du seigneur châtelain?

RAYMOND.

Vous vous adressez mal, monsieur, car j'ai moi-même à lui parler de l'affaire la plus importante, et je ne sais comment parvenir jusqu'à lui; il est invisible, il ne reçoit personne.

FUMICHON.

N'est-ce que cela? Je vous ferai avoir audience, je vous en réponds. (A Renaud.) Annonce-moi! à lui ou à mademoiselle Estelle, sa fille.

RENAUD.

Défense absolue! Il a refusé de recevoir le général, le préfet lui-même : or, comme vous n'êtes ni préfet, ni général...

FUMICHON.

Je suis mieux que cela, mon garçon; et si tu ne veux pas, à ma recommandation, être chassé dès ce soir, tu vas lui porter sur-le-champ cette carte. A ce nom seul, qu'il attend avec impatience, grilles, verrous, tourelles et poternes, tout va s'ouvrir comme par enchantement.

RENAUD, effrayé.

Eh! mon Dieu! Et ce nom si redoutable...

FUMICHON, lui lisant sa carte.

Fumichon, notaire.

RENAUD.

Quoi! monsieur...

FUMICHON, d'un air important.

Notaire royal! Songe à ce que je t'ai dit, et va vite.

RENAUD, avec respect.

Oui, monsieur, ne vous impatientez pas, car s'il est au bout du parc, il faudra le temps.

(Il sort par le fond.)

SCÈNE III.

RAYMOND, FUMICHON.

RAYMOND.

Ah! monsieur est notaire...

FUMICHON.

A une douzaine de lieues d'ici, dans la ville de Pau; vous la connaissez?

RAYMOND.

Non, monsieur.

FUMICHON.

Tant pis pour vous! une vue magnifique, la vue des Pyrénées, l'aspect du Gave, et, mieux encore, des coteaux de Jurançon... un vin excellent, que je serais charmé de vous offrir, si vous me faisiez l'honneur de vous arrêter chez moi. Et si, d'ici là, comme je vous l'ai dit, je puis vous être utile à quelque chose...

RAYMOND.

Vous êtes trop bon, et un pareil accueil fait à un étranger...

FUMICHON.

Vous ne l'êtes pas... Vous avez là une épaulette... Et vous devez avoir une vingtaine d'années?

RAYMOND.

A peu près.

FUMICHON.

N'importe. J'ai un fils de dix-huit ans, officier comme vous, pas dans la marine, dans les dragons; c'est égal.

AIR de Lantara.

Quand un militaire, un jeune homme,
Paraît à mes yeux attendris,
Sans m'informer comme il se nomme,
Je l'aide autant que je le puis;
D'avance il est de mes amis!

RAYMOND.

Eh quoi! monsieur, sans le connaître?...

FUMICHON.

S'il a besoin d'un appui, me voilà!
Je le soutiens, en me disant : Peut-être
Un autre à mon fils le rendra!

RAYMOND, lui serrant la main.

Ah! monsieur.

FUMICHON.

Et puis, j'ai toujours eu un faible pour la jeunesse. Demandez à Hector, c'est mon enfant, Hector Fumichon, un gaillard qui fait de moi tout ce qu'il veut. Ma femme, qui est dévote, l'élevait avec une sévérité, un rigorisme qui me semblaient peu convenables : aussi, et sans la contrarier, parce que je suis bon mari, je gâtais mon fils Hector le plus que je pouvais, afin de rétablir l'équilibre. Ça allait bien, ou plutôt cela allait mal, jusqu'au moment où il a fallu qu'il prît un état; et alors il n'y a plus eu moyen d'y tenir. Ma femme voulait qu'il entrât au séminaire, et moi dans le notariat. Madame Fumichon a résisté, j'ai tenu bon, et pendant que nous nous disputions pour savoir s'il serait notaire ou curé, l'enfant s'est fait dragon.

RAYMOND.

Sans votre consentement?

FUMICHON.

Il nous l'a demandé après. Il est militaire dans l'âme; il boit, il fume, il se bat. Du reste, un excellent cœur, qui m'aime bien et qu'il est impossible de ne pas aimer. En passant ce matin à Bagnères, où son régiment est en garnison, j'ai voulu l'embrasser; il était aux arrêts, parce que hier, au spectacle, il avait eu une querelle.

RAYMOND.

Et pour qui?

FUMICHON.

Pour moi. Il y avait dans la pièce un notaire ridicule, comme ils en mettent dans toutes leurs comédies, et par piété filiale, Hector n'a pas voulu laisser finir l'ouvrage; de là du bruit, du tapage, un défi, *et cætera*.

AIR : Qu'il est flatteur d'épouser celle. (*Le Jaloux malade.*)

C'est un bon enfant! c'est un diable!
Par intérêt pour ses parents,
Le sabre au poing, il est capable
D'amener chez moi des clients!
Et nous n'avons pas l'habitude,
Dans l'état que nous exerçons,

De faire marcher une étude
Avec un piquet de dragons!

Malheureusement je n'ai pas pu le gronder à mon aise; on m'attendait ici, j'avais reçu hier la lettre la plus pressante de mon ami Soligni, que depuis deux ans je n'ai pas vu...

RAYMOND.

C'est votre ami?.

FUMICHON.

Ami intime; je l'ai connu si jeune, militaire sous l'Empire, officier supérieur à vingt-cinq ans, puis, lors de la Restauration, lancé dans les spéculations commerciales, il m'a toujours confié toutes ses affaires, il n'a jamais rien fait sans me consulter.

RAYMOND.

Quel bonheur! j'ai grand besoin de protection auprès de lui.

FUMICHON.

Eh bien! jeune homme, comme je vous l'ai dit, me voilà... On vient.

RAYMOND, avec effroi.

Ah! mon Dieu!

FUMICHON.

Est-ce que vous avez peur? vous, un marin! (Lui prenant la main et regardant du côté de la porte à gauche de l'acteur.) Rassurez-vous, c'est sa fille... Eh bien! je crois que vous tremblez encore plus fort.

SCÈNE IV.

Les mêmes; ESTELLE.

ESTELLE, entrant par la porte à gauche de l'acteur.

Serait-il vrai? du monde en ce château! (A Fumichon.) Vous, monsieur... (S'avançant et apercevant Raymond.) Ah! mon Dieu! M. Raymond!

FUMICHON.

Vous vous connaissez donc?

RAYMOND, troublé.

Mais oui, monsieur.

FUMICHON.

Et moi qui voulais vous présenter! (Souriant.) Je vais vous prier de me rendre ce service.

ESTELLE.

Comme si vous en aviez besoin, vous, l'ami de mon père et surtout le mien, car vous étiez toujours de mon avis.

FUMICHON.

C'est mon usage; je suis toujours du parti de la jeunesse, et fais cause commune avec elle. Nous n'avons, nous autres vieillards, que ce moyen-là de nous rajeunir. Mais permettez, mon nouvel allié, permettez, vous qui m'interrogiez tout à l'heure, me direz-vous, à votre tour, comment vous vous trouvez ici en pays de connaissance?

ESTELLE, montrant Raymond.

Nous sommes de vieux amis.

FUMICHON.

Vraiment!

RAYMOND.

Des amis d'enfance. Pendant les cinq années qu'a duré le dernier voyage de M. de Soligni...

ESTELLE.

Ma mère m'avait amenée à Paris pour mon éducation, car j'avais alors douze ans.

RAYMOND.

Mon père, ancien camarade de régiment de M. de Soligni, m'avait présenté à ces dames; je les voyais presque tous les jours.

ESTELLE.

C'était notre chevalier, à moi surtout; il ne me quittait pas.

RAYMOND.

D'abord; mais bientôt, et en cinq années, d'enfant qu'elle était, mademoiselle Estelle...

FUMICHON.

Est devenue une grande personne; ce qui n'était pas fait pour vous éloigner, ni pour vous effrayer.

RAYMOND.

Si, monsieur.

FUMICHON.

Et comment cela?

RAYMOND.

C'était une riche héritière, et moi je n'avais rien, je n'avais pas de fortune à espérer de mes parents. Alors, et sans confier mes projets à personne, je suis parti à bord d'un vaisseau, en me disant: Je reviendrai amiral, ou je me ferai tuer.

ESTELLE.

O ciel!

RAYMOND.

Je ne suis pas encore amiral, il s'en faut; car je ne suis que lieutenant; c'est tout ce que j'ai pu gagner à Navarin; et je m'embarque demain pour un voyage de long cours.

ESTELLE.

Est-il possible!...

RAYMOND.

Mais auparavant, et c'est pour cela que je suis venu, j'ai pensé que ces épaulettes me donnaient peut-être le droit de dire à votre père : « Monsieur, accordez-moi deux ans, trois ans, et pendant ce temps-là, je me conduirai si bien, que, si je ne suis pas mort, je pourrai aussi me mettre sur les rangs, et solliciter la main de votre fille. »

ESTELLE.

Raymond!

RAYMOND.

Oui, mademoiselle; c'est là tout ce que je vous demande, attendez-moi jusque-là.

ESTELLE.

Ah! toujours.

FUMICHON, souriant.

AIR du vaudeville de *Voltaire chez Ninon*.

Qu'ai-je entendu?

ESTELLE.

La vérité!
Oui, j'estime son caractère,
Sa franchise, sa loyauté;
Je le dirais devant mon père!
Devant vous aussi je le dis.
Est-ce un mal?

FUMICHON.

Non vraiment, ma chère!
De pareils aveux sont permis,
Lorsque c'est par devant notaire!

Mais s'il en est ainsi, mes chers enfants, je ne vois pas pourquoi mon jeune ami tiendrait toujours à être amiral; il me semble que pour arriver c'est prendre le plus long; (A Estelle.) car si je connais bien votre ascendant sur le cœur paternel, vous n'avez qu'un mot à dire.

ESTELLE.

Oui, autrefois; mais depuis deux ans il y a bien du changement.

FUMICHON.

Comment, qu'est-ce que cela signifie?

ESTELLE, passant au milieu, et après un moment de silence.

Mon père, que vous avez vu si gai, si aimable, si heureux, est devenu tout à coup sombre et misanthrope.

FUMICHON.

C'est donc pour cela qu'il ne m'écrivait plus, que je n'ai plus reçu de ses nouvelles!

ESTELLE.

Il ne veut voir personne.

RAYMOND.

Et d'où vient ce profond chagrin? sans doute de la mort de sa femme?

FUMICHON.

D'abord il y a plus de trois ans qu'il l'a perdue. Elle n'existait plus quand il est revenu de son dernier voyage, et il a supporté cela avec courage, avec philosophie, la philosophie du veuvage!

RAYMOND.

Aurait-il éprouvé quelques revers de fortune?

FUMICHON.

Impossible! il est revenu avec des capitaux immenses qu'il a réalisés! J'en sais quelque chose! moi, son notaire, qui lui ai acheté dans ce département deux ou trois mille hectares de terres, prairies, forêts, *et cœtera*; ce qui a consolidé sa fortune et bonifié mon étude. Ce n'est donc pas cela : il y a donc autre chose! (A Estelle.) et je ne connais que vous, mon enfant, qui puissiez le forcer à vous confier...

ESTELLE.

Et comment? Je n'ose lui parler! j'ai peur...

FUMICHON.

Est-il possible! il serait changé même avec vous!

ESTELLE.

Ah! j'ai cru que j'en mourrais de chagrin! vous savez

quelle était pour moi la tendresse de mon père, vous en avez été témoin!

FUMICHON.

Parbleu! cela tenait de l'adoration! (A Raymond.) C'était sa joie, son bonheur, son rêve de tous les instants! il se serait jeté dans le Gave pour y ramasser son bouquet; enfin moi qu'on accuse d'avoir gâté mon fils Hector, j'étais un tyran auprès de lui, un tyran domestique.

ESTELLE.

Eh bien! vous n'avez rien vu encore; et depuis la mort de ma mère, vous ne pouvez vous faire une idée d'une tendresse, d'un dévouement pareils! Il ne me quittait plus d'un seul instant; j'étais tout pour lui, j'étais sa seule pensée, et je ne vous dirai pas de quels soins il m'entourait. Paris n'avait pas pour moi d'étoffes assez riches, de bijoux assez précieux. Je me serais crue la fille d'un nabab... car vingt domestiques étaient à mes ordres, et il aurait renvoyé à l'instant celui qui n'aurait pas prévenu mes volontés ou deviné mes désirs. Dès qu'il me voyait sourire, il était transporté de joie, il m'embrassait, il me remerciait d'être heureuse! la moindre souffrance, la plus légère migraine, le désolait, le désespérait! et souvent le matin, en ouvrant les yeux, je le voyais debout près de moi, qui me regardait dormir en attendant mon réveil! Aussi, vous le devinez sans peine, j'étais la plus heureuse des filles, et jamais on n'aima son père comme j'aime le mien. Quand il me parlait de mariage, de brillant établissement, je lui disais : Pas encore! car, malgré moi, je pensais à vous, Raymond. Il me semblait, quoique vous ne m'eussiez rien dit, que vous m'aimiez, que vous viendriez me demander en mariage, et j'attendais.

RAYMOND.

Oh! que je suis heureux!

ESTELLE.

Quant à mon père, il ne disait jamais que ces mots :

« Tu es la maîtresse ; quand tu voudras, ma fille, et qui tu voudras. »

FUMICHON.

A la bonne heure ! c'est lui, je le reconnais ! voilà un véritable père !

ESTELLE.

Mais il y a deux ans à peu près, nous étions alors à Paris ; il avait voulu y passer l'hiver à cause de moi, pour les spectacles, les bals, tous ces plaisirs qu'il aimait à me prodiguer ; et un jour qu'il avait un travail pressé, et qu'il ne pouvait m'accompagner, il m'avait confiée à ma tante, et avait exigé avec instance que je me rendisse à une brillante soirée qui avait lieu ce jour-là. Il le voulait, j'obéis ; mais je n'y restai pas longtemps. Je revins de bonne heure à l'hôtel, et, avant de rentrer dans ma chambre, je me glissai vers l'appartement de mon père. Il ne dormait pas ; il y avait de la lumière chez lui ; et puisqu'il aimait tant à me voir belle, je voulais lui montrer ma toilette de bal et l'embrasser. J'ouvris doucement la porte, et je n'oublierai jamais le spectacle qui s'offrit à moi. Il était seul auprès du feu ; mais pâle et glacé, l'œil fixe, les traits renversés et décomposés. Je jetai un cri, je courus à lui, je le serrai dans mes bras... Le croiriez-vous, mon Dieu ! le croiriez-vous ! il me repoussa avec force, moi, son enfant !... J'eus beau l'interroger : « Je n'ai rien, me dit-il, je n'ai rien. » Et il me regardait d'un air sombre et farouche ; il semblait examiner mes traits, comme s'il ne les connaissait pas, comme si, pour la première fois, ils frappaient sa vue ; et je croyais lire dans ses yeux du dédain, de la fureur, de la haine, oui, de la haine ! Mon père me haïssait, me repoussait de son sein, et qu'avais-je fait, mon Dieu ? de quel crime étais-je coupable ?... Je le demandai à lui, je le demandai au ciel, je m'interrogeais moi-même, je ne trouvais dans mon cœur qu'amour et respect pour lui. Et cependant, dès le lendemain de grand matin, il avait quitté Paris, me laissant avec ma tante; et pendant deux mois je ne reçus pas de ses nouvelles.

FUMICHON.

Deux mois!

ESTELLE.

Lui qui auparavant ne pouvait vivre un jour loin de moi! J'appris seulement par ma tante qu'il était à deux cents lieues de Paris, dans ce château aux pieds des Pyrénées. Il y était malade! et il ne m'appelait pas!... Je ne demandai ni permission ni conseil à personne, j'eus tort sans doute; mais je n'écoutai que ma tendresse et mon désespoir. Je partis avec une femme de chambre au milieu de l'hiver, et j'arrivai ici, où mon père me demanda brusquement : « Qu'est-ce qui vous amène? » Il ne me tutoyait plus! « Que « venez-vous faire? » — « Vous soigner, lui dis-je, et, quelque soit mon crime, en obtenir le pardon par mon dévouement et mon repentir. » — « Il fallait commencer par l'obéissance, me répondit-il, et ne pas venir ici sans mes ordres. »

RAYMOND.

J'espère cependant qu'il ne vous obligea pas à repartir.

ESTELLE.

Hélas! il le voulait! mais, grâce au ciel, je tombai si malade moi-même, qu'il fallut bien rester. Tous les soins me furent prodigués; deux fois par jour il envoyait savoir de mes nouvelles; mais jamais il n'est venu me voir.

FUMICHON.

Est-il possible!

ESTELLE.

Depuis ce temps il ne me dit rien, il ne m'ordonne rien; je puis aller et venir en ce vaste château, où je suis près de lui, seule, abandonnée, et comme une étrangère. Nous ne nous voyons qu'aux heures des repas qui sont silencieux et solitaires, car il ne reçoit personne, ne va voir personne, ne sort jamais d'ici. Du reste, il évite de m'adresser la parole, et même de me rencontrer; et quand je veux l'interroger, quand seulement je lève vers lui mes yeux suppliants, ma vue lui cause une impression pénible et douloureuse. Il s'éloigne sans me répondre, ou en me jetant des regards de reproche et de colère. Et moi je me dis en pleurant : C'est ma faute; car mon père ne peut être injuste, c'est ma faute; mais quelle est-elle? comment l'expier? Je redouble alors de soins et de tendresse; lui de froideur, d'indifférence; et je passe ma vie à pleurer, à prier pour lui, à le craindre, et à l'aimer. Ah! plaignez-moi, car je suis bien malheureuse!

FUMICHON, passant au milieu.

Je ne puis revenir encore de ce que je viens d'entendre; c'est un rêve, un mauvais rêve, un cauchemar! Il est impossible qu'il ne revienne pas à la raison. Cela me regarde et je m'en charge.

ESTELLE.

Est-il possible !...

FUMICHON.

En attendant, je comprends bien que ce n'est pas le moment de lui parler de mariage.

RAYMOND.

Et cependant il faut que d'ici à quelques jours je sois à Bayonne. Le brick que je commande doit mettre à la voile, et une fois parti...

(Estelle remonte vers le fond.)

FUMICHON.

Je comprends bien!... Nous autres notaires, nous avons certainement de l'esprit... mais avec le temps! Il nous faut le temps, et les délais fixés par la loi... Aussi, pour enlever les affaires à l'abordage, je compte sur vous.

RAYMOND.

Moi?

FUMICHON.

Vous m'aiderez; et, pour commencer, je vais vous présenter à M. de Soligni.

RAYMOND.

Vous ne pourriez pas commencer sans moi? je l'aimerais mieux.

FUMICHON.

N'avez-vous pas peur?

RAYMOND.

Non, sans doute.

ESTELLE, au fond et regardant au dehors.

Voici mon père.

RAYMOND.

Je vous laisse et reviendrai quand il le faudra ; vous me le direz.

(Il s'enfuit et sort par la porte à droite de l'acteur.)

FUMICHON, criant après lui.

Mais permettez donc, monsieur l'amiral! Il gagne au large, toutes voiles dehors! Voilà un marin qui est joliment brave!

SCÈNE V.

FUMICHON, SOLIGNI, ESTELLE, RENAUD, au fond.

SOLIGNI, se jetant dans les bras de Fumichon.

Je te revois!

FUMICHON.

Oui, mon ami, mon cher Soligni.

SOLIGNI.

Ah! que mon cœur en avait besoin! (Essuyant une larme.) Cela fait tant de bien d'embrasser un ami! (S'avançant et apercevant Estelle.) Que faites-vous là, Estelle? Laissez-nous.

ESTELLE.

Oui, mon père, je m'en vais.

SOLIGNI, à Fumichon.

Tu restes ici, n'est-il pas vrai, toute la semaine?

FUMICHON.

Je ne peux ; j'ai besoin de revoir mon étude, et puis mon fils, dont le régiment est à Bagnères. Mais je te donnerai au moins aujourd'hui et demain.

(Il s'assied sur le canapé. — Estelle, au fond, parle à Renaud et a l'air de lui donner des ordres.)

SOLIGNI.

Ah ! c'est ce que nous verrons. (A Renaud.) Occupez-vous de son appartement.

RENAUD, qui est près de la porte à droite.

Mademoiselle a dit que l'on préparât celui du premier, celui de sa mère.

SOLIGNI.

De sa mère !

RENAUD.

Le plus beau de la maison.

SOLIGNI, à Renaud.

Et de quel droit mademoiselle donne-t-elle ici des ordres ? Ce n'est pas à elle d'y commander, je pense, c'est à moi !

ESTELLE.

Pardon, mon père, j'ai eu tort.

FUMICHON, assis.

Le tort n'est pas grand.

SOLIGNI.

C'est bien ; cela suffit. Vous placerez monsieur près de mon cabinet, près de moi ; nous pourrons causer plus à l'aise ; mais dorénavant n'oubliez pas que moi seul suis maître en ce château, et que rien ne doit se faire avant qu'on ne m'ait consulté. Allez.

(Renaud sort par la porte à droite.)

ESTELLE.

Vous avez raison, monsieur ; c'est moi qui sans y réfléchir et croyant bien faire...

SOLIGNI, froidement.

Je ne vous fais pas de reproche; je ne vous dis rien! Ce n'est pas à vous, c'est à ce domestique que je m'adressais.

ESTELLE.

N'importe, mon père, croyez que désormais ma soumission...

SOLIGNI, sèchement.

Je n'en vois pas la preuve, car il me semble vous avoir priée de nous laisser.

(Fumichon se lève.)

ESTELLE, passant auprès de Fumichon, lui dit bas et avec douleur.

Vous l'entendez!

(Elle passe à sa droite et reste un peu en arrière.)

ESTELLE, bas à Fumichon.

AIR : Séduisante image. (*Gustave III.*)

Vainement j'espère
Désarmer son cœur ;
Rien ne peut d'un père
Calmer la rigueur !

FUMICHON, la retenant.

Mais, hélas! ma chère,
Que pouvez-vous faire?

ESTELLE.

Lui donner mes jours!
Souffrir et me taire,
Et l'aimer toujours.

Ensemble.

SOLIGNI.

Contrainte sévère !
Funeste rigueur !
Cachons ma colère
Au fond de mon cœur.

ESTELLE.

Vainement j'espère

Attendrir son cœur;
Rien ne peut d'un père
Calmer la rigueur.

FUMICHON, regardant Soligni.

Je saurai, j'espère,
Lire dans son cœur,
Je saurai d'un père
Calmer la rigueur.

(Estelle sort par la droite.)

SCÈNE VI.

FUMICHON, SOLIGNI.

FUMICHON.

Eh! mais, tu me sembles bien sévère avec cette chère enfant.

SOLIGNI.

Moi! en quoi donc?

FUMICHON.

Le ton dont tu lui as parlé...

SOLIGNI.

N'est-ce que cela? Tu dois m'en savoir gré, et m'en complimenter! J'ai mis à profit tes remontrances. Tu me reprochais autrefois d'être trop indulgent, trop facile. C'est un tort, disais-tu.

FUMICHON.

Quand les enfants en abusent! mais ta fille est si bonne, si aimable...

SOLIGNI, froidement.

Oui, elle n'est pas mal.

FUMICHON, avec enthousiasme.

Pas mal! elle est charmante! et si dans son genre mon fils Hector était comme elle!...

SOLIGNI.

Hector! mon filleul! un joli cavalier que j'aime de tout mon cœur! et pour la moitié de ma fortune je voudrais qu'il fût à moi! Ah! que tu es heureux, toi, d'avoir un enfant... (Se reprenant.) Je veux dire un garçon!

FUMICHON.

Parbleu! le bonheur n'est pas si grand; car il me fait damner, il me mange un argent fou... Tous les produits de mon étude y passent. Monsieur ton filleul donne à dîner à tout son régiment; monsieur donne à danser à toutes les jolies femmes de Bagnères.

SOLIGNI.

Lui, Hector?

FUMICHON.

Parbleu! il ne manque pas d'Andromaques.

SOLIGNI.

A son âge!

FUMICHON.

C'est bien là ce qui m'effraie; il n'a pas vingt ans et est aussi mauvais sujet que s'il en avait quarante.

« Mais aux âmes bien nées
« La valeur n'attend pas le nombre des années. »

C'est la devise de la jeune France! c'est la sienne. Voilà, mon cher ami, ce que l'on gagne à avoir un garçon; tandis que toi, qui as une fille, une fille si sage, si raisonnable...

SOLIGNI, avec impatience.

Certainement...

FUMICHON.

Une fille qui a, je crois, en partage, toutes les qualités.

SOLIGNI, de même.

Eh! mon Dieu! je n'en doute pas; mais je t'avais prié de venir me voir...

FUMICHON.

Pour me parler d'elle?

SOLIGNI.

Non vraiment! mais pour te demander un conseil, ou plutôt un service. J'ai pensé que je ne pouvais m'adresser qu'à toi.

FUMICHON.

Tu as bien fait, et je t'en remercie!

SOLIGNI, après un instant de silence.

C'est un ami à moi, un ami intime qui est venu me consulter, moi, ancien militaire, ancien négociant, qui n'entends rien aux affaires de jurisprudence, et sans trahir un secret d'où dépend sa vie, je me suis promis de t'en parler.

FUMICHON.

Je t'écoute!

SOLIGNI, lui montrant le canapé.

Asseyons-nous.

(Ils s'asseyent sur le canapé à droite du théâtre, Fumichon à la gauche de Soligni.)

FUMICHON.

De quoi s'agit-il?

SOLIGNI, après un instant de silence.

Quand un homme marié est riche et n'a qu'un enfant, et qu'il a des motifs graves pour l'exclure totalement de sa succession, quels moyens pourrait-il employer?

FUMICHON.

Aucun, à moins d'aliéner et de dénaturer ses biens, et de les donner enfin de la main à la main.

SOLIGNI.

Mais s'il ne voulait pas s'en dessaisir de son vivant...

FUMICHON.

Cela deviendrait plus difficile. Il faudrait alors souscrire à un tiers une obligation qu'il acceptât, et par laquelle on reconnaîtrait avoir reçu de lui telles ou telles sommes, remboursables à la mort du signataire.

SOLIGNI.

Je comprends.

FUMICHON.

Un acte fait double, sous seing privé, deux signatures au bas, et tout est en règle.

SOLIGNI.

A merveille.

AIR du vaudoville de l'Écu de six francs.

Mais avant tout il est utile
Que quelqu'un accepte l'écrit ?

FUMICHON.

Ah ! ce n'est pas le difficile,
Quand d'une fortune il s'agit.
Sois sûr que, sans se faire attendre,
Il va soudain se présenter
Maint amateur pour l'accepter,
Et souvent même pour la prendre.

SOLIGNI, d'un air distrait.

Je le crois aussi. (Avec un peu d'hésitation.) Mais ne pourrais-tu pas me faire le modèle de cet acte, de cette donation ?

FUMICHON.

Si tu connais intimement la personne, si tu me réponds qu'elle a de justes raisons pour agir ainsi ?...

SOLIGNI.

Je te le jure sur l'honneur.

FUMICHON.

C'est différent, ce n'est plus moi, c'est toi qui es responsable. (Ils se lèvent; Fumichon se mettant à la table et écrivant.) Ce ne sera pas long. (Montrant ce qu'il écrit à Soligni qui le suit des yeux.) Tiens, vois-tu, pas autre chose. (Écrivant toujours.) Mettre là les noms, que je laisse en blanc; désigner la somme qu'on est censé emprunter; et pour que ce soit mieux, lui donner une destination et en indiquer l'emploi. Mais pour cela, il faudrait connaître les affaires et la position de celui qui veut souscrire cette obligation.

SOLIGNI, à demi-voix.

Eh bien ! s'il faut te le dire, celui-là, c'est moi !

FUMICHON, se levant, à haute voix.

Qu'ai-je entendu ? Toi, déshériter ta fille, la priver de tes biens, vouloir les transmettre à un autre...

SOLIGNI.

Silence ! Si je me suis adressé à toi, à mon seul ami, c'est pour être sûr du secret, et j'y compte, tu me l'as promis !

FUMICHON.

Je ne t'ai pas promis de t'aider dans une injustice, et c'en serait une.

SOLIGNI.

Qu'en sais-tu ? Sais-tu ce qui se passe là ? sais-tu ce que j'ai souffert, ce que je souffre encore ?... Je suis le plus malheureux des hommes ; abandonné de tous, trahi, outragé, j'ai la rage dans le cœur. Et il me faut en silence dévorer un affront, dont je ne peux même pas tirer vengeance.

FUMICHON.

Que dis-tu ?

SOLIGNI.

Ah ! tu sauras tout maintenant ; aussi bien, c'est trop souffrir, c'est trop se contraindre, et c'est déjà alléger ses maux que de les confier à un ami !... Je ne te parlerai pas des premières années de ma vie, elles furent trop heureuses ; et je regrette encore le temps, où, simple officier sortant de Saint-Cyr, je dus à ton amitié mes premiers frais d'équipement et de campagne ; tu étais le plus âgé, le plus riche de nous deux, car je n'avais rien et je ne t'offrais pour caution que moi, ma personne, qu'un boulet de canon pouvait enlever ! Il n'en fut pas ainsi, on allait vite alors ; et quand je revins général de brigade, aide-de-camp de l'empereur, on crut ma fortune faite. Un armateur de Bordeaux m'offrit sa fille, je l'acceptai, elle était jolie ; je l'aimais ; je croyais en être aimé ; je me conduisis du moins en bon mari, et ne songeais qu'à la rendre heureuse ! La Restauration m'avait enlevé mon avenir, mes espérances et ma fortune; je cherchai à m'en faire une autre dans le commerce : j'équipai un bâtiment marchand. Je fis plusieurs voyages, qui presque tous réussirent ; et pendant mes longues absences, je n'avais d'autres consolations que le souvenir de ma femme, et surtout de ma fille ! c'était un bonheur qui jusque-là m'avait été inconnu, un sentiment qui absorbait tous les autres, une passion, un amour qui m'aurait tenu lieu de tout; car ma vie à moi, c'était mon enfant, et depuis la mort de sa mère, tu en as été le témoin, je ne pouvais passer un instant sans l'avoir là près de moi. J'étais fier de ses succès, de ses talents, de sa beauté ; et quand tout le monde l'admirait, avec quel orgueil, quel bonheur je leur disais : « Elle est à moi, c'est mon sang, c'est ma fille ! » Ah ! j'étais trop heureux, et toutes mes illusions, tous mes rêves allaient se dissiper !

FUMICHON.

Comment cela ?

SOLIGNI.

Un soir, j'étais resté seul chez moi, à Paris, dans l'hôtel où, pendant mes voyages, habitait autrefois ma famille, et en cherchant dans une armoire secrète des papiers qui m'étaient nécessaires, et que je voulais t'envoyer, un ressort que je ne connaissais pas me fit découvrir une cachette dans l'épaisseur de la boiserie. J'y trouvai un portrait et un billet. Ce portrait, je le reconnus très-bien, et quant au billet, je ne l'oublierai jamais... Voilà ce qu'il disait : « Tu m'as
« écrit : « Viens, je t'attends; » et ces mots qui hier en-
« core auraient fait mon bonheur, me réduisent au déses-
« poir. Je ne puis me trouver au rendez-vous que tu me
« donnes ; je ne puis plus te voir. Adieu, Henriette ; ton mari
« vient de me sauver la fortune et l'honneur, à moi qui le
« trahissais depuis si longtemps. »

FUMICHON.

O ciel !

SOLIGNI, froidement.

C'était un de mes anciens compagnons d'armes, que, dès

le commencement de mon mariage, j'avais accueilli chez moi, M. de Bussières.

FUMICHON.

Celui qui est mort pendant ton dernier voyage ?

SOLIGNI.

Oui, pour mon malheur, il est mort, ils sont tous morts ceux qui m'ont trahi ! et pendant cette fatale découverte, calme et impassible, j'avais abandonné en moi-même à la vengeance du ciel l'épouse coupable qui n'était plus, l'ami perfide que j'avais sauvé du déshonneur, et qui avait tramé le mien ; j'éprouvais pour eux trop de mépris pour avoir de la colère. Mais quand je relus ce billet et ces derniers mots : « *Moi qui le trahissais depuis si longtemps*, » je sentis un froid mortel se glisser dans mes veines en pensant à Estelle, à celle que je nommais ma fille.

FUMICHON.

Ah ! quelle horrible idée !

SOLIGNI.

Et comment ne pas l'avoir ? comment ne pas sentir un tel soupçon parcourir, en frémissant, tout votre être, et remonter jusqu'au cœur, pour y dessécher tout ce qu'on avait de sentiments tendres, pour empoisonner votre joie, pour changer votre bonheur en défiance, et votre amour en haine ?... Mille souvenirs dont je te fais grâce, mille circonstances autrefois indifférentes venaient maintenant s'offrir à mon esprit, et faisaient jaillir à mes yeux la lumière que j'aurais voulu fuir. Que n'ai-je pas fait pour m'y soustraire, et pour m'abuser moi-même ? je le désirais, j'aurais payé de mon sang un mensonge qui m'aurait rendu le repos ; mais ils ne m'ont même pas laissé les tourments et le bonheur d'un doute.

FUMICHON.

Que veux-tu dire ?

SOLIGNI.

Tu sais que lors de mon dernier voyage, recueilli par un

vaisseau anglais qui faisait voile pour Canton, on a été plus d'un an sans recevoir d'autres nouvelles que celles de mon naufrage ! On dut me croire mort, et ce bruit était devenu une certitude, lorsque ma femme succomba elle-même à une longue et cruelle maladie ; mais en expirant, sais-tu ce qu'elle a fait? sais-tu à qui elle a confié par son testament la tutelle, l'éducation, l'existence de sa fille? Ce n'est pas à sa propre sœur qui était près d'elle ; ce n'est pas à des parents à moi, qui étaient ses tuteurs naturels ! Non, c'est à son complice, à son amant, au père de son enfant, à M. de Bussières.

FUMICHON.

Est-il possible !

SOLIGNI.

Et ce qu'il y a de plus évident encore, c'est qu'à cette époque, M. de Bussières n'était pas en France ; marié lui-même et sans fortune, il était passé à l'étranger ; il avait pris du service en Russie, dans l'armée polonaise, où depuis il a trouvé, en combattant, une mort glorieuse que je lui envie, et qu'il ne méritait pas ! Mais pourquoi cette femme qu'il avait abandonnée à jamais, cette femme à qui il avait écrit une lettre d'éternel adieu, aurait-elle été, au moment de sa mort, lui confier, à lui, absent, le soin d'une orpheline, si cette orpheline lui eût été étrangère ? Et ce titre de tuteur qu'elle lui donnait ne prouve-t-il pas qu'à ses propres yeux à elle, il avait d'autres titres ? (Vivement.) Mais réponds, réponds-moi donc! trouve donc quelques raisonnements, quelques objections qui détruisent, qui atténuent les preuves qui l'accablent !

FUMICHON, avec embarras.

Eh ! eh ! ce ne serait pas encore impossible !

SOLIGNI.

Non, tu le sais bien ! tu sens toi-même que j'ai raison, que cette enfant ne m'est rien, qu'elle est ici une étrangère, ou plutôt un affront continuel, une preuve vivante de mon déshonneur ! Et quand je pense que pendant si longtemps je l'ai chérie, je l'ai adorée, que j'ai prié pour elle, que j'ai pressé sur mon cœur et couvert de mes baisers, qui ? la fille de mon ennemi !... Et comme si ce n'était pas assez pendant ma vie des tourments que j'éprouve, il faudrait encore qu'après ma mort, mon bien, ma fortune, ce fruit de mes travaux et de mes peines, allassent enrichir mademoiselle de Bussières ! Ah ! mon cœur se révolte à cette seule idée ! Je devais à mon enfant, à ma fille, tout ce que je possédais, mon or comme mon sang ; je n'avais pas de mérite à les lui donner ; je les lui devais ! mais je ne dois rien à mademoiselle de Bussières, et il y aurait honte à moi... ce serait mépris de toutes lois et de toute morale, de doter ainsi le parjure et de récompenser l'adultère. Non. Cet acte que je t'ai demandé est un acte de justice, elle n'aura rien, ma fortune appartient à mes amis, (Avec intention.) ceux qui ne me trahissent pas. C'est à toi que je la destine ; tu l'auras.

FUMICHON.

Moi ?

SOLIGNI.

Tu l'auras tout entière, toi et les tiens. Je ne voulais pas te le dire ; mais c'est mon intention.

FUMICHON.

Sur laquelle j'espère bien te faire revenir. Mais dans ce moment il ne s'agit pas de cela, il ne s'agit pas de moi ; mais de ton bonheur, de ton repos, et pour toi il n'y en aurait pas de possible si tu avais des reproches à te faire.

SOLIGNI.

Des reproches !...

FUMICHON.

Oui, tu es un galant homme, un homme juste, et quels que soient les motifs de ta colère, tu dois sentir que ta fille, je veux dire qu'Estelle, ne doit pas être punie d'un crime qui n'est pas le sien ! Ce n'est pas sa faute à cette pauvre enfant ! Si elle t'aime, si elle te respecte, si elle te regarde comme ce qu'elle a de plus cher, tu ne dois pas lui en vouloir.

SOLIGNI.

Je ne lui en veux pas, et, s'il faut te l'avouer, j'avais tellement l'habitude de l'aimer, que souvent j'oublie ma haine ; je n'y pense plus, je suis prêt à m'élancer vers elle, à l'embrasser, à lui dire : Ma fille ! et puis je m'arrête, et la rougeur sur le front, honteux de moi-même, indigné de l'aimer encore, je m'en venge en l'accablant de mon indifférence, et souvent de ma colère ! Souvent même, que te dirai-je ? je suis furieux de la voir si jolie, d'être forcé d'admirer en elle tant de bonté, tant de vertus, tant de trésors enfin, qui ne m'appartiennent plus. Elle me croit bien méchant, et je suis bien malheureux ; sa vue me fait tant de mal...

(Il se jette dans les bras de Fumichon, puis il s'éloigne en remontant le théâtre, et en redescendant, il se trouve à gauche de Fumichon.)

FUMICHON.

Oui, je le comprends maintenant. Alors il faut qu'elle s'éloigne, mais sans que personne puisse s'étonner de votre séparation.

SOLIGNI.

Et comment cela ?

FUMICHON.

En la mariant.

SOLIGNI.

Moi ! me mêler de son mariage !

FUMICHON.

Tu ne t'en mêleras pas; c'est moi que cela regarde.

SOLIGNI.

A la bonne heure ! trouve-lui un mari, qui tu voudras ! ton fils Hector.

FUMICHON.

Hector ! pauvre fille, tu lui en veux toujours ! Ce n'est pas bien ; je suis trop honnête homme pour y consentir ! en huit jours sa dot serait mangée.

SOLIGNI, d'un air mécontent.

Sa dot !

FUMICHON.

Celle que tu lui donneras ; car tu lui en donneras une, tu ne peux pas faire autrement, tu le sens toi-même ; ne fût-ce que pour le monde.

SOLIGNI.

Eh bien ! soit. Si une cinquantaine de mille francs...

FUMICHON.

Impossible ; je ne trouverais jamais un mari à ce taux-là ; dans ce moment surtout, où ils sont hors de prix.

SOLIGNI.

Eh bien! eh bien!... cent mille francs ! j'espère que c'est bien assez.

FUMICHON.

Pour tout autre, oui ; mais pour toi, pour ta fortune, ça ne suffit pas.

AIR du vaudeville des *Frères de lait.*

Et s'il fallait insister davantage,
Par un seul mot je te déciderais ;
C'est qu'il est noble, alors qu'on nous outrage,
De nous venger par de nouveaux bienfaits !
Tu le feras !

SOLIGNI.

Qui, moi ?

FUMICHON.

Je te connais,
Tu donneras ce généreux exemple.

SOLIGNI.

Qui me saura jamais gré d'un tel bien ?

FUMICHON.

Personne au monde! hors Dieu qui te contemple,
Et ton ami qui te dira : c'est bien

Silence! c'est elle!

SCÈNE VII.

ESTELLE, FUMICHON, SOLIGNI.

SOLIGNI, à Estelle qui entre par la porte à droite.

Que voulez-vous? pourquoi entrer ici sans mon ordre, et venir ainsi nous interrompre?

ESTELLE.

Ah! ne m'en veuillez pas, c'est bien malgré moi! c'est quelqu'un qui voudrait parler à monsieur Fumichon, et qui m'a suppliée de venir le lui dire.

SOLIGNI, plus doucement.

C'est différent! Nous étions occupés d'une affaire importante, et dans mon impatience... Pardonnez-moi, Estelle, de vous avoir parlé aussi brusquement.

ESTELLE.

N'en avez-vous pas le droit, mon père? quand vous êtes mécontent, je n'en accuse que moi, qui sans doute en suis cause!

FUMICHON, regardant Estelle et s'approchant de Soligni.

Pauvre enfant! tant de douceur et de résignation!

SOLIGNI, avec émotion.

Tu as raison, je suis injuste.

FUMICHON, le faisant passer à sa droite entre lui et Estelle.

Regarde-la donc. (Soligni lève les yeux sur elle avec émotion.) Eh bien! qu'en dis-tu?

SOLIGNI, à voix basse, avec colère.

Je dis que c'est inconcevable comme elle ressemble à ce Bussières.

FUMICHON, de même, avec dépit.

Toujours ces maudites idées! (Vivement à Estelle.) De quoi s'agit-il, mon enfant, et que me veut-on?

ESTELLE, timidement.

C'est la personne de ce matin, ce jeune marin.

SOLIGNI, brusquement.

Un jeune homme, un marin? qu'est-ce que c'est que ça!

FUMICHON.

Un ami à moi, un ami intime.

SOLIGNI.

C'est autre chose.

ESTELLE.

Il voudrait absolument vous parler.

FUMICHON.

Eh bien! qu'il vienne.

SOLIGNI.

Non pas; je ne reçois ici personne.

FUMICHON, prenant son chapeau et sa canne qui sont sur la table, prêt à sortir.

Alors, puisque je ne peux recevoir mes amis chez toi...

SOLIGNI, le retenant.

Où vas-tu?

FUMICHON.

Le recevoir chez moi! je pars avec lui.

SOLIGNI.

Quelle idée!... Qu'il entre au château, et qu'il attende! tu lui parleras tantôt.

ESTELLE, à demi-voix, à Fumichon.

C'est qu'il dit que c'est très-pressé... puisqu'il a reçu l'ordre de partir ce soir même pour Bayonne, où il doit s'embarquer.

FUMICHON.

Je conçois alors que les moments sont précieux. Eh bien ! priez-le de dîner avec nous.

SOLIGNI.

Comment !

FUMICHON.

C'est moi qui l'invite, pour que nous puissions parler affaires.

ESTELLE, timidement, à Soligni.

Faut-il, mon père ?

SOLIGNI.

Puisque monsieur Fumichon le désire !

FUMICHON.

Non seulement moi, mais monsieur de Soligni, qui sera enchanté de le voir... Je vais te le présenter.

(Il va auprès de Soligni.)

SOLIGNI, avec colère.

A moi ! y penses-tu ?

ESTELLE, effrayée.

Ah ! mon Dieu !

FUMICHON, lui faisant signe de la main.

Ne vous effrayez pas, et attendez !

(Estelle se retire au coin du théâtre, à droite.)

SOLIGNI, à demi-voix.

A qui diable en as-tu avec tes présentations ?

FUMICHON, de même.

Nous cherchions un mari, c'en est un, un jeune officier de marine fort gentil, fort aimable, qui aime ta... (Se reprenant.) qui aime mademoiselle Estelle, et puisque tu m'as chargé de la marier, je ne pourrai jamais trouver mieux.

SOLIGNI.

A la bonne heure! tu es le maître, pourvu que je ne paraisse en rien dans tout cela.

FUMICHON, regardant Estelle.

En rien, c'est difficile ; mais il s'agit d'y paraître une fois, pas davantage. Il va venir ; il te fera poliment sa demande en mariage, et toi, tu lui répondras en quatre mots : « Je consens, je vous donne Estelle et deux cent mille francs. »

SOLIGNI.

Je n'ai pas dit cela.

FUMICHON.

Tu le diras. (A Estelle.) Attendez toujours. (A Soligni.) Tu le diras, pour en finir, et pour qu'il n'en soit plus question. Voilà ce que j'exige de toi, ce n'est pas bien difficile, et en revanche, je me charge de tout le reste.

SOLIGNI, froidement et à demi-voix.

Soit, à condition que tu accepteras la donation dont je te parlais tout à l'heure.

FUMICHON.

Non.

SOLIGNI.

Et pourquoi?

FUMICHON.

Parce que, grâce au ciel, je suis un notaire honnête homme, qui n'ai jamais dépouillé la veuve ni l'orphelin.

SOLIGNI, élevant la voix.

Ce sera pourtant ainsi.

FUMICHON, de même.

C'est ce qui te trompe.

SOLIGNI.

Je le veux.

FUMICHON.

Je ne le veux pas.

ESTELLE, effrayée.

Voilà qu'ils se disputent!

FUMICHON, allant à Estelle.

N'ayez pas peur, cela s'arrange, allez le chercher, qu'il vienne!

ESTELLE.

Oui, monsieur, il est là dans l'autre appartement.

FUMICHON.

Eh bien! qu'il paraisse!

(Elle sort un instant par la porte à droite.)

SCÈNE VIII.

FUMICHON, SOLIGNI.

SOLIGNI.

Tu acceptes donc?

FUMICHON.

J'aimerais mieux mourir.

SOLIGNI.

Et moi, j'aimerais mieux anéantir ma fortune, la détruire, la jeter au feu... (Jetant un coup d'œil sur la table, vivement.) ou plutôt je n'ai plus besoin de toi. (Montrant la table.) J'ai là ce modèle d'obligation.

(Il va s'asseoir à la table.)

FUMICHON, le regardant.

Que veux-tu faire?

SOLIGNI.

Cela ne te regarde pas.

SCÈNE IX.

RAYMOND, ESTELLE, entrant par la porte à droite, **FUMICHON,** au milieu, **SOLIGNI,** à la table, et écrivant.

ESTELLE, entrant sur la pointe des pieds, et à demi-voix à Fumichon.

Le voilà.

FUMICHON.

C'est bien, qu'il avance.

RAYMOND.

Ah! monsieur...

FUMICHON, lui montrant Soligni qui écrit.

Silence! tout est arrangé, mes enfants, votre mariage est convenu.

ESTELLE.

Est-il possible?

RAYMOND.

Il y consent?

FUMICHON.

J'ai sa parole.

ESTELLE.

Ah! que ne puis-je me jeter dans ses bras!

FUMICHON.

C'est inutile dans ce moment, (A part.) et ça gâterait tout. (A Raymond.) Ce qu'il faut d'abord, c'est lui faire votre demande. (Lui montrant Soligni.) Il est là, allez-y.

RAYMOND.

Je le voudrais, mais je n'ose pas.

FUMICHON.

Allez donc! quelle timidité! Si mon fils Hector était là...

(Il le prend par la main et le fait passer du côté de Soligni.)

AIR : Berce, berce, bonne grand'mère. (*La Berceuse.*)

Avancez, allons, du courage!
N'allez pas trembler devant lui;
Et soyez, pour ce mariage,
Comme en face de l'ennemi!

RAYMOND, à demi-voix.

Quoi, vous voulez?...

FUMICHON, de même.

Présentez à son père...

ESTELLE, de même.

Votre demande.

FUMICHON, de même.

Il va tout accorder.

(A Estelle.)
Pour nous, partons. Vous ne pouvez, ma chère,
Entendre ici ce qu'il va demander.

Ensemble.

FUMICHON.

Avancez, allons, du courage!
N'allez pas trembler devant lui;
Et soyez, pour ce mariage,
Comme en face de l'ennemi!

ESTELLE.

Fais, mon Dieu! que ce mariage,
Par mon père ici soit béni,
Et que cet hymen qui m'engage
Puisse me rapprocher de lui!

RAYMOND.

Avançons, allons, du courage!
N'allons pas trembler devant lui;
Et soyons, pour ce mariage,
Comme en face de l'ennemi!

SOLIGNI, à la table, à part.

Cet écrit à jamais m'engage,
Ma fortune sera pour lui,

Et par là, du moins, mon outrage
Ne restera pas impuni.

(Fumichon et Estelle sortent par la porte à droite.)

SCÈNE X.

RAYMOND, SOLIGNI, à la table.

RAYMOND, s'avançant timidement.

Monsieur...

SOLIGNI, brusquement.

Qu'est-ce? qu'y a-t-il? que voulez-vous?

RAYMOND.

C'est moi, dont monsieur Fumichon a daigné vous parler, et les espérances qu'il m'a fait concevoir ont seules encouragé des prétentions que vous trouverez peut-être bien téméraires; j'aime mademoiselle votre fille.

SOLIGNI, se contenant.

Estelle!

RAYMOND.

Oui, monsieur, je l'aime.

SOLIGNI, froidement.

C'est bien.

RAYMOND.

Et je viens en tremblant vous demander sa main.

SOLIGNI, froidement.

Je vous l'accorde!

RAYMOND, avec joie.

Est-il possible! vous me jugez digne d'une pareille faveur?

SOLIGNI.

Mon notaire, qui est mon ami, me répond de vous.

RAYMOND.

Mais il me connaît à peine.

SOLIGNI, se levant.

C'est égal, ça me suffit.

RAYMOND.

Mais pour moi, cela ne suffit pas. Je veux que vous sachiez qui je suis, que vous connaissiez ma position, mon avenir, quelle est pour moi l'estime de mes chefs.

SOLIGNI, avec un peu d'impatience.

C'est inutile, vous dis-je; je m'en rapporte à vous, et quelle que soit votre fortune...

RAYMOND.

Je n'en ai pas.

SOLIGNI, passant à droite du théâtre.

N'importe! je donne deux cent mille francs de dot, à la condition que le mariage se fera le plus promptement possible, et que Fumichon se chargera de régler, d'arranger tout cela, ainsi que de tous les soins de la noce, car moi je ne pourrai y assister.

RAYMOND.

Et pourquoi cela, monsieur?

SOLIGNI.

Un voyage essentiel, indispensable, me force à partir dès demain.

RAYMOND.

Alors, monsieur, nous retarderons ce mariage, et quelque longue que puisse être votre absence, nous attendrons votre retour.

SOLIGNI, avec impatience.

Et à quoi bon? morbleu!

(Il s'assied sur le canapé.)

RAYMOND, étonné.

Il me semble, monsieur, que le respect et la reconnaissance m'en feraient seuls une loi; mais il est encore d'autres raisons, et la longue intimité, l'amitié qui autrefois unissait nos familles...

SOLIGNI.

Que voulez-vous dire?

RAYMOND.

Amitié que jusqu'ici il ne m'a guère été permis de cultiver; car, entré bien jeune à l'école de marine, j'étais à Angoulême quand vous habitiez Paris, et lorsque j'y arrivai, vous veniez de partir pour un long et pénible voyage; mais en votre absence, je fus présenté par mes parents chez madame de Soligni, votre femme, qui daigna toujours, moi et mon père, nous accueillir avec tant de bonté!

SOLIGNI.

Qui êtes-vous donc? et quel est votre nom?

RAYMOND.

O ciel! vous l'ignorez?

SOLIGNI.

Eh! oui, sans doute! qui me l'aurait dit?

RAYMOND.

Quoi! vous ne le connaissiez pas? vous ne l'avez pas même demandé? et vous m'acceptez pour gendre, et vous m'accordez votre fille?

SOLIGNI, avec colère.

Ma fille, toujours ma fille! il ne s'agit pas d'elle, mais de vous! Votre nom?

RAYMOND.

Raymond, Raymond de Bussières, lieutenant de marine!

SOLIGNI, se levant, et allant à lui.

Bussières! Est-ce que vous seriez le fils du colonel Bussières?

RAYMOND.

Votre ancien ami!

SOLIGNI, s'éloignant.

Bussières!...

RAYMOND.

A qui vous avez rendu de si grands services, et qui, pendant quinze ans, n'eut presque pas d'autre maison, d'autre famille que la vôtre.

SOLIGNI, avec fureur.

Quinze ans!

RAYMOND, avec joie.

Oui, monsieur!

SOLIGNI, avec fureur.

Et c'était votre père?

RAYMOND.

Oui, vraiment!

SOLIGNI, avec joie.

Il a un fils! un fils qui porte l'épée. Ah! que je suis heureux! (Allant à Raymond et lui prenant les deux mains.) Monsieur, votre père était un traître et un lâche.

RAYMOND, stupéfait.

Monsieur...

SOLIGNI.

Je vous le dis à vous.

RAYMOND.

Parlez-vous sérieusement?

SOLIGNI.

Oui! un infâme!

RAYMOND.

Monsieur! mon père était un honnête homme, un homme d'honneur.

AIR : Corneille nous fait ses adieux.

Et vous oubliez, je le voi,
Que son sang coule dans mes veines;
Son nom, son honneur sont à moi,
Et ses injures sont les miennes!
En vain vous avez espéré

Qu'il ne pourrait plus vous entendre!
(Allant à Soligni, et lui serrant fortement la main.)
Mon père, tant que je vivrai,
Existe encor pour se défendre!

SOLIGNI, traversant le théâtre.

C'est tout ce que je demande; je pourrai donc me venger sur quelqu'un!

RAYMOND.

Et vous rétracterez à l'instant les paroles injurieuses que vous venez de proférer contre lui, ou sinon...

SOLIGNI.

Eh bien?

RAYMOND.

Eh bien! quand je devrais perdre tout ce que j'aime, je ne laisserai pas outrager sa mémoire.

SOLIGNI, lui frappant sur l'épaule.

Bien! jeune homme, vous n'êtes pas comme lui; car pendant quinze ans votre père fut un...

RAYMOND, lui prenant la main avec force.

N'achevez pas! (Froidement.) Vos armes?

SOLIGNI.

L'épée.

RAYMOND.

Le lieu?

SOLIGNI.

Sous les murs du parc.

RAYMOND.

Et l'instant?

SOLIGNI, allant à la table.

Dans une heure; le temps d'achever cet écrit.

Ensemble.

AIR : A la mort qui s'approche. (*Gustave III.*)

RAYMOND.
Pour moi plus d'espérance;

Mais puis-je au fond du cœur
Supporter qu'il offense
Mon père et son honneur?

SOLIGNI.

Enfin une vengeance
Est offerte à mon cœur;
C'est ma seule espérance,
C'est là mon seul bonheur!

SCÈNE XI.

Les mêmes; ESTELLE, FUMICHON, entrant par la droite.

ESTELLE, allant à Raymond.

Qu'entends-je? quelle offense
Excite sa fureur?
Pour moi, plus d'espérance;
Ah! je tremble de peur.
Ah! daignez nous apprendre,
Ah! daignez nous apprendre
D'où vient ce que j'entends;
Quels regards menaçants!

FUMICHON, allant à Soligni.

Qu'entends-je? quelle offense
Excite sa fureur?
Moi, je croyais d'avance
Compter sur leur bonheur!
On n'y peut rien comprendre,
Et daigne ici m'apprendre
D'où vient ce que j'entends
Et ces cris menaçants?

RAYMOND.

Il faut que dans une heure
Je le venge ou je meure,
Ici je vous attends,
Comptez sur mes serments.

SOLIGNI.

Il faut que dans une heure

Je me venge ou je meure ;
Ici je vous attends,
Songez à vos serments.

(Sur les dernières mesures du morceau, Raymond et Soligni ont remonté le théâtre et se sont rapprochés en chantant ces derniers vers. Soligni sort par la gauche.)

SCÈNE XII.

RAYMOND, FUMICHON, ESTELLE.

FUMICHON.

Eh bien ! il sort furieux. Qu'est-ce que ça signifie ?

RAYMOND.

Que tout est perdu.

FUMICHON.

Laissez donc !

ESTELLE, à Fumichon.

Ah ! nous n'espérons plus qu'en vous.

FUMICHON, à Raymond.

Vous n'avez donc pas fait votre demande ?

RAYMOND.

Si, vraiment !

FUMICHON.

Et qu'a-t-il répondu ?

RAYMOND.

Qu'il acceptait ; qu'il me donnait sa fille et deux cent mille francs de dot.

FUMICHON.

Voilà l'essentiel, le reste n'est rien.

RAYMOND.

Pas du tout ; car dès que je lui eus dit mon nom, sa physionomie a changé, ses traits se sont contractés ; il m'a insulté dans ce que j'avais de plus cher.

FUMICHON.

Quelque lubie qui lui sera passée dans ce moment par la tête ; car je ne peux croire que cela vienne de votre nom qui après tout n'a rien de bien terrible !

ESTELLE.

Non, sans doute !

FUMICHON.

N'est-ce pas Raymond que l'on vous nomme ?

ESTELLE.

Oui, vraiment ! Raymond de Bussières !

FUMICHON, stupéfait.

Bussières !

ESTELLE et RAYMOND.

Qu'avez-vous donc ?

FUMICHON, dans le plus grand effroi.

Bussières, avez-vous dit ?

RAYMOND.

Eh bien ! vous voilà comme lui !

FUMICHON.

Malheureux que vous êtes ! malheureux enfants !

ESTELLE, tremblante.

Qu'y a-t-il donc ?

FUMICHON.

Rien, mes amis, rien du tout ; mais la surprise, l'effroi !...

ESTELLE.

Nous ne devons plus en avoir, puisque vous êtes pour nous.

RAYMOND.

Puisque vous parlerez en notre faveur.

FUMICHON.

Moi ! m'en préserve le ciel !

ESTELLE.

Comment, notre mariage...

FUMICHON, à demi-voix.

Taisez-vous! taisez-vous! (A part.) Qu'est-ce que j'allais faire là? (Haut.) Mes chers amis, ne m'accusez pas, ne m'en veuillez pas; mais en conscience, voyez-vous, ce mariage, il ne faut plus y penser.

ESTELLE et RAYMOND.

Que dites-vous?

FUMICHON.

Il ne peut plus avoir lieu.

ESTELLE.

Et pour quelles raisons?

FUMICHON.

Je ne peux pas vous le dire!

RAYMOND.

Ah! c'est trop se jouer de nos tourments, et vous parlerez...

FUMICHON.

Ça m'est impossible; mais vous sentez bien, mes enfants, que moi qui suis votre ami, il ne me viendrait pas à l'idée de vous désunir, de vous séparer, si les motifs les plus graves...

RAYMOND et ESTELLE.

Eh bien! quels sont-ils?

FUMICHON.

Ne me le demandez pas! mais si vous avez quelque confiance en moi, (A Raymond.) si vous avez quelque amitié pour elle...

RAYMOND.

De l'amitié! dites donc de l'amour, le plus fort, le plus violent!

6.

FUMICHON.

Eh bien! en voilà trop! je ne vous en demande pas tant; je vous demande seulement de partir, de rester éloigné d'elle pendant quelque temps; je vous en prie en grâce.

RAYMOND.

Je ne puis partir en ce moment; mais ce soir, mais demain, vous serez satisfait, (Passant auprès d'Estelle.) et il est probable que nous ne nous verrons plus.

ESTELLE.

Raymond!

RAYMOND.

Adieu! D'autres devoirs m'appellent; mais rassurez-vous, je respecterai ce qui vous est cher, et si je ne reparais plus à vos yeux, parfois du moins donnez-moi un souvenir.

ESTELLE.

Ah! toujours...

RAYMOND, à Fumichon.

Adieu, monsieur... (A Estelle.) Adieu, Estelle, j'espère, quoi qu'il arrive, que tous les deux vous serez contents de moi.

(Il sort par le fond.)

SCÈNE XIII.

ESTELLE, FUMICHON.

FUMICHON, essuyant une larme.

C'est un brave jeune homme que l'on doit plaindre.

ESTELLE, pleurant.

Oh! certainement, et pour moi je l'aimerai toute ma vie.

FUMICHON.

Eh bien! non, il ne faudrait pas...

ESTELLE.

Que dites-vous?

FUMICHON.

Qu'il ne faudrait pas, pour bien faire, l'aimer comme vous dites là.

ESTELLE.

Quoi ! même de loin?

FUMICHON.

Même de loin.

ESTELLE.

Et pourquoi donc ? car toute votre conduite est une énigme que je ne puis comprendre.

FUMICHON.

Tant mieux alors, c'est ce qu'il faut; mais croyez, ma chère fille, que de mon côté tout ce qui pourra assurer votre bonheur ou votre avenir... (A part.) Et quand j'y pense maintenant, cette donation de Soligni... j'ai eu tort de refuser. (Haut.) J'accepterai, mon enfant, j'accepterai, mais pour tout vous rendre un jour.

ESTELLE.

Que voulez-vous dire ?

FUMICHON.

Vous ne pouvez le savoir encore; ce n'est pas ma faute... Mais silence ! c'est votre père.

SCÈNE XIV.

LES MÊMES; SOLIGNI, entrant par la gauche, va s'asseoir auprès de la table.

FUMICHON, à part.

Comme il a un air sombre ! il ne nous voit seulement pas. (Allant à lui.) Soligni !

SOLIGNI, apercevant Fumichon et Estelle.

Ah ! te voilà ?

(Il se lève.)

FUMICHON.

Oui, mon ami; je voulais te parler sur ta proposition de ce matin, à laquelle j'ai réfléchi, et dont je ne serais peut-être pas maintenant très-éloigné.

SOLIGNI.

Quoi! vraiment, tu accepterais?

FUMICHON.

Pour te rendre service.

SOLIGNI.

J'en suis fâché; tu m'avais refusé, j'ai fait d'autres dispositions.

FUMICHON.

Que tu peux changer.

SOLIGNI.

Non! il n'est plus temps; l'acte signé par moi en bonne forme, et d'après le modèle que tu m'avais donné, vient de partir à l'instant.

FUMICHON.

O ciel! et pourquoi te presser ainsi?

SOLIGNI.

Je n'avais pas de temps à perdre, car dans une heure peut-être...

FUMICHON.

Que veux-tu dire?

SOLIGNI.

Rien! Je suis content! je suis heureux! Voilà le premier bonheur qui depuis longtemps me soit arrivé! (S'avançant et apercevant Estelle.) Ah! c'est vous, Estelle, approchez, approchez! (Estelle passe entre Fumichon et Soligni.) Je viens de voir ce jeune homme qui vous demandait en mariage; il n'a pu hasarder une pareille démarche sans votre aveu.

ESTELLE.

Ce n'est pas moi, c'est M. Fumichon.

FUMICHON.

Parce qu'alors j'ignorais que M. de Bussières...

SOLIGNI.

Tais-toi, je ne te demande rien. (A Estelle.) Vous l'aimiez donc ?

ESTELLE.

Oui, mon père.

SOLIGNI.

Et comment ne m'en avez-vous jamais parlé?

ESTELLE.

Je vous l'ai dit, mon père, il y a bien longtemps. C'était dans le temps où vous m'aimiez ! Vous me disiez alors : « Il faut te marier. » Et moi je vous ai répondu : « Attendez, car il y a quelqu'un que je préférerais peut-être à tous les autres; mais il ne s'est jamais déclaré, il ne m'a jamais dit qu'il m'aimait. » — « Et si tu te trompais, mon enfant, avez-vous ajouté, » car alors vous me disiez toujours *toi*, « si tu te trompais, tu serais bien malheureuse. » — « Non, vous ai-je répondu, car j'aurais pour me consoler, l'amour de mon père; et cet amour-là tient lieu de tout. » — « S'il en est ainsi, avez-vous dit, en m'embrassant, attendons et n'en parlons plus. » Je n'en ai plus parlé, et j'ai attendu; cela m'était facile alors, j'étais si heureuse !

SOLIGNI, après un instant de silence.

Oui, tout cela est vrai, je me le rappelle maintenant; mais ce jeune homme, où l'aviez-vous vu?

ESTELLE.

A Paris, chez ma mère, où il venait presque tous les jours avec M. de Bussières, son père. C'était pendant votre absence, lors de ce dernier voyage que vous avez fait et qui a duré si longtemps.

FUMICHON, à part et lui faisant des signes qu'elle ne voit pas.

Impossible de la faire taire !

SOLIGNI, avec émotion.

Ce M. de Bussières... je ne parle pas de Raymond, mais de l'autre ; ce M. de Bussières vous aimait?

ESTELLE.

Beaucoup ! il m'avait vue si jeune !

FUMICHON, à demi-voix.

Taisez-vous !

ESTELLE, à Fumichon.

Et pourquoi donc? pourquoi ne dirais-je pas la vérité?

SOLIGNI.

Vous avez raison. Savez-vous qu'en mon absence, et croyant que j'avais perdu la vie, votre mère voulait vous le donner pour tuteur?

ESTELLE.

Oui, vraiment ! car quelques jours avant sa mort, il y a trois ans, ma pauvre mère me fit venir près de son lit. Nous étions seules et elle me dit : « Bientôt, ma fille, tu seras orpheline ; je t'ai donné pour tuteur un ami de notre famille, un ami de ton enfance, M. de Bussières, qui dans ce moment n'est pas dans ce pays. Mais dès qu'il sera de retour, ce qui ne peut tarder, tu lui remettras toi-même, et à lui seul, ces papiers. »

SOLIGNI et FUMICHON, à part.

O ciel !

ESTELLE.

Et elle me confia alors une lettre cachetée de noir, qui contenait sans doute ses dernières volontés et tous les renseignements nécessaires sur notre fortune. Mais vous savez que, peu de temps après, M. de Bussières ayant perdu la vie en Pologne...

SOLIGNI.

Vous n'avez pu lui remettre cette lettre?

ESTELLE.

Non, mon père.

SOLIGNI.

Et elle existe encore?

ESTELLE.

Je le pense! je l'avais serrée dans l'écrin de ma mère avec les lettres que vous m'écriviez, quand vous étiez en voyage; enfin, avec tout ce que j'avais de plus précieux, et le jour même de votre arrivée, je me suis hâtée de vous remettre cet écrin. J'ignore ce que vous en avez fait; mais le lendemain j'étais dans votre cabinet, debout près de vous; cet écrin était sur votre bureau et vous m'avez dit : « Ce sont les diamants de ta mère, ils t'appartiennent; mais tu ne peux pas les porter avant ton mariage, je te les garderai jusque-là. » Alors vous avez renfermé l'écrin, et vous m'en avez remis la clef.

FUMICHON, vivement à Estelle.

Et l'écrin?

ESTELLE.

Mon père l'a gardé.

SOLIGNI, froidement.

C'est vrai; il est entre mes mains; il est ici.

FUMICHON, à part.

Ah! mon Dieu!

SOLIGNI, à Estelle froidement.

Donnez-moi cette clef.

FUMICHON, à voix basse.

Ne la donnez pas!

ESTELLE, étonnée.

Qu'est-ce que cela signifie?

SOLIGNI.

Je veux l'avoir.

FUMICHON.

Et moi je pense que c'est absurde, que c'est inutile, et

que, s'il faut le dire, tu as tort de la lui demander, parce qu'après tout...

SOLIGNI.

Je l'ordonne !

FUMICHON.

Et moi je le lui défends, pour elle-même et pour toi. (A Estelle.) Oui, mon enfant...

AIR de l'*Angélus*.

(Bas et très-vivement.)
Il y va de votre avenir
Et du bonheur de votre vie;
Gardez-vous bien d'y consentir;
Écoutez-moi, je vous en prie.

ESTELLE, plus lentement..

Ah! je n'écoute que mon cœur
(Montrant Soligni.)
Et sa voix qu'ici je révère;
Dût-il ordonner mon malheur,
Je dois obéir à mon père.

(Elle détache de son cou une chaîne où est la clef, et la remet à Soligni.)

SOLIGNI.

C'est bien.

FUMICHON, avec humeur.

La belle avance! (A Estelle en s'en allant.) Vous avez fait là un beau trait; c'est sublime; c'est admirable... Adieu.

(Il sort par le fond.)

ESTELLE, tremblante.

Que veut-il dire?

SOLIGNI.

Ah! que je souffre !

ESTELLE.

Mon père !

SOLIGNI.

Sortez... Laissez-moi.

(Estelle sort par le fond en regardant son père et en soupirant.)

SCÈNE XV.

SOLIGNI, seul.

Enfin, je suis seul. (Il va ouvrir le meuble à droite qui est incrusté dans la boiserie ; il en tire un écrin qu'il apporte sur la table à gauche.) C'est bien cela. (Il s'asseoit.) C'est cet écrin qu'elle m'a remis il y a trois ans. (Il l'ouvre.) Oui, voilà les diamants de sa mère, ces diamants qu'autrefois je lui ai donnés. (Il soulève le premier compartiment, le place sur la table et regarde au fond de l'écrin.) Dans ce double fond... Ah! je ne sais ce que j'éprouve! Et l'on m'accuse d'injustice, moi, qui ne demandais au ciel que de douter encore, moi qui suis persuadé du crime et dont la main tremble au moment d'en trouver une nouvelle preuve! (Saisissant au fond de l'écrin une lettre cachetée.) La voici! (Regardant la lettre.) C'est bien l'écriture d'Henriette. (Lisant.) « A M. de Bussières. » (Décachetant la lettre en tremblant.) Allons, du courage! (Lisant lentement.) « O vous! que j'ai tant aimé, « je vous écris de mon lit de mort et prête à paraître de-« vant celui que j'ai offensé. Quand, de ce séjour où l'on « ne peut plus tromper, il connaîtra mes regrets et surtout « mon repentir, peut-être ce juge si sévère trouvera-t-il, si-« non quelques mots pour m'absoudre, du moins quelques « larmes pour me plaindre! (Il s'arrête, essuie une larme, et après un « instant de silence il continue.) Vous avez eu du courage pour « moi qui n'en avais plus ; et lorsque, après six ans de « tourments et de combats, j'allais tout oublier, c'est vous « qui, fidèle à l'amitié, m'avez rappelée au devoir. » (Avec in-dignation.) Lui!... (Lisant.) « Ce n'est pas moi, c'est vous-même « qui m'avez sauvée du déshonneur!... » (S'interrompant.) Ah! pense-t-on m'abuser encore? Ces mots seraient écrits de son sang que je ne les croirais pas! (Lisant.) « Soyez-en béni « devant Dieu, et souffrez qu'en ma reconnaissance je vous « confie un trésor dont vous seul êtes digne ; à vous, Ernest, « qui avez respecté la femme de votre ami, je vous lègue

« sa fille. » (Avec indignation.) Sa fille !... (Lisant.) « J'exige
« même plus : j'ai cru voir que Raymond, votre fils, était
« aimé d'Estelle, qu'il l'aimait aussi, mais que son peu de
« bien l'avait empêché d'avouer cet amour. Comme une
« pareille crainte pourrait aussi vous retenir, je vous or-
« donne de les unir un jour. » (Se levant et relisant.) Je vous
ordonne de les unir..., de les unir. C'est de sa main ; elle l'a
écrit, *de les unir*. Ah ! qu'ai-je lu ! J'aurais pu douter encore, mais comment supposer qu'à son heure dernière, que,
prête à paraître devant Dieu, elle ait voulu commettre un
nouveau crime en fiançant le frère et la... Non, ce n'est pas
possible ! non, cela n'est pas, et Estelle est mon bien, c'est
mon sang, c'est ma fille !

AIR de la romance de Téniers.

Combien, dans mon erreur cruelle,
Je fus injuste et rigoureux !
Et maintenant comment sur elle
Oserai-je lever les yeux ?
Remords dont mon âme est flétrie,
Regrets que rien ne peut calmer,
Comment retrouver dans ma vie
Tous les jours perdus sans l'aimer ?

(Voyant entrer Estelle.)
Ah !

(Il s'assied sur le canapé.)

SCÈNE XVI.

SOLIGNI, ESTELLE, qui s'avance lentement et les yeux baissés.

SOLIGNI, la regardant avec amour et comme s'il la voyait après une longue absence.

C'est ma fille, c'est bien elle, la voilà comme je l'ai
laissée il y a deux ans ! (Estelle lève les yeux, l'aperçoit et fait un
mouvement de crainte.) Ah ! c'est de la crainte que je lui inspire ;
et elle ne sait pas que maintenant c'est moi qui tremble
devant elle ! (Haut.) Estelle !

ESTELLE, s'approchant.

Mon père !

SOLIGNI, avec honte et embarras.

Estelle, venez là, je vous en prie. (Elle s'approche lentement, s'asseoit près de lui, à sa gauche, sur le canapé. Après un moment de silence, Soligni la regardant avec tendresse.) Estelle...

ESTELLE, de même.

Mon père...

SOLIGNI.

Je voudrais bien vous embrasser.

ESTELLE, se jetant dans ses bras.

Ah ! mon père !

SOLIGNI, la serrant contre son cœur.

Ma fille ! ma fille bien-aimée !...

ESTELLE.

Ma fille ! avez-vous dit... Ah ! qu'il y a longtemps que ce mot n'est sorti de votre bouche !

SOLIGNI.

Oui, tu as raison, il y a bien longtemps que nous étions séparés, (La regardant.) que je ne t'avais vue.

ESTELLE.

N'est-ce pas ?

SOLIGNI.

Pendant deux ans exilée du cœur de son père... elle a été traitée comme une étrangère, comme une ennemie, chez moi, chez elle...

(Il se jette à ses genoux.)

ESTELLE, voyant Soligni à ses genoux.

Ah ! que faites-vous !

SOLIGNI.

Ma fille, pardonne-moi !

ESTELLE.

Moi! grand Dieu! moi pardonner à mon père! et pourquoi?

SOLIGNI.

Je ne puis te le dire ; mais pardonne-moi! dis-moi que tu m'aimes encore.

ESTELLE.

Toujours! toute la vie! C'est moi qui, sans le vouloir, vous ai fâché contre moi. Je le voyais, je m'en doutais et ne pouvais en deviner la raison. Je la connais maintenant.

SOLIGNI, à part.

O ciel!

ESTELLE.

C'est cet amour que j'avais pour Raymond; c'est là ce qui vous offense. Eh bien! mon père, quelque douleur que j'en éprouve...

SOLIGNI.

Quoi! tu sacrifierais...

ESTELLE.

Tout au monde à votre amour!

SOLIGNI.

Ah! c'en est trop!... (Il la serre tendrement dans ses bras.) Qui vient là?

SCÈNE XVII.

Les mêmes; RENAUD.

RENAUD.

Monsieur, c'est ce jeune homme de ce matin, qui était sorti, qui revient encore et demande à vous parler, à vous, en particulier.

ESTELLE.

Je reste. C'est en votre présence, mon père, qu'il apprendra ma résolution. Qu'il vienne ; faites-le entrer. (Voyant que Renaud ne lui obéit point.) Eh bien! Renaud ?

RENAUD.

Impossible, mademoiselle, parce que monsieur me l'a dit ce matin, votre volonté à vous, ça ne suffit pas.

SOLIGNI, se levant avec colère et allant à Renaud.

Ça ne suffit pas !... Apprends que ma fille est ici souveraine et maîtresse, que tout ici lui appartient ; et dis-le bien à tout le monde : j'entends qu'on obéisse à elle d'abord et avant tout, sinon chassé à l'instant même.

ESTELLE, le modérant et l'embrassant.

Mon père!... (A Renaud, avec douceur.) Dis à M. Raymond d'entrer.

RENAUD, avec empressement.

Oui, mademoiselle, sur-le-champ. (Allant à la porte du fond, et introduisant Raymond.) Entrez, monsieur, entrez, c'est mademoiselle qui l'ordonne.

SCÈNE XVIII.

ESTELLE, SOLIGNI, RAYMOND.

RAYMOND, à Soligni.

Me voici, monsieur... (A part.) Dieu! sa fille!

SOLIGNI.

C'est juste ! (Regardant Estelle.) Je n'y pensais plus...

RAYMOND.

Je viens vous chercher.

ESTELLE.

Et pourquoi donc ?

SOLIGNI.

Pour nous battre !

ESTELLE.

Est-il possible! (Passant entre eux deux.) Vous, Raymond, vous que j'aimais, menacer les jours de mon père!

RAYMOND.

C'est malgré moi, demandez-lui.

SOLIGNI.

C'est vrai! je l'ai provoqué.

ESTELLE, se jetant dans les bras de son père.

Eh bien! si je suis toujours votre fille bien-aimée; si, comme vous le disiez tout à l'heure, vous m'avez rendu votre amour d'autrefois... autrefois vous ne me refusiez rien.

SOLIGNI.

Eh bien! parle, que veux-tu?

ESTELLE.

Que vous renonciez à ce combat.

SOLIGNI.

Cela ne dépend pas de moi, mais de Raymond. Je l'ai offensé; il a droit à des réparations. Demande-lui celles qu'il exige.

ESTELLE, à Raymond.

Mon père demande, monsieur, quelles réparations vous exigez.

RAYMOND, hésitant.

Moi!

ESTELLE.

Sans doute!

RAYMOND.

Eh bien! j'en demande deux.

ESTELLE.

Lesquelles?

RAYMOND.

D'abord, que monsieur rétracte ce qu'il a dit sur mon père.

ESTELLE, à Soligni.

Y consentez-vous?

SOLIGNI.

Dans ce moment, je suis heureux de reconnaître que j'avais tort, et que M. de Bussières n'a manqué ni à l'honneur, ni à l'amitié. (A Estelle.) Qu'il te dise à présent ce qu'il veut de plus.

ESTELLE, à Raymond.

Mon père demande, monsieur, ce qu'il vous faut encore.

RAYMOND, hésitant, à demi-voix.

Vous!

ESTELLE, baissant les yeux.

Ah! mon Dieu!

SOLIGNI.

Qu'y-a-t-il donc?

ESTELLE.

Des choses impossibles.

SOLIGNI.

Cela ne dépend donc pas de nous?

ESTELLE.

Si vraiment!

SOLIGNI.

Eh bien! ne t'ai-je pas dit que tu étais ici la maîtresse... maîtresse absolue! Tu peux donc sans crainte, et en mon nom, accorder tout ce qu'il demande.

ESTELLE.

Tout ce qu'il demande, c'est moi.

SOLIGNI.

Eh bien! à moins que tu ne veuilles pas...

ESTELLE.

Mais si, vraiment, je veux bien.

SOLIGNI.

Eh bien! s'il en est ainsi, et ma fille, et tous mes biens et tout ce que je possède... (Avec douleur.) Ah! mon Dieu! je n'y pensais plus... Malheureux que je suis! qu'ai-je fait!

(Il court vers la porte du fond.)

SCÈNE XIX.

LES MÊMES ; FUMICHON.

FUMICHON, l'arrêtant.

Eh bien! qu'y a-t-il encore?

SOLIGNI.

Ma fille que j'ai retrouvée, et que je viens de ruiner; car tantôt, comme je te l'ai dit, cet acte, cette donation...

FUMICHON.

Tu l'as signée?

SOLIGNI.

Eh! mon Dieu, oui.

FUMICHON.

La frustrer de tous tes biens!

ESTELLE.

Qu'importe, si vous m'aimez toujours !

FUMICHON, l'arrêtant.

Eh, morbleu! ça ne suffit pas, et quelle que soit la personne à qui l'on ait fait une pareille donation, elle ne peut pas accepter, elle n'acceptera pas.

SCÈNE XX.

Les mêmes; RENAUD.

RENAUD, à Soligni.

Le courrier arrive à l'instant et apporte la réponse. Il prétend que le jeune homme est ravi, enchanté... un jeune homme de dix-huit ans qui est gentil au possible. Il a dit à un de ses camarades : « Fais sonner le boute-selle, et annonce à tout le monde que je donnerai à dîner à tout le régiment demain et les jours suivants. » (Prenant dans sa poche une lettre qu'il lui remet.) Puis il a écrit cette lettre à votre adresse, en s'écriant : « Dis à mon parrain que je le remercie, et que j'irai l'embrasser dès que je ne serai plus aux arrêts. »

FUMICHON.

Aux arrêts ! c'est mon fils Hector !

SOLIGNI.

Lui-même. (Bas à Fumichon.) Tu sais bien que je voulais anéantir ma fortune.

FUMICHON.

Et tu ne pouvais pas mieux choisir... Mais il n'est pas possible qu'il ait pu sérieusement...

SOLIGNI, froidement, lui donnant l'acte.

Si, vraiment, il accepte, et l'acte est en bonne forme, tu le sais.

FUMICHON.

Du tout : Hector Fumichon, mon fils, est mineur; il ne peut rien accepter sans ma signature, (Déchirant le papier.) et je refuse la donation.

7.

SOLIGNI.

Que fais-tu?

FUMICHON.

Un acte de justice. (Regardant Estelle.) Et toi aussi, je le vois !

SOLIGNI.

Non, mon ami, ça ne sera pas ainsi, et je veux que ton fils Hector...

FUMICHON.

Tant que je vivrai, il ne manquera de rien : après moi, c'est différent.

SOLIGNI.

Je veux lui assurer une rente...

FUMICHON.

Incessible et insaisissable...

SOLIGNI.

De six mille francs.

ESTELLE.

Ce n'est pas assez, de dix mille !

FUMICHON.

Comme vous voudrez ! Ce sera la même chose ; il la mangera de même !

ESTELLE.

Ensemble.

AIR de *Gustave III*.

O destin prospère !
Tu viens dans ce jour,
D'un amant, d'un père,
Me rendre l'amour !

TOUS.

O destin prospère !
Tu viens dans ce jour,
D'un amant, d'un père,
Lui rendre l'amour !

ÊTRE AIMÉ
OU MOURIR!

COMÉDIE-VAUDEVILLE EN UN ACTE

EN SOCIÉTÉ AVEC M. DUMANOIR

THÉATRE DU GYMNASE. — 10 Mars 1835.

| PERSONNAGES. | ACTEURS. |

BONNIVET, notaire de Paris . . . . MM. NUMA.
SAUVIGNY . . . . ALLAN.
FERNAND DE RANCÉ . . . . PAUL.

CLOTILDE, femme de Bonnivet. . . . . . Mmes ALLAN-DESPRÉAUX.
HORTENSE DE VARENNES, jeune
veuve, sœur de Fernand . . . . GRASSOT.

Un GARÇON D'HOTEL. — Une FEMME DE CHAMBRE.

A Rouen.

ÊTRE AIMÉ
OU MOURIR!

Une salle d'hôtel garni. — Porte d'entrée au fond. De chaque côté, au premier plan, portes avec des numéros. Au-delà de la porte, à droite de l'acteur, une fenêtre ouvrant sur un balcon. Entre la fenêtre et la porte à droite, un secrétaire. Près de la porte à gauche, une table.

SCÈNE PREMIÈRE.
BONNIVET, CLOTILDE.

(Ils sont assis près d'une petite table à droite, et déjeunent. Un garçon les sert.)

BONNIVET.

Décidément, ma chère amie, je suis enchanté du détour que nous avons fait pour visiter Rouen, que tu ne connaissais pas... Ces nouveaux hôtels sur les quais sont d'un luxe tout parisien... des salles décorées avec élégance, une vue magnifique... et un excellent déjeuner, parbleu! (Il boit, et en posant sa tasse, il s'aperçoit que Clotilde est distraite et ne touche pas à la sienne.) A quoi penses-tu donc?

CLOTILDE, revenant à elle.

Moi?... à rien... Dites-moi, mon ami, à quelle heure partirons-nous demain matin ?

BONNIVET.

J'ai commandé les chevaux pour huit heures... ainsi, nous avons une nuit complète pour nous reposer... Mais ça ne m'explique pas pourquoi tu es distraite et rêveuse... Qu'est-ce que c'est?... Qu'as-tu donc?...

CLOTILDE.

Mais je n'ai rien.

BONNIVET.

Si fait... Cela t'a pris deux ou trois jours avant notre départ de Boulogne... car auparavant tu étais d'une gaieté fort satisfaisante.

AIR du vaudeville de *Voltaire chez Ninon*.

Tu me semblais chaque matin
Aimable, contente et joyeuse;
Quel accident ou quel chagrin
Te rend ainsi triste et rêveuse?
Parle, d'où vient cet ennui-là?...
Époux et femme, chère amie,
Ne font qu'un seul.

CLOTILDE.

C'est pour cela :

(A demi-voix.)

Quand je suis seule, je m'ennuie.

(Ils se lèvent.)

BONNIVET.

Je fais cependant tout ce que je peux pour te distraire... Tous les étés, un voyage de plaisir ou de santé, ce qui revient au même... Cette année, aux bains de mer de Boulogne... L'année précédente, en Italie... Il y a deux ans, aux eaux de Bagnères...

CLOTILDE, vivement.

Arrêtez !... Mon ami, je vous en conjure, ne me parlez jamais des eaux de Bagnères.

BONNIVET.

C'est juste, et je t'en demande pardon... Ce souvenir-là m'est aussi pénible qu'à toi... Ce pauvre jeune homme, avec qui j'herborisais dans les montagnes, et que j'avais pris en amitié...

CLOTILDE.

Finir d'une manière aussi déplorable !...

BONNIVET.

Aussi absurde !... Aller se tuer !... et sans dire pourquoi encore !

CLOTILDE.

On m'a assuré, à moi, que c'était par amour.

BONNIVET.

Quelle bêtise !

CLOTILDE.

Hein ?...

BONNIVET.

Je dis : Quelle bêtise !

CLOTILDE.

Ah ! c'est que vous ne pouvez comprendre un pareil dévouement... Vous ne seriez pas capable de mourir pour une femme.

BONNIVET.

Jamais !

CLOTILDE.

Pas même pour la vôtre ?...

BONNIVET.

J'en serais bien fâché... et elle aussi, je l'espère... Car il y a un raisonnement bien simple que devraient faire tous ces cerveaux brûlés... Ou celle que j'aime sera désolée de ma mort, et je suis trop galant homme pour lui causer un pareil chagrin; ou mon trépas lui sera indifférent, et alors je serais bien dupe de lui donner ce plaisir-là.

CLOTILDE.

Est-ce qu'on raisonne, quand on aime?

BONNIVET.

Certainement... C'est parce que j'aime ma femme et mes enfants, que je me dis : « Je leur serai plus utile en vivant et en travaillant pour eux... » Aussi, sois franche, qu'est-ce qui te manque?... Y a-t-il, dans Paris, une femme de notaire plus heureuse que toi?... La clef de ma caisse n'est-elle pas à ta disposition?... Maison de campagne l'été, quatre bals dans l'hiver, et un quart de loge à l'Opéra... secondes de côté.

CLOTILDE.

Je ne dis pas non...

BONNIVET.

Et s'il te faut quelqu'un pour t'obéir les jours de caprice, ou pour te plaindre les jours de migraine... est-ce que je ne suis pas là?.. Est-ce que je ne te suis pas nécessaire?... J'en suis persuadé, et si tu devenais veuve, ma pauvre femme, j'en serais désolé pour toi... encore plus que pour moi.

CLOTILDE.

Oui, sans doute, vous êtes un bon mari...

BONNIVET.

Je m'en vante, et un mari qui aime à vivre... Aussi, ne parlons plus de tout cela ; et pour dissiper tes idées noires, viens donc respirer l'air frais de la rivière.

(Il ouvre la fenêtre et passe sur le balcon.)

SCÈNE II.

BONNIVET, sur le balcon, CLOTILDE, FERNAND.

CLOTILDE, apercevant Fernand qui paraît au fond, une lettre à la main.

O ciel!...

FERNAND, à voix basse.

Chut!...

(Il lui montre de loin la lettre, en la suppliant du geste de la recevoir.)

CLOTILDE.

Encore lui!...

BONNIVET, se retournant.

Hein? (Fernand a disparu lestement.) Est-ce que tu me parles?

CLOTILDE, troublée.

Moi?... je te demandais si tu ne voyais rien de nouveau.

BONNIVET, toujours au balcon.

Mon Dieu, non... Eh! si vraiment, voilà une charmante calèche qui vient par la route de Paris, et qui s'arrête devant l'hôtel... une dame en descend... fort jolie tournure. (Il prend son lorgnon.) Oh! que je vais t'étonner!... Sais-tu quelle est cette dame?... Devine.

CLOTILDE.

Je la connais?

BONNIVET.

Je crois bien, une compagne de pension... Nous qui tout à l'heure parlions de veuve...

CLOTILDE.

Hortense!...

BONNIVET.

Juste... ta chère Hortense, madame de Varennes.

CLOTILDE.

Il serait vrai!... Moi qui l'avais laissée à Paris... Qu'est-ce qui l'amène donc à Rouen, et toute seule?... C'est bien étonnant.

BONNIVET.

Et bien désagréable... car elle a l'air d'être fort embarrassée au milieu des postillons, des paquets et des commissionnaires... Je suis trop galant pour ne pas voler à son secours...

CLOTILDE, effrayée.

Comment, vous sortez?... Eh bien!... et moi?...

BONNIVET.

N'as-tu pas peur?... Je cours et je te l'amène.

(Il sort en courant.)

SCÈNE III.

CLOTILDE, puis FERNAND.

CLOTILDE.

Il me laisse seule!... Si l'autre, pendant ce temps... Mon Dieu! le voilà!

FERNAND, après avoir jeté un coup d'œil du côté par lequel est sorti Bonnivet, entrant précipitamment.

Au nom du ciel, madame, daignez recevoir cette lettre.

CLOTILDE.

Non, jamais, monsieur!... Et je ne sais ce que j'ai fait, ce que j'ai dit pour vous autoriser...

FERNAND.

Il a bien fallu vous écrire, puisque vous refusez de m'entendre... Arrivé à Boulogne peu de jours avant votre départ, plus d'une fois j'ai trouvé l'occasion de vous parler seule, et toujours vous l'avez rendue illusoire en vous dérobant à une explication... Surpris de ce départ précipité, je n'ai eu que le temps de me procurer un cheval, et depuis Boulogne, je suis votre chaise de poste.

CLOTILDE.

Je le sais, je vous ai bien vu... et c'est ce que je trouve très-mal... certainement, monsieur; et je ne puis m'expliquer ni votre conduite ni l'espoir que vous avez.

FERNAND.

Ma conduite!... c'est celle d'un fou, d'un insensé qui ose vous aimer, sans qu'un seul regard de bonté le lui ait permis... Mon espoir!... c'est de me jeter à vos genoux et d'implorer votre indulgence.

CLOTILDE.

Oh! oui, un insensé... vous avez bien raison... car enfin, monsieur, je ne vous connais pas, je ne sais qui vous êtes.

FERNAND.

N'est-ce que cela? Eh! bien, madame, je ne suis pas tout-à-fait un étranger pour vous; je suis allié à une famille que vous connaissez, parent d'une de vos meilleures amies, qui tant de fois m'a parlé de vous...

CLOTILDE, avec effroi.

On vient!...

(Elle passe à la gauche de Fernand.)

FERNAND, vivement.

Non, madame... et pour la fidélité, la discrétion, je suis élève de Saint-Cyr.

CLOTILDE, de même.

Mon mari va revenir!

FERNAND.

Je le sais bien; peut-être même remonte-t-il déjà.

AIR : J'ai vu le Parnasse des Dames. (*Rien de trop.*)

Puisqu'ici je ne puis, madame...

CLOTILDE.

Monsieur, laissez-moi... je frémis!

FERNAND.
Vous faire l'aveu de ma flamme...

CLOTILDE.
L'entendre ne m'est pas permis.

FERNAND, lui présentant la lettre.
Ce billet qui peint mon martyre...

CLOTILDE.
Monsieur, je ne puis l'accepter.

FERNAND.
Un seul instant daignez le lire!

CLOTILDE.
Autant vaudrait vous écouter.

FERNAND.
Et vous ne voulez pas!... Vous regardez ce que j'éprouve comme un caprice que le temps dissipera... Oh! non, madame, ce n'est pas cela... c'est un amour vrai et profond que le mien : c'est un de ces sentiments qui marquent dans notre vie, car ils la rendent belle ou la flétrissent pour jamais... de ces sentiments qui font qu'un homme est capable de tout pour obtenir le cœur d'une femme!

CLOTILDE, vivement.
J'entends la voix d'Hortense!... Si mon mari me voyait ainsi, seule avec un étranger!... Adieu, monsieur, adieu... Je vous en prie, éloignez-vous.
(Elle court au-devant d'Hortense et sort par la porte du fond.)

FERNAND, la suivant.
Encore un mot, un seul...

(Il s'arrête à la porte.)

SCÈNE IV.

FERNAND, seul.

(Il redescend la scène en froissant la lettre.)

Et elle me reste dans les mains!... une lettre où j'avais épuisé toute mon éloquence... Cinquième occasion de perdue!... Je commence à croire... Eh bien! non, morbleu! je n'en aurai pas le démenti... Je ne sors pas d'ici qu'elle ne m'ait entendu... et répondu... On monte!... passons sur ce balcon, et peut-être qu'un heureux hasard... Les voici!

(Il passe sur le balcon et en referme la fenêtre.)

SCÈNE V.

HORTENSE, CLOTILDE, BONNIVET.

(Clotilde et Hortense entrent en se tenant encore embrassées. Bonnivet porte plusieurs petits cartons. Une femme de chambre en porte d'autres plus grands.)

HORTENSE, CLOTILDE et BONNIVET.

AIR : Pour l'honneur de la France.

Quelle rencontre aimable!
Nos cœurs doivent bénir
Le destin favorable
Qui vient nous réunir.

CLOTILDE, à part, regardant autour d'elle.

Il est parti... je respire.

HORTENSE, à la femme de chambre, montrant la porte à gauche de l'acteur.

Portez ces cartons... là, au numéro six... c'est l'appartement qu'on avait retenu pour moi.

BONNIVET, tenant une boîte en acajou.

Et cette boîte, qui est assez lourde?

HORTENSE, souriant.

Ce n'est point à mon usage... c'est à mon frère Fernand, qui m'a priée de m'en charger... des pistolets de chez Lepage... (A Bonnivet.) Là, sur cette table, je vous prie.
(Bonnivet pose la boîte sur la table, puis il passe à la droite d'Hortense.)

BONNIVET.

Vous attendez donc votre frère?...

HORTENSE.

Nous devons nous rencontrer ici, à Rouen, où nous nous sommes donné rendez-vous... Je viens de Paris, et lui de Bretagne... ou peut-être de plus loin encore... car c'est une tête éventée, qui n'a jamais de but et qui est capable de tout... excepté d'aller droit son chemin... (A Clotilde.) Du reste, un charmant cavalier, que je te présenterai... car il brûle de te connaître, et t'adore déjà sur ton seul portrait.

BONNIVET.

Le gaillard n'a pas mauvais goût, et ça prouve en sa faveur... Moi, j'aime d'avance tous ceux qui aiment ma femme.

HORTENSE, souriant.

Je vois que vous êtes l'ami de tout le monde.

BONNIVET.

Trop aimable... Ah! çà, si je vous gêne, vous me le direz... (Regardant sa femme.) Oui?... je m'en doutais... Deux amies de pension qui ne se sont pas vues depuis longtemps... (A Hortense.) Si vous avez des emplettes, des commissions, je vais faire celles de ma femme, ne vous gênez pas... traitez-moi comme un mari... trop heureux d'exercer auprès de vous par *interim*.

AIR de la *Dugazon*.

Adieu, d'être indiscret je tremble;
Je pars, de peur d'être fâcheux :
Vous avez à causer ensemble.

HORTENSE.

Nous allons parler toutes deux
De veuvage et de mariage.

BONNIVET.

C'est bien.

(Montrant sa femme.)
J'aime mieux, sur ma foi,
Qu'elle connaisse le veuvage
Par vous, madame, que par moi.

Ensemble.

CLOTILDE et HORTENSE.

Lorsque le sort qui nous rassemble
Comble le plus cher de nos vœux,
Qu'il est doux de causer ensemble!
Ainsi, recevez nos adieux.

BONNIVET.

Adieu, d'être indiscret je tremble,
Je pars, de peur d'être fâcheux :
Vous avez à causer ensemble,
Et je vous laisse toutes deux.

(Il sort.)

SCÈNE VI.

HORTENSE, CLOTILDE.

HORTENSE.

Sais-tu que c'est un excellent homme que ton mari!

CLOTILDE.

Oui... il devine tous mes désirs... il nous laisse. (Prenant dans ses mains les deux mains d'Hortense.) Chère Hortense!... voilà pourtant trois ans que nous ne nous sommes vues... Oui, il y a trois ans que nous avons quitté notre bon pensionnat de Paris, où nous nous aimions tant... et où nous jouions au cerceau... Et, depuis ce temps-là, que d'événements!

HORTENSE.

Mariées toutes les deux, toi à un notaire, M. Bonnivet...

CLOTILDE.

Et toi à M. de Varennes, à un colonel!... Que j'aurais aimé cela! des épaulettes!... et un si joli uniforme!... Que tu as dû être heureuse!...

HORTENSE.

Eh! mais... je n'en suis pas bien sûre... Et pendant les huit mois qu'a duré ce mariage, que de fois j'ai regretté le temps où j'étais demoiselle!

CLOTILDE.

Est-il vrai?...

HORTENSE.

N'en parlons plus... c'est fini... je suis veuve.

CLOTILDE.

C'est presque la même chose... Et déjà, je le parie, il a dû se présenter bien des prétendants.

HORTENSE.

Eh! mon Dieu, oui... un surtout, qui est aimable, qui est riche... un jeune négociant du Havre, que mon frère, que toute ma famille me presse d'accepter... et je n'ai encore pu m'y décider.

CLOTILDE.

Et pourquoi?

HORTENSE.

Parce qu'il m'aime trop.

CLOTILDE.

Est-il possible?

HORTENSE.

C'est une ardeur, des transports, un délire!...

CLOTILDE.

Et tu appelles cela un défaut?

HORTENSE.

Dans un mari, certainement.

CLOTILDE.

Ah! si le mien était ainsi!

HORTENSE.

Je te plaindrais... car en ménage, vois-tu, il faut des qualités qui résistent et qui durent, et les grandes passions ne durent pas... tandis qu'un bon caractère, c'est de tous les temps... M. Bonnivet, par exemple, me semble le chef-d'œuvre des maris... bon, aimable, complaisant.

CLOTILDE.

Je ne dis pas non... il m'aime bien... mais d'un amour si bourgeois, si tranquille!... Un parfait notaire... qui quelquefois la nuit me parle de son étude et de ses clients... Ce n'est pas là ce que j'avais rêvé... J'aurais voulu un époux qui m'adorât... qui fût tendre, empressé, galant... qui me fît des vers.

HORTENSE.

Un notaire!... y penses-tu?

AIR du vaudeville de *la Famille de l'Apothicaire*.

Il fait des contrats, c'est bien mieux...
Contre toi-même tu conspires :
Car pour toi ses actes poudreux
Se transforment en cachemires.
Un poète! Dieu! quel travers!
Tant d'éclat ne vaut pas grand'chose...
Ma chère, la gloire est en vers,
Mais le vrai bonheur est en prose!

Et si, dans ton ménage, tu n'as pas d'autres sujets de chagrin...

CLOTILDE.

C'est ce qui te trompe... car, depuis quelques jours, j'ai beau redoubler d'efforts pour le cacher à mon mari... je suis d'une inquiétude!

HORTENSE.

Pourquoi donc?

CLOTILDE.

Une aventure, ma chère!

HORTENSE.

Vraiment! et tu ne me le dis pas?

CLOTILDE, baissant la voix.

Un jeune homme qui m'aime, qui m'a fait une déclaration, là-bas, à Boulogne; qui nous a suivis jusqu'ici à cheval.. et qui tout à l'heure encore, vient de me répéter en me présentant une lettre...

HORTENSE, partant d'un éclat de rire.

Ha! ha! ha!... de quel air tu me dis cela!... Qu'y a-t-il donc là de si effrayant?... Quand ces messieurs sont amoureux de nous, il faut les faire parler et les écouter... c'est très-amusant.

CLOTILDE, d'un ton grave.

Oh! pour moi, c'est bien différent, va... Pour peu que quelqu'un me regarde, ait l'air de m'aimer, la peur me prend, et je deviens toute triste.

HORTENSE.

Pourquoi donc cela?... Ah! la crainte de leur faire du chagrin... Je te reconnais bien là... toujours ton bon cœur, que l'on citait au pensionnat... le trépas d'un petit oiseau te faisait pleurer.

CLOTILDE, lui pressant la main et du ton le plus pénétré.

Ah! ma chère Hortense... quand on a déjà à se reprocher la mort d'un homme!

HORTENSE, effrayée.

Ah! mon Dieu! qu'est-ce que tu me dis-là?... La mort d'un homme! explique-toi...

CLOTILDE.

Je crains...

HORTENSE.

Nous sommes seules... parle vite.

CLOTILDE, regardant autour d'elle.

En effet, personne ne peut nous entendre... C'était aux eaux de Bagnères, il y a environ deux ans... Il y avait là un jeune homme que personne ne connaissait, qui était venu, on ne sait dans quel but, et sans nom de famille... on l'appelait Édouard, Alfred, que sais-je?... M. Bonnivet l'avait pris en grande amitié, parce qu'il herborisait avec lui, et il ne s'apercevait pas qu'il me faisait la cour.

HORTENSE.

Et tu n'appelles pas cela un bon mari?

CLOTILDE.

Mais moi, je voyais bien qu'il m'aimait; car chaque jour il me le disait avec un accent plus vrai, plus passionné... Tu sens bien que je ne voulais ni lui répondre, ni même l'écouter...

HORTENSE.

Cela va sans dire.

CLOTILDE, s'attendrissant peu à peu.

Un jour enfin... je le vis paraître pâle, agité, en désordre... Il se mit à mes pieds, et me supplia avec des yeux pleins de larmes, qui me navraient le cœur... Eh bien! je résistai, je fus sans pitié... Alors il se releva, me dit que, repoussé par moi, la vie lui devenait à charge, et qu'il allait mourir... il s'éloigna, et ma bouche ne s'ouvrit pas pour le rappeler!... Le lendemain, ma chère Hortense, le lendemain, le journal des eaux nous apprit que ce malheureux avait mis fin à ses jours... Une lettre adressée à son domestique l'avertissait de cet affreux dessein... On fit de vaines recherches dans les montagnes, vers lesquelles on l'avait vu se diriger... on ne trouva que son chapeau à côté d'un précipice.

HORTENSE.

Quelle histoire, juste ciel!

CLOTILDE.

Il s'était tué pour moi!... pour moi!...

HORTENSE.

Mais c'est affreux... Il y avait là de quoi te compromettre... C'est une grave inconséquence de la part de ce jeune homme.

CLOTILDE, avec feu.

Une inconséquence!... l'action la plus courageuse, la plus sublime!... Il fallait aimer vraiment pour cela... il fallait une de ces âmes fortes, puissantes, généreuses...

HORTENSE.

Ah! bon, voilà que c'est un héros, à présent... Toutes les qualités possibles... parce qu'il est mort!

CLOTILDE.

Pauvre jeune homme!... Ah! si j'avais su ce qui arriverait!...

HORTENSE, vivement.

Eh bien?

CLOTILDE.

Eh bien!... dame, que veux-tu?... on les contente quelquefois avec si peu!

HORTENSE, secouant la tête avec incrédulité.

Si peu, si peu...

CLOTILDE.

Cela vaut toujours mieux que de les laisser mourir.

HORTENSE.

Cependant, ma chère...

CLOTILDE, avec bonté.

Ce n'est pas tant pour eux encore; mais songe donc qu'ils ont une mère, des sœurs...

HORTENSE.

Oui, mais nous, nous avons des maris.

CLOTILDE, impatientée.

Les maris n'en meurent pas, eux!

HORTENSE.

Il ne manquerait plus que cela !

CLOTILDE.

Tu dois comprendre quels remords, quelle tristesse cet événement m'a laissés...

AIR : Je ne vous vois jamais rêveuse. (*Ma Tante Aurore.*)

Qu'un amant s'enflamme et s'anime,
Je tremble... et, craignant ses regards,
Je rêve précipice, abîme,
Et partout je vois des poignards.
Un de mort! c'est déjà terrible!
S'il fallait causer deux trépas !...
Moi, d'abord, je suis trop sensible,
Et si j'étais en pareil cas...

HORTENSE.

Que ferais-tu?

CLOTILDE.

Je ne sais pas...
Mais, à coup sûr, il ne périrait pas ;
Non, non, ma chère, il ne périrait pas !
L'infortuné ne mourrait pas !

(Fernand ouvre doucement la fenêtre du balcon, témoigne par son geste qu'il a tout entendu, et s'esquive sur la pointe des pieds.)

HORTENSE.

Ah! çà, mais, et ton inconnu de Boulogne?... J'espère qu'il est plus raisonnable.

CLOTILDE.

Oh! d'après mon accueil de ce matin, je suis sûre qu'il y a renoncé et qu'il est reparti... Dans tous les cas, je ne le ménagerai pas, celui-là !

HORTENSE.

Tu feras bien... J'aime beaucoup M. Bonnivet, et ça me ferait vraiment de la peine si...

CLOTILDE.

Que tu es bonne!... Mais je te retiens ici pour te parler de moi, et je t'empêche de reposer...

HORTENSE.

Je n'en ai pas besoin... Je ne rentre dans ma chambre que pour réparer un peu ma toilette de voyage... J'attends mon frère, qui ne peut tarder.

CLOTILDE.

Des frais de toilette pour un frère?

HORTENSE.

Et peut-être pour une autre personne... car je ne t'ai pas dit que j'allais au Havre, et il se pourrait bien, quoique je l'aie défendu, qu'on vînt au-devant de moi jusqu'ici.

CLOTILDE.

Vingt-quatre lieues pour te voir une heure plus tôt!... c'est là de l'amour!

HORTENSE.

C'est de l'impatience, et voilà tout... Avant le mariage, on ferait deux cents lieues pour voir sa femme; après, on ne ferait pas vingt pas pour la conduire au bal.

CLOTILDE.

Laisse donc! M. Bonnivet m'y mènerait tous les soirs si je le voulais.

HORTENSE.

Et tu te plains!... (A demi-voix.) Crois-moi, tu ne trouveras jamais mieux... Adieu, adieu... Retourne près de ton mari, et embrasse-le de ma part.

CLOTILDE.

Je le veux bien. (Hortense entre dans la chambre à gauche de l'acteur.) Allons, j'y vais.

SCÈNE VII.

CLOTILDE, puis FERNAND.

(Au moment où elle se d'rige vers la porte à droite, elle aperçoit Fernand qui entre, la coiffure et les vêtements en désordre.)

CLOTILDE, à part.

C'est lui!... Encore ici!... et je suis seule!... Hâtons-nous.

FERNAND.

Un seul instant!...

CLOTILDE, à part.

Comme il est défait!...

FERNAND.

J'étais parti, madame, je m'étais éloigné de cette ville...

CLOTILDE, à part.

J'en étais sûre.

FERNAND.

De cette ville, où une sœur chérie m'attendait.

CLOTILDE.

Que dites-vous?...

FERNAND.

Que je suis le frère d'Hortense de Varennes, de votre meilleure amie...

CLOTILDE.

O ciel!... Je vais la prévenir.

FERNAND, la retenant.

C'est inutile... ce n'est pas pour elle que je suis revenu sur mes pas... c'est pour vous, pour vous seule, que j'ai voulu revoir encore une dernière fois... Il est impossible, me suis-je dit, que tant d'amour ne trouve pas pitié dans son cœur... Si elle me repousse comme ce matin, comme hier, comme toujours, eh bien! je m'éloignerai sans murmure, et elle n'entendra plus parler de moi... Cette fois, ma volonté sera forte, comme la sienne, et mon projet s'exécutera.

CLOTILDE.

Je n'ose vous comprendre!... Mais vous savez, monsieur, que je ne puis vous écouter, que mon mari...

FERNAND.

Votre mari!... Ah! voilà ce nom qui m'a exaspéré... ce nom qui tout à l'heure, après vos derniers refus, est venu se placer comme une barrière devant le bonheur que j'avais rêvé... La seule femme que je puisse aimer, celle dont dépend mon avenir, je la vois au pouvoir d'un autre; et cet autre, elle l'aime... car pour lui elle me repousse, elle me condamne à mourir!... Cette pensée était affreuse... Alors, je n'ai plus consulté que le désespoir... et le désespoir, madame, ne donne qu'un conseil, n'inspire qu'une résolution.

CLOTILDE.

Malheureux!...

FERNAND.

Que m'importe à présent une vie sans espérance et sans but?... Ma vie, c'est vous... et vous ne voulez pas que je vive!

CLOTILDE.

Calmez-vous, ayez donc un peu de raison... (A part.) Que lui dire?... (Haut et vivement.) Oh! tenez, je vous en conjure, au nom de votre sœur qui vous aime tant!

FERNAND.

C'est aussi en son nom que, moi, je vous supplie... voulez-vous qu'elle n'ait plus de frère?

CLOTILDE, à part.

O ciel!... cette pauvre Hortense... qui n'a que lui de famille... (Se retournant et voyant Fernand ouvrir la boîte de pistolets qui était restée sur la table.) Monsieur, que faites-vous!

FERNAND, qui a pris un pistolet.

Votre silence est un arrêt...

CLOTILDE, à part.

Tout mon sang se glace!...

FERNAND, avec désespoir.

Vous voulez ma mort!...

CLOTILDE.

Monsieur!...

FERNAND, de même.

Vous l'avez prononcée!...

CLOTILDE, courant à lui.

Mais pas du tout, mais au contraire!... Car enfin, monsieur, que voulez-vous? que demandez-vous?

FERNAND, se rapprochant vivement.

Oh! bien peu... rien qu'un moment d'entretien.

CLOTILDE.

Et mon mari que j'attends, qui va rentrer!

FERNAND.

Eh bien! tantôt, dans cette salle, à quatre heures, quand votre mari sera sorti... Je me charge de l'éloigner.

CLOTILDE.

Eh! quoi!...

FERNAND.

La promesse de m'entendre sans colère, voilà tout... Un amour comme le mien ne forme pas d'autre vœu.

CLOTILDE, à part.

Il n'est pas trop exigeant... l'autre, l'ancien, demandait bien plus... (Haut.) A ce prix, consentez-vous à me remettre ces armes qui me font tant de peur?...

FERNAND.

A l'instant..

CLOTILDE.

Donnez. (Fernand s'avance pour lui présenter la boîte avec les pistolets. — Clotilde recule effrayée.) Non ! non !, ne donnez pas... Fermez la boîte et portez-la vous-même dans ce secrétaire.

FERNAND.

J'obéis... (Il porte la boîte dans le secrétaire, et s'en éloigne. Clotilde court au secrétaire et le ferme.) Que faites-vous ?

CLOTILDE.

Moi, je le ferme, et j'en garde la clef. (Elle met la clef à sa ceinture.) Maintenant, je suis plus tranquille.

AIR de valse.

Ensemble.

FERNAND.

A ce soir !... Douce espérance,
Qui met un terme à ma souffrance !
Ah ! qu'ici l'heure s'avance
Au gré de mon impatience !...
Songez bien au serment qui vous lie,
Et je vous en supplie,
Soyez au rendez-vous !

A ce soir !... Douce espérance, etc.

CLOTILDE.

Je frémis ! car l'espérance
Chez lui succède à la souffrance,
Et déjà, lorsque j'y pense,
L'effroi saisit mon cœur d'avance.
Mais pourtant ma promesse me lie,
Et sa voix me supplie :
Hélas ! résignons-nous.

Je frémis ! car l'espérance, etc.

(Elle entre dans la chambre à droite.)

FERNAND, seul.

A ce soir ! elle y consent !... Oh ! l'excellent moyen ! C'est fini, je ne veux plus me servir que de celui-là... Les femmes ont pour elles les attaques de nerfs... il faut bien que nous ayons quelque chose.

SCÈNE VIII.

SAUVIGNY, FERNAND.

SAUVIGNY.

Le maudit postillon ! être ainsi en retard !

FERNAND.

Qui vient là ?... Sauvigny !... notre amoureux du Havre ! mon ancien camarade du Lycée !

SAUVIGNY, courant à lui.

Mon cher Fernand !... Y a-t-il longtemps que vous êtes arrivés ?

FERNAND.

Moi, depuis quelques heures... Ma sœur, il n'y a qu'un instant.

SAUVIGNY.

Et je n'étais pas là pour la recevoir... pour lui offrir la main !... Je suis au désespoir.

FERNAND.

Il n'y a pas de quoi.

SAUVIGNY.

Si vraiment... J'avais ordonné au postillon d'aller si vite, qu'il nous a versés... Une roue cassée, un cheval tué, deux heures de perdues... est-ce malheureux !

FERNAND.

Pour le cheval.

SAUVIGNY.

Pour moi, mon cher ami, pour moi qui espérais précéder ici madame de Varennes... J'ai si peu d'occasions de lui prouver mon amour, elle a tant de peine à y croire !...

FERNAND.

Mais du tout... ma sœur est persuadée que tu l'adores... je le lui ai dit, et elle a confiance en moi.

SAUVIGNY.

Pourquoi alors ne pas se décider quand je lui offre ma main et ma fortune?

FERNAND.

Pourquoi?... parce qu'elle a été malheureuse avec un premier mari qui l'adorait, et qu'elle se défie des grandes passions et de leur durée... Elle craint que tu ne changes.

SAUVIGNY, avec chaleur.

Moi, changer!... On voit bien qu'elle ne me connaît pas... mais je ne change jamais : quand j'aime, c'est pour la vie... et je n'ai jamais aimé que ta sœur, c'est la seule.

FERNAND, froidement.

Je le veux bien.

SAUVIGNY, de même.

Je le lui ai dit, je le lui ai juré, et c'est la vérité.

FERNAND.

Tu me dis cela, à moi... qu'est-ce que cela me fait?... Tu es un brave garçon... c'est tout ce qu'il faut pour un beau-frère, et ma sœur t'épousera.

SAUVIGNY.

Tu en es sûr?...

FERNAND.

Je t'en réponds... Et si elle tardait trop à se décider, je t'enseignerai un moyen...

SAUVIGNY.

Lequel?

FERNAND.

Un moyen dont je viens de faire la découverte, et qui est d'un effet immanquable auprès des dames.

SAUVIGNY, vivement.

AIR : Du partage de la richesse. (*Fanchon la vielleuse.*)

Ah! dis-le-moi.

FERNAND.

De sa vertu secrète
Il faut user sobrement, mon ami,
Et je pourrai te donner ma recette...
Mais quand je m'en serai servi.
Je veux bien que tu t'enrichisses
De ce moyen, qui fera ton bonheur,
Mais après moi... les premiers bénéfices
Appartiennent à l'inventeur.

SAUVIGNY.

C'est trop juste... Mais tu me promets?...

FERNAND.

A une condition.

SAUVIGNY, vivement.

Je l'accepte d'avance.

FERNAND.

Un service à te demander.

SAUVIGNY.

Est-ce de l'argent?... ma bourse est à tes ordres.

FERNAND.

Eh! non, vraiment.

SAUVIGNY, allant à la table.

Un bon sur mon caissier?... entre beaux-frères, on ne fait pas de façons...

FERNAND.

Il ne s'agit pas de cela... plus tard, je ne dis pas, c'est possible... Mais dans ce moment, ce n'est pas là ce qui me gêne... c'est un mari.

SAUVIGNY.

Un mari?

FERNAND.

Qu'il faut éloigner, et je compte sur toi.

SAUVIGNY.

Moi, qui n'ai pas encore vu ta sœur?

FERNAND.

Elle est à sa toilette, et ne peut te recevoir, et d'ailleurs, ce n'est pas encore maintenant... c'est à quatre heures qu'il faut l'emmener.

SAUVIGNY.

Et où ça?

FERNAND.

Où tu voudras... Tu iras avec lui visiter les quais, la cathédrale, acheter de la gelée de pommes de Rouen... cela te regarde.

SAUVIGNY.

Mais ce mari, je ne le connais seulement pas.

FERNAND.

Qu'importe? tous les maris se ressemblent... Et puis, celui-là a un avantage... c'est un notaire... On peut toujours lui parler de ventes, d'achats, de donations...

AIR : Vos maris en Palestine. (*Le Comte Ory*.)

Tu peux broder sur ce texte :
Un tel époux... c'est de droit,
Ne veut pas d'autre prétexte ;
Car au public il se doit...
Allons, tâche d'être adroit.

SAUVIGNY.

Puis-je ainsi, je t'en fais juge,
Aider à tromper un mari?

FERNAND.

Tu le peux encore aujourd'hui...

Jusqu'au moment où, transfuge,
Tu passeras à l'ennemi.

Tiens... tiens, le voilà.

SCÈNE IX.

BONNIVET, FERNAND, SAUVIGNY.

BONNIVET, portant plusieurs paquets.

Ma femme et ma petite fille seront contentes... car je leur ai trouvé là les deux plus jolies robes... (Il salue Fernand, puis s'avançant et apercevant Sauvigny.) Ah! mon Dieu! qu'est-ce que je vois!...

SAUVIGNY, courant à lui.

Monsieur Bonnivet!...

FERNAND.

Tu sais son nom?...

SAUVIGNY.

Oui... oui... mon ami.

BONNIVET, stupéfait.

Vous, que j'ai cru mort!

FERNAND.

Comment cela?

BONNIVET.

Votre lettre... votre disparition de Bagnères...

SAUVIGNY.

Monsieur!...

BONNIVET.

Ce n'est donc pas vrai?... vous existez encore?... J'en suis ravi... car je vous aimais de tout mon cœur, et c'est un grand plaisir de se retrouver ainsi.

FERNAND.

C'est charmant... vous voilà en pays de connaissance...

(Bas à Sauvigny.) et tu peux le mener maintenant aussi loin que tu voudras... A quatre heures, n'oublie pas... (Haut.) Adieu, je vais faire tes affaires... n'oublie pas les miennes.

(Il entre dans la chambre à gauche.)

SCÈNE X.

BONNIVET, SAUVIGNY.

BONNIVET.

Que je vous regarde encore... Vous que nous avons tous pleuré à Bagnères de Luchon!... vous dont le journal a imprimé le suicide et la mort bien constatée!... C'est un miracle à crier partout.

SAUVIGNY, vivement.

Au contraire... et je vous prie en grâce de ne point parler de cette aventure... ici surtout.

BONNIVET.

Pourquoi donc?... un suicide par amour!...

SAUVIGNY.

Raison de plus... Cela me perdrait... cela ferait manquer mon mariage.

BONNIVET.

Comment cela?

SAUVIGNY.

Vous êtes un galant homme... un homme discret?

BONNIVET.

Un notaire... c'est mon état.

SAUVIGNY.

On peut se fier à vous, et d'ailleurs vous m'avez toujours témoigné tant d'amitié... (Après un court silence.) Apprenez donc que lorsque je vous ai rencontré aux eaux de Bagnères... j'étais attaqué d'une maladie nerveuse qui avait produit sur moi une sensibilité si vive, que j'étais amoureux de toutes les femmes... une surtout...

BONNIVET.

Cette belle Anglaise?...

SAUVIGNY.

Non.

BONNIVET.

La femme du médecin des eaux?

SAUVIGNY.

Du tout.

BONNIVET.

Et qui donc?...

SAUVIGNY.

Ça ne fait rien à l'histoire.

BONNIVET.

J'y suis... cette jolie comtesse?

SAUVIGNY.

Si vous voulez... d'autant qu'inflexible et sévère, elle me traita avec tant de cruauté, qu'entraîné par le délire, le paroxysme de la passion... peut-être aussi par cette maladie nerveuse dont je vous parlais... j'avais pris la résolution... d'en finir... mais une bonne et solide résolution... J'y allais franchement... Et le genre de mort que j'avais choisi, comme le plus en harmonie avec l'état de mes idées, consistait à me précipiter dans un de ces abîmes si fréquents dans les Pyrénées... Il y avait là-dedans du grandiose.

BONNIVET.

Oui... en extravagance.

SAUVIGNY.

C'est possible... Or donc, après avoir écrit à mon domestique, pour lui faire cadeau de mes effets et prier qu'on n'inquiétât personne à cause de moi... je me dirigeai vers le lieu adopté... C'était le matin... et, tout en marchant, déjà je me calmais, je me sentais refroidi... j'avais les pieds dans la neige et il faisait un vent de tous les diables.

AIR du vaudeville de *Turenne*.

Mais arrivé sur le bord du cratère,
Dont je sondais l'horrible profondeur,
   Un mouvement involontaire
   Me fit reculer de terreur!...
Puis, je revins, honteux de ma frayeur...
Mais de nouveau sentant mon cœur s'abattre,
   Je reculai, les yeux troublés...

BONNIVET.

Comment! deux fois?

SAUVIGNY.

            Parbleu! vous qui parlez,
   Je vous le donnerais en quatre!

Enfin, bien malgré moi, et par respect humain, j'allais peut-être m'élancer les yeux fermés... quand tout à coup, dans la montagne, un grand bruit se fait entendre... C'était... devinez...

BONNIVET.

Une avalanche?...

SAUVIGNY.

Non... Charles d'Avernais, un de mes amis, et quelques jeunes gens de sa connaissance... des artistes, des peintres, qui faisaient la chasse aux chamois... Ils riaient tant, ils étaient d'une telle gaieté, que je n'osai leur raconter mon histoire, de peur qu'on se moquât de moi... Et quand ils se mirent tous à crier : « Viens avec nous, viens avec nous... » je me dis : Je me tuerai tantôt, à midi, aussi bien que maintenant, et même j'aurai plus chaud... Me voilà donc chassant le chamois, courant dans les montagnes... perdant mon chapeau, mon mouchoir, et arrivant enfin au rendez-vous harassé et mourant de faim.

BONNIVET.

Vous aviez faim ?

SAUVIGNY.

Je dévorais !... un appétit de chasseur, ou plutôt de revenant... car j'avais tout à fait oublié l'affaire principale... J'étais à cent lieues de mon abîme, et je me disais : Si le désespoir m'a permis de vivre trois heures et demie... j'irai bien à quatre, cinq, douze... et ainsi de suite... Dans ces cas-là, il n'y a que le premier pas qui coûte... Voilà mon raisonnement, le meilleur, sans contredit, que j'aie jamais fait à mon usage... Mais le plus difficile n'était pas de revenir à la vie... c'était de rentrer à Bagnères... Comment m'exposer aux brocards, aux quolibets?... donner un démenti au journal?... Et puis, aux yeux de celle que j'aimais, comment me présenter vivant?... ce n'était pas possible... Aussi, prenant mon parti et une place dans la diligence de Tarbes, je revins à Paris, de là au Havre... où mon père me mit à la tête de son commerce... Et depuis ce temps, les sucres, les cafés, les cotons... j'ai été si occupé...

BONNIVET.

Que vous n'avez plus trouvé un moment pour vous tuer...

SAUVIGNY.

C'est vrai... Et puis, j'ai fait fortune... une belle fortune, ce qui distrait toujours un peu et donne d'autres idées... des idées de mariage.

BONNIVET.

Je comprends... cette fortune, vous voulez maintenant l'offrir à votre ancienne passion.

SAUVIGNY.

Non... à une autre...

BONNIVET, riant.

De sorte que cet amour qui devait être éternel...

SAUVIGNY.

Existe encore, plus ardent, plus brûlant, si c'est pos-

9.

sible... C'est toujours le même... seulement il a changé d'objet.

BONNIVET.

C'est le phénix qui renaît de sa cendre.

SAUVIGNY.

Voilà... Une veuve charmante, adorable... mais, malgré mon amour, je n'ai pu encore obtenir un consentement formel... elle se défie de moi et de ma constance.

BONNIVET, froidement.

Elle a bien tort.

SAUVIGNY.

Et comme elle est ici, dans cet hôtel, pour un jour ou deux, si vous vous avisiez de parler devant elle de cette malheureuse histoire de Bagnères...

BONNIVET.

Pauvre jeune homme !... soyez tranquille, je ne vous trahirai pas, et s'il faut même vous aider...

SAUVIGNY.

Ah! monsieur! tant de bonté, tant de générosité ! après ce que j'ai fait !... J'en ai vraiment des remords... Car si vous saviez...

BONNIVET.

Quoi donc ?

SAUVIGNY, voyant la porte à gauche qui s'ouvre.

Rien... C'est celle que j'aime... la voici avec son frère.

BONNIVET.

Hortense de Varennes ?

SAUVIGNY.

Vous la connaissez ?

BONNIVET.

C'est l'intime amie de ma femme.

SAUVIGNY, avec effroi.

De sa femme !

SCÈNE XI.

BONNIVET, SAUVIGNY, HORTENSE, FERNAND.

(Fernand et Hortense sortent de la chambre à gauche.)

HORTENSE, saluant.

Je viens d'apprendre votre arrivée, monsieur, et j'attendais votre visite.

SAUVIGNY, troublé.

J'ignorais si vous étiez visible... et puis j'avais trouvé ici un ami... un ami véritable...

HORTENSE, souriant.

Vous en avez beaucoup; car voici mon frère qui depuis une demi-heure a plaidé votre cause avec tant de chaleur...

FERNAND.

J'ai tenu mes promesses... songe aux tiennes.

HORTENSE.

Quoi donc ?

SAUVIGNY.

Rien... Il vous a dit que mon amour, que ma tendresse, ma constance... qui, je le jure, sera éternelle...

HORTENSE.

Eh ! mais, comme vous êtes ému !...

SAUVIGNY.

Quand je vous vois... et, en outre, je me trouve dans une position...

BONNIVET, s'avançant.

Si gênante...

HORTENSE, l'apercevant.

Ah ! monsieur Bonnivet... Eh ! mais, où est donc cette chère Clotilde ?

BONNIVET.

Dans sa chambre probablement.

HORTENSE, à Sauvigny.

Je veux vous présenter à elle, à ma meilleure amie.

SAUVIGNY, à part.

O ciel!... (Bas à Bonnivet.) C'est fait de moi!... sa surprise son effroi...

BONNIVET.

C'est juste.

HORTENSE, passant entre Bonnivet et Sauvigny et lui tendant la main.

Venez...

SAUVIGNY.

Pardon... une affaire importante... dont je parlais à M. Bonnivet, et dont il a la bonté de s'occuper...

FERNAND, bas à Sauvigny.

C'est bien.

SAUVIGNY.

Il faut que nous nous rendions ensemble chez un notaire de Rouen...

FERNAND, de même.

C'est cela.

SAUVIGNY.

Dont l'étude est toujours fermée de bonne heure.

FERNAND.

Et voilà quatre heures qui vont sonner.

BONNIVET, prenant son chapeau.

Je suis à vos ordres.

FERNAND, à part.

L'excellent homme!

SAUVIGNY, à Hortense.

Vous ne m'en voulez pas, je pense?...

HORTENSE.

De vous occuper de vos affaires ?... au contraire... c'est agir en homme raisonnable et sensé. D'ailleurs, j'ai aussi mes emplettes à faire... chez Cadot-Anquetin... Vous me conduirez jusque-là... je vous laisserai ensuite avec M. Bonnivet, dont j'aime à vous voir prendre les leçons... et puis, tantôt, à dîner... car nous dînons tous ici ensemble, avec M. Bonnivet et sa femme...

SAUVIGNY.

Sa femme !... (A. part.) Heureusement que d'ici là nous l'aurons prévenue.

AIR du quatuor du quatrième acte de *Gustave III.*

Ensemble.

FERNAND.

Ah ! quel bonheur je me promets,
Et que ce jour aura d'attraits !
   Quel espoir ! (*Bis.*)
   Je pourrai donc la voir !
Oui, dans l'instant, combien ces lieux
Vont tout à coup charmer mes yeux
   Et soudain s'embellir
   Par l'attrait du plaisir !

BONNIVET, à Sauvigny.

Je veux servir vos intérêts,
En cachant vos anciens projets ;
   Aujourd'hui, (*Bis.*)
   Je serai votre appui.
Évitez ma femme en ces lieux :
Avant de paraître à ses yeux,
   Je veux la prévenir,
   Et tout doit réussir.

SAUVIGNY.

Quand il défend mes intérêts,
Et lorsqu'il sert tous mes projets
   Quoi ! c'est lui (*Bis.*)
   Que je trompe aujourd'hui !

Ah! je le sens, ah! c'est affreux;
Je ne puis rester en ces lieux;
Mais pour le secourir,
Je veux y revenir.

HORTENSE.

A peine je le reconnais :
D'où viennent ses regards distraits?
Près de moi, (*Bis.*)
Qu'a-t-il donc, et pourquoi
Cet embarras, lorsqu'à mes yeux
Il devrait paraître joyeux?
Craint-il de réussir?
Je n'en puis revenir.

FERNAND, bas à Sauvigny.

Mais va-t'en donc.

SAUVIGNY, passant à la droite.

Ah! quel supplice!

BONNIVET, riant.

Il divague, et se croit vraiment
Toujours au bord du précipice.

SAUVIGNY, regardant Bonnivet avec intérêt.

Et lui donc, lui, dans ce moment!

Ensemble.

FERNAND.

Ah! quel bonheur je me promets, etc.

BONNIVET.

Je veux servir vos intérêts, etc.

SAUVIGNY.

Quand il défend mes intérêts, etc.

HORTENSE.

A peine je le reconnais, etc.

(Bonnivet, Sauvigny et Hortense sortent.)

SCÈNE XII.

FERNAND, seul.

Enfin, ils sont partis tous les trois ; je reste maître de la place, et seul de ce côté de l'hôtel... seul avec elle !... Cette fois, il faudra bien qu'elle m'entende ; il faudra bien enfin que je m'explique... Mais avant tout, de la prudence ; et de peur de surprise, empêchons l'ennemi d'arriver jusqu'à nous... (Montrant la porte du fond.) On ne peut venir du dehors que par cette porte... et en la fermant au verrou... (Il met le verrou et aperçoit Clotilde qui entre par la porte à droite.) C'est elle ! Il était temps.

SCÈNE XIII.

CLOTILDE, sortant de la porte à droite ; FERNAND, au fond du théâtre.

CLOTILDE, sans le voir.

Quatre heures viennent de sonner... heureusement mon mari n'est pas encore rentré... Je me soutiens à peine... Ah ! j'ai une frayeur !... (Elle passe à gauche du théâtre ; se retournant et apercevant Fernand.) Le voilà !

FERNAND, s'avançant près d'elle.

Oh ! que vous êtes bonne !... Laissez-moi tomber à vos genoux et vous bénir comme mon ange gardien... Ah ! madame, vous sauvez la vie d'un malheureux !

CLOTILDE, avec candeur.

Oh ! bien certainement, c'est pour vous sauver la vie... sans cela...

FERNAND.

Je n'ose croire encore à tant de bonheur... et cependant c'est bien vous, là, près de moi, et nous sommes seuls, et je puis vous dire que je vous aime, que désormais je ne puis vivre loin de vous!

CLOTILDE.

Parlez plus bas... votre sœur...

FERNAND.

Je l'ai éloignée.

CLOTILDE.

Mais mon mari?...

FERNAND.

Je l'ai remis en mains sûres.

CLOTILDE, effrayée.

Ah! mon Dieu!

FERNAND, la retenant.

Vous m'avez promis de m'écouter.

CLOTILDE.

Et qu'est-ce que je fais donc?

FERNAND.

Oui, c'est beaucoup, sans doute... mais suffit-il de m'écouter, si vous vous obstinez à ne pas comprendre tout ce qui se passe au fond de mon âme?... et pour cela, il ne faudrait pas détourner vos regards que j'implore...

(Il s'approche davantage.)

CLOTILDE, voulant s'éloigner.

Monsieur!... monsieur!... est-ce là ce que vous m'avez promis?... Oh! je m'en souviens, moi... vous m'avez juré que la raison...

FERNAND.

La raison!... Et quel empire pourrait-elle conserver sur celui qui ne se connaît plus?... sur celui dont l'âme est en proie au plus violent désespoir?

CLOTILDE, effrayée, et à part.

O ciel! (Haut.) Certainement, monsieur, je serais désolée d'être cause d'un malheur... vous le voyez bien... Mais vous, de votre côté, aidez-vous un peu et soyez raisonnable... car, enfin, vous ne demandiez ce matin que juste ce qu'il fallait pour vivre.

FERNAND.

Et à quoi me servira cette vaine faveur?... à prolonger de quelques jours mon existence.

CLOTILDE.

Que dites-vous?

FERNAND.

Que je ne serai pas mort à vos yeux... que vous vous serez épargné un pareil spectacle... voilà tout... (Avec égarement.) Mais demain, madame, nous serons séparés!... Demain, vous partirez!...

CLOTILDE.

Certainement... Aujourd'hui, si je le peux.

FERNAND, avec frénésie.

Et vous voulez que je vive!

CLOTILDE.

Eh bien! non, monsieur, non, je ne partirai pas demain, je vous le promets.

AIR : On me dit gentille. (Th. Labarre.)

Ah! quelle souffrance!
Il y va, je pense,
De son existence...
Point de cruauté.
Je tremble, et je n'ose!...
Voyez, et pour cause,
A quoi l'on s'expose
Par humanité!

FERNAND.

Ah! si ma voix a su se faire entendre,
Si vous avez pitié d'un malheureux,
Prouvez-le-moi par un regard plus tendre,
Un seul regard!... ou j'expire à vos yeux!
Ou j'expire à vos yeux!

CLOTILDE, à part.
Ah! quelle souffrance!
Il y va, je pense,
De son existence...
Point de cruauté.
(Elle le regarde avec douceur, et dit à part.)
C'est si peu de chose!...
Mais voyez, pour cause,
A quoi l'on s'expose
Par humanité!
(Se rapprochant de Fernand.)
Mais désormais vous jurez de suspendre
Vos noirs projets?...

FERNAND.
Pour qu'ils soient oubliés,
Sur cette main que vous daignez me tendre,
Un seul baiser... ou je meurs à vos pieds!
Ou je meurs à vos pieds!

CLOTILDE, à part.
Ah! quelle souffrance!
Il y va, je pense,
De son existence...
Point de cruauté.
(Elle lui laisse baiser sa main, et dit à part.)
C'est bien peu de chose...
Mais voyez, pour cause,
A quoi l'on s'expose
Par humanité!

Ensemble.

CLOTILDE et FERNAND.
C'est bien peu de chose, etc.

FERNAND, qui s'est jeté à ses pieds.
Délire et tendresse!
Sa main que je presse
Fait battre d'ivresse
Mon cœur enchanté!

CLOTILDE, se défendant et le repoussant.

Monsieur! monsieur!... (On frappe à la porte.) Silence!

BONNIVET, en dehors.

Ma femme, ouvre-moi.

CLOTILDE.

C'est mon mari!

FERNAND, à part.

Comment diable, Sauvigny l'a-t-il laissé échapper?

CLOTILDE, à voix basse.

Partez, de grâce!

FERNAND, de même.

A condition qu'aussitôt après son départ nous reprendrons cet entretien... Vous me le promettez?

CLOTILDE, hors d'elle-même.

Oui... oui, tout ce que vous voudrez, si vous sortez à l'instant.

FERNAND, pendant que l'on frappe encore.

Et par où?... Ah! la chambre de ma sœur... c'est un asile assuré.

CLOTILDE, voyant qu'il s'y enferme.

Surtout, quoi qu'il arrive... n'en sortez pas... Et moi, allons ouvrir cette porte... Mon Dieu! mon Dieu! que de peine pour lui sauver la vie!

(Elle va ouvrir la porte du fond.)

SCÈNE XIV.

CLOTILDE, BONNIVET.

BONNIVET.

Pardon, chère amie, de t'avoir dérangée.

CLOTILDE, à part.

Il me demande pardon encore!

BONNIVET.

Tu étais dans ta chambre... et tu ne m'as pas entendu...

CLOTILDE, troublée.

C'est vrai... C'est pour cela que je vous ai fait attendre.

BONNIVET.

Il n'y a pas grand mal... pour moi, du moins... mais je ne suis pas revenu seul. (A part.) Usons de précautions oratoires. (Haut.) Il y a là, avec moi, quelqu'un pour qui les moments sont précieux.

CLOTILDE.

Et qui donc?...

BONNIVET.

Une personne que tu ne t'attends pas à revoir, et qui désire instamment t'être présentée.

CLOTILDE.

Et pourquoi?...

BONNIVET.

Pour te demander une grâce, que tu ne lui refuseras pas.

CLOTILDE.

Eh! mon Dieu, on ne voit aujourd'hui que des gens qui demandent... Qu'il vienne donc, qu'il se dépêche, qu'il paraisse.

BONNIVET.

A condition que tu n'auras pas peur?...

CLOTILDE.

Eh! mais!... voilà que vous m'effrayez...

BONNIVET.

Que tu ne jetteras aucun cri d'effroi?

CLOTILDE.

Mais qu'est-ce donc?... (Apercevant Sauvigny qui vient d'entrer, elle pousse un cri.) Ah!...

(Bonnivet la soutient.)

SCÈNE XV.
CLOTILDE, BONNIVET, SAUVIGNY.

AIR : L'amour de la patrie. (*Wallace.*)

Ensemble.

CLOTILDE.

O ciel! terreur soudaine!
Est-ce un rêve imposteur?
Je me soutiens à peine
Et tremble de frayeur.

BONNIVET et SAUVIGNY.

Quelle terreur soudaine
S'empare de son cœur!
Elle respire à peine
Et tremble de frayeur.

SAUVIGNY.

Qu'ici votre cœur se rassure.

CLOTILDE.

Non, je ne puis y croire encor.

SAUVIGNY.

C'est moi, c'est bien moi, je le jure...
Je veux mourir, si je suis mort!

Ensemble.

CLOTILDE.

O ciel! terreur soudaine! etc.

BONNIVET et SAUVIGNY.

Quelle terreur soudaine, etc.

SAUVIGNY, à part.

Quel bonheur qu'Hortense n'ait pas été là!

CLOTILDE, encore troublée.

C'est bien vous... vous qui existez encore?...

SAUVIGNY, d'un air honteux et balbutiant.

Je... je voudrais en vain le nier.

BONNIVET.

Il est même très-bien portant.

CLOTILDE, d'un ton de reproche.

Et comment, monsieur, n'êtes-vous pas mort?...

SAUVIGNY.

Je vous en demande bien pardon... Ce n'est pas ma faute.

BONNIVET.

Oui, tu sauras tout... nous te le conterons en détail, ça t'amusera... car, moi, ce matin, ça m'a fait bien rire.

SAUVIGNY, d'un air suppliant.

Monsieur!

BONNIVET, vivement.

Vous avez raison... ce n'est pas là ce qui nous amène... Il s'agit en ce moment de lui sauver la vie.

CLOTILDE, étonnée.

Encore!

BONNIVET, vivement.

Il y a ici quelqu'un qu'il aime et qu'il va épouser.

CLOTILDE, indignée.

Lui! grand Dieu!

SAUVIGNY, baissant les yeux.

Hélas! oui.

BONNIVET.

Ta bonne amie Hortense, madame de Varennes.

CLOTILDE, stupéfaite.

O ciel!... ce prétendu, ce jeune homme du Havre dont elle me parlait ce matin?

BONNIVET.

C'est lui.

CLOTILDE.

Cet amant à qui elle ne reprochait qu'un excès de passion?

BONNIVET.

C'est lui.

CLOTILDE.

Ce cœur qui n'avait jamais aimé qu'elle, et qui devait l'aimer toujours?

BONNIVET.

C'est lui.

CLOTILDE.

Quelle horreur!... elle saura tout... elle connaîtra la vérité!

BONNIVET.

Voilà justement ce qu'il ne faut pas faire.

SAUVIGNY.

Oui, madame, je vous en conjure...

BONNIVET.

Nous te prions en grâce de garder le silence.

CLOTILDE.

Je laisserais tromper ma meilleure amie !

BONNIVET.

Mais il ne la trompe pas... il l'aime réellement, il en perd la raison.

CLOTILDE, en hésitant.

Et l'autre?... et la personne de Bagnères?...

BONNIVET.

Il ne l'aime plus... il ne l'a jamais aimée... il me l'a dit.

SAUVIGNY, vivement.

Je n'ai pas dit cela !

BONNIVET.

A peu près.

SAUVIGNY.

Je vous ai avoué qu'elle méritait toute ma tendresse et que je l'avais réellement adorée...

BONNIVET.

Oui, un jour... une matinée... Il se fait là plus coupable qu'il n'était... Une passion de jeune homme, un caprice, une plaisanterie...

CLOTILDE.

Une plaisanterie !... quand il voulait se tuer !...

SAUVIGNY, vivement.

Oui, madame, j'y étais bien décidé, je vous le jure, et la seule considération qui m'en ait empêché...

BONNIVET.

C'est un déjeuner qu'on lui a offert... des amis et du vin de Champagne qu'il a rencontrés... et une demi-heure après, il n'y pensait plus... Il m'a tout raconté.

SAUVIGNY.

Monsieur !...

BONNIVET.

Et vous avez bien fait, et je vous approuve.

CLOTILDE.

C'est une indignité !...

BONNIVET.

Du tout... et tu aurais tort de lui en vouloir... C'est tout simple, tout naturel... celui qui jure d'être toujours amoureux est un fou, un insensé, qui s'abuse lui-même... Est-ce que ça dépend de lui ? est-ce qu'il en est le maître ?... Autant vaudrait jurer de toujours se bien porter.

CLOTILDE.

A la bonne heure... mais menacer de se donner la mort !

BONNIVET.

Laisse-moi donc tranquille... est-ce que tu crois à ça ?

CLOTILDE, regardant Sauvigny.

Mais... jusqu'à présent, j'y croyais.

BONNIVET, riant.

Ma pauvre femme !

CLOTILDE.

Vous riez de moi?...

BONNIVET.

Sans doute... tout le monde le dit et personne ne le fait...
Témoin monsieur, qui était de bonne foi... à plus forte raison, quand ils ne le sont pas, quand ils jouent la comédie.

CLOTILDE, poussant un cri d'indignation.

Ah !...

BONNIVET.

Qu'as-tu donc ?...

CLOTILDE, passant à gauche.

Rien... (A part.) Et moi qui tout à l'heure, ici même!...
(Regardant la porte de la chambre où Fernand s'est enfermé. Haut.) La présence de monsieur me rend un grand service, et je le reconnaîtrai, en gardant le silence qu'il me demande.

SAUVIGNY.

Est-il possible !...

BONNIVET.

Quand je vous disais que c'était la bonté même...

CLOTILDE, regardant la porte à gauche.

Oui... une bonté... (A part, avec dépit.) dont on ne se sera pas joué impunément... (Haut.) Mais Hortense, où donc est-elle ?

BONNIVET.

Nous l'avons laissée faisant des emplettes.

CLOTILDE, qui s'est mise à la table et qui écrit.

Eh bien ! mon ami, il faut tâcher de la rejoindre, et de lui donner ou de lui faire parvenir ce petit mot... (A Sauvigny.) Ne craignez rien... je ne veux pas vous trahir... au contraire. (A Bonnivet.) Mais il est nécessaire que ce billet lui soit remis sur-le-champ... ou du moins avant dîner.

BONNIVET.

Sois tranquille... Il y a un magasin de nouveautés par

lequel elle devait finir ses courses... Je vais y envoyer un des commissionnaires de l'hôtel.

CLOTILDE, lui remettant la lettre qu'elle vient de cacheter.

A la bonne heure.

BONNIVET.

Et, en attendant son retour, veux-tu que nous fassions une promenade sur les quais ?...

CLOTILDE.

Je préfère rester.

BONNIVET.

Comme tu voudras... Je reste aussi.

CLOTILDE.

Non, il vaudrait mieux sortir quelques instants, vous promener un peu.

BONNIVET.

C'est juste, avec ma fille... Il fait un soleil superbe... et cette pauvre petite Ninie qui n'a pas pris l'air d'aujourd'hui...

SAUVIGNY, à part.

Ah ! mon Dieu ! elle veut l'éloigner... Serait-ce pour Fernand ?...

BONNIVET.

Venez-vous, mon jeune ami ?...

SAUVIGNY, à part.

Ah ! l'honnête homme !... Et comment le prévenir ?... (Haut.) Non, non ; j'ai des lettres à écrire, et je reste... (A part.) pour veiller sur lui.

(Il entre, sans être vu, dans le cabinet à droite.)

BONNIVET.

Adieu, femme.

CLOTILDE, l'embrassant.

Adieu, mon ami.

BONNIVET.

C'est gentil... Il y a longtemps que tu ne m'as embrassé ainsi.

(Il sort par le fond.)

SCÈNE XVI.

CLOTILDE, FERNAND.

CLOTILDE, après avoir fermé la porte du fond, allant à la porte à gauche.

Vous pouvez sortir... tout le monde est parti.

(Elle prend une chaise et son ouvrage, et s'assied au milieu du théâtre.)

FERNAND.

Ah! madame, qu'elles m'ont paru longues, ces minutes d'attente!... Mon cœur battait avec tant de violence, que je sentais s'épuiser en moi les sources de la vie... et dans ce moment encore, je me soutiens à peine.

CLOTILDE, froidement.

Eh bien!... il faut vous asseoir.

FERNAND, avec chaleur.

M'asseoir!... quand je suis près de vous!... quand je vous contemple avec ivresse!...

CLOTILDE, s'occupant de son ouvrage.

Je vois que les forces vous reviennent.

FERNAND.

Elles me reviennent pour souffrir... pour souffrir plus que jamais.

CLOTILDE, faisant de la tapisserie.

Cela serait fâcheux... car enfin, après tout ce que nous avons fait, vous et moi... s'il n'y avait pas de mieux, il faudrait y renoncer.

FERNAND, étonné.

Que voulez-vous dire ?...

CLOTILDE.

Que par intérêt pour votre sœur, qui est ma meilleure amie... j'ai voulu sauver son frère.

FERNAND.

Quoi ! ce n'était pas pour moi ?

CLOTILDE.

En aucune façon... Je ne vous connaissais pas... Mais dès qu'il s'agit de la vie de quelqu'un... vous, ou tout autre... qu'importe la personne ?... C'est une question d'humanité.

FERNAND.

Quoi ! nulle affection, nulle tendresse ?... Ah ! ce n'est pas possible... Et cette tranquillité, ce sang-froid... quand vous voyez auprès de vous le plus malheureux des hommes !... (A part.) Allons, c'est une scène à recommencer... Ce que c'est aussi que d'être interrompu au meilleur moment. (Haut.) Oui, madame, vous daignerez m'écouter... Vos yeux ne resteront pas éternellement attachés sur votre ouvrage, sur cette tapisserie qui me désespère; vous jetterez sur moi un regard de pitié... ou ces paroles que vous entendez seront les dernières de moi qui frapperont vos oreilles... et cette croisée, qui donne sur le fleuve... cette croisée élevée !... (Il fait quelques pas vers le balcon, Clotilde reste assise et sans remuer. A part.) Eh bien ! elle reste tranquille ?... (Haut.) Cette croisée, d'où je vais me précipiter !... (A part.) Elle ne me retient pas ?... (Haut et revenant vivement.) Non, ce n'est pas loin de vous... c'est sous vos yeux, c'est à vos pieds que je veux jeter une existence que vous dédaignez.

CLOTILDE, froidement.

J'en serais désolée; mais je ne peux pas vous en empêcher.

FERNAND.

Ah ! vous parlez ainsi, cruelle, parce que vous savez bien que mon bras est désarmé, et que je n'ai d'autre aide que mon désespoir... Mais si je pouvais trouver une arme !...

CLOTILDE.

N'est-ce que cela, monsieur ? (Détachant froidement la clef qui est à sa ceinture.) Tenez...

FERNAND.

Qu'est-ce que c'est ?

CLOTILDE, se levant.

Ouvrez ce secrétaire... (Voyant qu'il hésite.) Ouvrez... vous trouverez là une boîte.

FERNAND, à part.

Ah ! mon Dieu ! (Haut.) Où donc ?

CLOTILDE.

Sous votre main.

FERNAND, prenant la boîte.

Ah !... ces pistolets...

CLOTILDE.

Ils sont à vous.

FERNAND, stupéfait.

O ciel !... (Haut, ouvrant la boîte, prenant un pistolet et jouant le désespoir.) Vous le voulez donc !... Vous le voulez !...

CLOTILDE, froidement.

Puisqu'il n'y a pas d'autre moyen de vous guérir... C'est pour vous... cela vous regarde.

FERNAND.

Dites plutôt que c'est pour vous-même, qui êtes trop heureuse de vous délivrer ainsi d'un amour qui vous est odieux, qui vous importune, qui vous gêne peut-être... Car j'ai un rival... j'en ai un, j'en suis sûr.

CLOTILDE.

Raison de plus pour...

FERNAND.

Ah ! c'est trop fort !... (Éclatant.) Eh bien ! non, madame, je ne me tuerai pas !... Je vous rendrais trop contente, trop joyeuse... Vous osez rire encore !... dans un pareil instant !...

10.

CLOTILDE, riant.

Oui, vraiment... Allez donc, monsieur, allez donc... je n'attendais que ce moment-là pour vous adorer.

SCÈNE XVII.

FERNAND, HORTENSE, CLOTILDE; puis SAUVIGNY.

HORTENSE entre vivement, aperçoit Fernand, pousse un cri et se jette dans ses bras.

Ah! mon ami! mon frère!... je te revois!... tu respires encore!

FERNAND, cherchant à se dégager de ses bras.

Qu'as-tu donc? morbleu!

HORTENSE.

Tu n'es pas blessé?...

CLOTILDE.

Non, non, je te l'atteste.

HORTENSE.

J'étais toute tremblante... car ce billet de Clotilde que vient de m'apporter un commissionnaire... Lis plutôt.

FERNAND, lisant.

AIR : Fragment de *Gustave III.*

« Arrive à mon secours; ton frère, chère amie,
  « Court dans ces lieux les dangers les plus grands! »
(A Clotilde.)
Quoi! madame, c'est vous?

CLOTILDE, riant.

Prêt à perdre la vie,
On est toujours charmé d'avoir là ses parents.

Ensemble.

CLOTILDE et SAUVIGNY, qui entr'ouvre la porte à droite.

Le bon tour, la bonne folie!
Cet amant

Qui faisait serment
D'expirer aux pieds d'une amie,
Le voilà frais et bien portant.

HORTENSE.

De frayeur, ah ! j'étais saisie !
Mais je vois fort heureusement
Que mon frère tient à la vie,
Et qu'il est frais et bien portant.

TOUS.

Ah ! je rirai longtemps de cette comédie.
(A Fernand.)
Toi, conserve le jour
Pour en rire à ton tour.

FERNAND.

Je ne pardonne point semblable raillerie ;
Je veux d'un pareil tour
Me venger à mon tour.
(A Sauvigny.)
Vous étiez du complot ?

SAUVIGNY.

Non, j'en étais témoin.

FERNAND.

De me railler épargnez-vous le soin.
Après un tel affront, oui, chacun dans le monde
Va me montrer au doigt ; et, que Dieu me confonde !
(Prenant un pistolet.)
Je me tûrai, si vous ne jurez pas
Qu'un silence éternel...

TOUS.

Nous le jurons, hélas !

Ensemble.

FERNAND.

Tenez bien ce serment ;
Sinon, Dieu me confonde !
Moi, je fais le serment
De périr à l'instant !

TOUS.

Si c'est le seul moyen
Pour qu'il reste en ce monde,
Vivez... Nous jurons bien
Que nous n'en dirons rien.

SCÈNE XVIII.

Les mêmes ; BONNIVET.

BONNIVET, s'élançant et retenant le bras de Fernand qui tient encore le pistolet.

Jeune homme, jeune homme, qu'est-ce que ça signifie!...

CLOTILDE, regardant sa main qui est enveloppée de noir.

Qu'est-ce que c'est donc?... qu'est-ce que vous avez là?...

BONNIVET.

Rien...

CLOTILDE.

Mais si, vraiment!...

BONNIVET.

Je te dis que non... Ma petite fille jouait tout à l'heure dans le jardin de l'hôtel avec un gros chien noir, et des hommes couraient en criant : « Garde à vous, il est enragé! » Je me suis élancé alors entre lui et mon enfant... il m'a mordu, c'était tout simple...

TOUS.

Enragé!...

BONNIVET.

Eh! non... fausse terreur... car un instant après, il a bu comme si de rien n'était.

HORTENSE.

Mais vous l'avez cru...

BONNIVET.

Ma foi, oui.

HORTENSE.

Et malgré cela!... Quelle générosité!... quel dévouement!

BONNIVET.

Du dévouement!... Y pensez-vous?... quand il s'agit de sa fille ou de sa femme!... C'est comme pour soi... c'est presque de l'égoïsme.

FERNAND.

Et vous qui ne voulez pas qu'on expose ses jours?...

BONNIVET.

Quand il le faut... c'est trop juste... Raison de plus pour s'en abstenir, quand il ne le faut pas... Ah! çà, dînons-nous?

CLOTILDE, avec attendrissement.

Monsieur, vous êtes le meilleur des hommes.

BONNIVET.

Tais-toi donc.

CLOTILDE, de même.

Le meilleur des maris... et je vous aime comme jamais je ne vous ai aimé.

BONNIVET.

Tu es bien bonne, et ça me fait plaisir... Ça m'en fera aussi de dîner... Moi à côté de ma femme... Madame à côté de son prétendu, qui bientôt sera son mari... et tous ensemble, nous boirons aux bons vivants... (A Fernand.) Parce que, voyez-vous, mon cher ami...

VAUDEVILLE.

AIR : Quand on est mort, c'est pour longtemps.

BONNIVET.

« Quand on est mort, c'est pour longtemps »,
Disait Désaugiers, notre maître ;
   Ce jour va naître
   Et disparaître :

Imprudents,
Profitez des instants.

TOUS.

« Quand on est mort, c'est pour longtemps », etc.

BONNIVET.

Qui donc vous pousse
Vers le trépas?
N'avez-vous pas
Le champagne qui mousse?
La vie est douce
A caresser,
Et sans secousse
Tâchons de la passer.
Car, ici-bas,
A chaque pas,
N'avons-nous pas,
Pour abréger la vie,
Peine, chagrin,
Et médecin,
Dont la voix crie
A tout le genre humain :

« Quand on est mort, c'est pour longtemps »,
Disait Désaugiers, notre maître;
Ce jour va naître
Et disparaître :
Imprudents,
Profitez des instants !

TOUS.

« Quand on est mort, c'est pour longtemps », etc.

FERNAND.

Sur notre scène
Que montre-t-on?
Viol, poison,
Forfaits à la douzaine;
Et Melpomène
Chaque semaine
Part pour la chaîne

De Brest ou de Toulon.....
　　　Vers ostrogoths
　　　Et visigoths,
　　　Des noirs tombeaux
Sur vous tinte la cloche ;
　　　Sombre roman,
　　　Drame de sang,
　　　Votre heure approche ;
Hardi ! donnez-vous en !...

« Quand on est mort, c'est pour longtemps »,
Disait Désaugiers, notre maître.
Bientôt vous allez disparaître :
Ainsi donc, profitez des instants !

TOUS.

« Quand on est mort, c'est pour longtemps », etc.

SAUVIGNY.

　　　Levant la nuque,
　　　Le jeune Franc
　　　Traite gaîment
Racine de perruque.
　　　« O siècle eunuque »,
　　　Disaient-ils tous,
　　　« Gloire caduque,
« Qui va revivre en nous ! »
　　　Ils le disaient,
　　　Ils l'imprimaient,
　　　Ils le croyaient...
Et, malgré leur mérite,
　　　Nul jouvenceau
　　　De leur tombeau
　　　Ne ressuscite
Ou Molière ou Boileau...

« Quand on est mort, c'est pour longtemps ».
Disait Désaugiers, notre maître.
　　　Grands talents,
Pour vous voir renaître,
Il nous faut attendre encor du temps.

TOUS.

« Quand on est mort, c'est pour longtemps », etc.

CLOTILDE, au public.

Sur le qui-vive,
En cet instant,
L'auteur attend
Son heure décisive ;
Sa crainte est vive ;
Il va savoir
S'il faut qu'il vive
Ou qu'il meure ce soir...
Montrez-vous tous
Cléments et doux,
Et que pour nous
La critique traîtresse
Reste à l'écart :
Point de brocard
Sur notre pièce ;
Ne l'immolez pas... car,

« Quand on est mort, c'est pour longtemps » ;
Mais grâce au public, notre maître,
Que cet ouvrage qui va naître
Soit longtemps
Au nombre des vivants !

TOUS.

« Quand on est mort, c'est pour longtemps », etc.

UNE CHAUMIÈRE
ET SON COEUR

COMÉDIE-VAUDEVILLE EN DEUX ACTES ET TROIS PARTIES

EN SOCIÉTÉ AVEC M. ALPHONSE D***

Théatre du Gymnase. — 12 Mai 1835.

| PERSONNAGES. | ACTEURS. |

LORD WOLSEY,................... MM. Paul.
JOHN GRIPP, fermier.............. Bouffé.
JEDEDIAH, régisseur .... Klein.

JENNY, pupille de lord Wolsey.......... Mmes E. Sauvage.
SARAH, femme de chambre de Jenny ...... Prague.
MISTRESS DOROTHÉE, aubergiste....... Julienne.

Domestiques, Fermiers, Paysans et Paysannes.

Au château, dans le comté de Galles, pendant la première et la troisième parties. Dans la taverne du *Chariot-d'Or*, tenue par mistress Dorothée, auprès de la ferme de Kendal, pendant la deuxième partie.

UNE CHAUMIÈRE
ET SON COEUR

ACTE PREMIER
PREMIÈRE PARTIE.

Un salon richement décoré. — Portes au fond; portes latérales. Sur le devant du théâtre, à droite de l'acteur, un guéridon. A gauche, une table, couverte d'un riche tapis.

SCÈNE PREMIÈRE.
JENNY, SARAH.

(Au lever du rideau, Jenny, assise sur un fauteuil, auprès du guéridon, paraît absorbée et pensive; elle soutient à peine le livre qu'elle lisait. — Sarah entre par le fond.)

SARAH.

Je viens de défaire nos malles, nos cartons, et, à peine arrivées... il semble déjà que nous soyons ici depuis huit jours, tant on avait mis de soins, de recherche et d'élégance dans tous les appartements de ce château... Mademoiselle!... (A part.) Elle ne m'entend pas... la voilà déjà, comme à l'ordinaire, dans ses méditations... (Haut.) Mademoiselle !...

JENNY.

Eh bien ! ma bonne Sarah, que me veux-tu ?

SARAH.

Qu'est-ce que vous faites là ?

JENNY.

Je lisais... je pensais...

SARAH.

Au lieu de voir par vous-même comment j'ai arrangé vos robes et vos chapeaux, si je n'ai pas chiffonné vos mousselines...

JENNY.

Qu'importe ?

SARAH.

Voilà justement ce qui m'effraye ! quand une femme ne s'occupe pas de ce qui devrait l'inquiéter le plus... il y a quelque chose en elle qui ne va pas bien... Voilà deux heures que nous sommes dans le plus beau château du monde, et au lieu de le parcourir du haut en bas, de l'admirer comme moi...

AIR : De sommeiller encor, ma chère. (Arlequin Joseph.)

Dans un fauteuil, avec tristesse,
Vous restez là pour méditer ;
De vos jamb's et de vot' jeunesse
Hâtez-vous donc de profiter ;
Tandis qu' vous êt's jeune et légère,
Hâtez-vous de vous divertir :
Pour se r'poser l'on a, ma chère,
Le temps où l'on n' peut plus courir !

JENNY, se levant nonchalamment.

Tu as raison.

SARAH.

Tout ce côté du château est pour vous... et puis, par-là,

un salon de musique, et une petite porte qui conduit dans les jardins. Milord, votre tuteur, m'a dit de vous en remettre la clef, pour que vous puissiez, à votre gré, sortir dans le parc, et même dans la forêt. Profitez-en... cela vous fera du bien... vous êtes souffrante.

JENNY, prenant la clef.

C'est possible; cependant je n'éprouve rien, je n'ai aucun mal.

SARAH.

Si vraiment, le plus grand de tous : vous êtes trop heureuse !... c'est ce qui vous empêche de sentir votre bonheur. Pauvre orpheline abandonnée, vous avez été recueillie par milord, qui vous a donné de l'éducation et des talents, qui vous a rendue belle et gentille comme vous v'là !... Vous avez pris le ton, les manières des grandes dames, et peut-être aussi leur ennui... car enfin, maintenant, vous n'êtes bien nulle part... A New-York, vous ne parliez jamais que du bonheur de vous retrouver en Europe.

JENNY.

C'est vrai.

SARAH.

Et quand nous y sommes revenus, vous ne pouviez rester en place. En Italie, vous aviez trop chaud ; en Suisse, vous aviez trop froid ; vous ne pensiez qu'à l'Angleterre, votre patrie, au pays de Galles, qui vous avait vue naître ; et milord, sans vous en rien dire, achète ce domaine exprès pour vous ; et rien qu'en apercevant ce canton, ces campagnes, c'était un trouble, une émotion, vous pouviez à peine parler... des larmes coulaient de vos yeux... et maintenant vous voilà calme et indifférente sur ce bien-être et ce bonheur qui vous entourent.

JENNY.

Non... non... je ne le suis pas !... et je pense comme toi, Sarah, c'est une belle chose que la fortune ; mais il y a encore mieux que cela...

SARAH.

Et quoi donc, s'il vous plaît?

JENNY.

Autre chose... d'autres idées... je ne puis pas te dire; tu ne me comprendrais pas... Mais je voudrais être loin d'ici, dans les bois, dans une chaumière.

SARAH.

Laissez-moi donc avec vos bois et vos chaumières! moi aussi, à New-York, j'ai été dans les bois, puisque mon mari était bûcheron; il y est mort à la peine, ce pauvre cher homme! Étions-nous malheureux!... Mais depuis que je suis devenue votre femme de chambre, je n'ai plus, comme vous dites, l'ombre des bois, le silence des forêts, Dieu merci! et je m'en arrange très-bien. J'ai chez vous de bons appartements, bien chauffés, une bonne table, un bon lit : tous les matins, du thé au lait ou du café à la crème, voilà le vrai bonheur!

JENNY.

Tais-toi! je te le répète, ma pauvre Sarah, tu me fais mal... tu ne peux ni lire dans mon cœur, ni sentir ce que j'éprouve... car enfin, que suis-je en ces lieux?... pauvre fille, sans fortune, sans naissance, élevée et protégée par un seigneur jeune encore, riche, aimable, qui m'accable de ses bienfaits, mais ces bienfaits, de quel droit puis-je les recevoir?...

SARAH.

O ciel!... quelle idée me donnez-vous là?...

JENNY.

Non pas que lord Wolsey ait jamais été pour moi autre chose qu'un ami, qu'un père...

SARAH.

C'est égal... il n'y a plus à hésiter; et avec des idées pareilles, il faut prendre un parti... Silence, c'est milord...

SCÈNE II.

LORD WOLSEY, JENNY, SARAH.

WOLSEY.

Eh bien ! ma chère enfant, comment vous trouvez-vous ici, dans notre nouvelle habitation ?

JENNY, d'un air aimable.

Comme partout où je suis avec vous, milord.

(Sarah passe à droite.)

WOLSEY.

Il faut bien que je devine vos goûts, car jamais vous ne me les faites connaitre, et, à ce sujet, miss Jenny, j'ai grand besoin d'avoir une conversation avec vous. (A Sarah, qui veut se retirer.) Restez, Sarah, je désire que ce soit en votre présence. (Il prend un fauteuil et s'assied ; Sarah en avance un à Jenny, qui s'assied à la droite de Wolsey. Sarah reste debout derrière le fauteuil de Jenny.) Je ne puis même différer cet entretien ; car ce soir, à la ville, plusieurs gentilshommes de mes amis donnent, à l'occasion de mon arrivée, une fête où je ne puis me dispenser d'assister... et peut-être demain serai-je obligé de repartir... Que cela ne vous effraie pas, ce n'est pas sûr encore.

JENNY.

Je l'espère bien ; que vouliez-vous me dire ?...

WOLSEY.

Je ne sais trop par où commencer.

JENNY.

Vous, milord, troublé, embarrassé avec moi ? qu'est-ce donc ? vous m'inquiétez !

WOLSEY.

C'est qu'ici, comme en toutes choses à peu près, il y a du raisonnable et qu'il peut y avoir aussi du ridicule !

JENNY.

Pouvez-vous le croire?

WOLSEY.

Vous savez, ma chère Jenny, que vous étiez bien jeune lorsque le ciel vous offrit à moi, et je le remercie tous les jours d'avoir placé un tel trésor dans mes mains ! J'ai vu avec joie se développer en vous les qualités les plus brillantes; une seule aurait pu devenir un défaut, défaut bien naturel à votre âge.

JENNY.

Et lequel, milord?

WOLSEY.

Cette imagination qui se montre parfois chez vous bien vive, bien romanesque, exaltée même... mais c'est aussi la source de tant de bonnes actions, de tant de pensées généreuses... que je n'ai jamais osé en réprimer les écarts.

AIR d'Aristippe.

Souvent, s'élançant dans l'espace
Où vous aimez vous égarer,
Des rêves brillants qu'il embrasse,
J'ai vu votre cœur s'enivrer.
Respectant de si doux mensonges,
Je me taisais... tant j'avais peur,
En dissipant un de vos songes,
De vous enlever un bonheur.

Mais maintenant, cependant, il faut bien vous parler raison. Vous êtes sortie depuis un an de la pension où je vous avais placée... votre beauté, vos grâces, vous font remarquer de toutes parts... et cela devient effrayant, pour moi surtout, qui voudrais bien ne jamais vous quitter.

JENNY.

Eh bien?

WOLSEY.

Eh bien !... je viens vous faire une proposition qui peut-être va glacer cette ardente imagination dont je parlais tout-à-l'heure... une proposition très-peu romanesque, horriblement bourgeoise... une chose qui arrive tous les jours, et à tout le monde... c'est un mariage.

JENNY.

Un mariage !

WOLSEY.

Avec moi.

JENNY, à part.

Grand Dieu !

SARAH.

Je respire !

WOLSEY; il se lève, Jenny se lève aussi.

Je sais que vous allez m'objecter mon âge; huit ou dix ans de plus que vous, c'est la vieillesse à vos yeux... et puis jusqu'à présent vous ne m'avez regardé que comme un tuteur... et, un tuteur amoureux !... Mais ce n'est pas mon amour seul que j'ai consulté; c'est votre avenir qu'il fallait assurer; c'est cette idée qui m'a donné le courage de tout braver... même le ridicule... et s'il est dans le monde quelqu'un qui plus que moi puisse vous rendre heureuse, ne craignez pas de me le dire, de me l'avouer franchement... faites comme moi, Jenny, ne pensez point à moi, et ne songez qu'à vous !

JENNY, attendrie.

Ah ! milord !... Ah ! mon ami !...

WOLSEY.

Allons !... allons, mon enfant, calmez-vous ! c'est ici une affaire de sang-froid et de raison; surtout pas d'imagination ! c'est mon ennemie mortelle... et je suis perdu, si, n'écoutant qu'un moment d'exaltation ou de reconnaissance, vous me voyez autrement que je ne suis... j'ai des dehors peu brillants, un caractère froid, souvent sévère; et si vous ajoutez à cela un bon cœur, qui vous aime bien, et

11.

une fortune assez belle, voilà tout ce que je viens vous offrir... Il n'y a là-dedans pas la moindre poésie, pas le plus petit roman!... et maintenant que vous voilà prévenue, j'attends votre décision.

JENNY, baissant les yeux.

J'aimerais mieux ne pas vous la donner tout de suite.

SARAH, à Jenny.

Y pensez-vous !

WOLSEY.

Elle a raison.

AIR du vaudeville d'*Agnès Sorel*.

C'est un sentiment de prudence
Auquel je ne peux qu'applaudir ;
Car le péril est assez grand, je pense,
Pour qu'elle veuille y réfléchir...

SARAH.

En vains délais faut-il qu'on se consume ?

WOLSEY.

Oui, laissez-lui tout le temps d'y songer :
C'est en regardant le danger,
Qu'à le braver on s'accoutume !

(A Jenny.) Ainsi, j'attendrai votre réponse, tant que vous voudrez.

JENNY.

C'est trop de bontés.

WOLSEY.

Et d'ici là, voulez-vous m'accompagner ce soir, à cette fête où l'on m'attend ?... (La regardant.) Non, cela vous contrarie... je n'insiste pas ; et je vous laisse... Songez à votre situation actuelle, à votre avenir, songez à tout cela, Jenny, et même à moi, qui vous aime comme un père... et comme un amant... Adieu !...

(Il sort par la porte à droite.)

SCÈNE III.

JENNY, SARAH.

SARAH.

Il a bien fait de sortir... je ne pouvais plus y tenir... J'en suis tout émue, tout attendrie!... et vous ne lui avez pas sauté au cou! Vous ne l'avez pas embrassé!... Mais, à votre place, mademoiselle, je lui aurais dit sur-le-champ : Oui, oui... et mille fois oui.

JENNY.

C'était impossible.

SARAH.

Impossible, dites-vous... impossible! un protecteur si généreux, un ami si dévoué, un époux si tendre...

JENNY.

Oui, c'est justement pour cela!... il m'aime tant! il eût été horrible de le tromper!

SARAH.

Allons! allons! voilà votre tête qui s'échauffe et qui travaille ; nous n'allons plus nous entendre.

JENNY.

Si... car il faut bien te dire la vérité...

SARAH.

Quoi! vous n'adorez pas... vous n'épouserez pas lord Wolsey?

JENNY.

Non!

SARAH.

Et pourquoi?

JENNY.

J'en aime un autre!

SARAH.

Grand Dieu!

JENNY.

Apprends donc que je suis née en ce pays, que j'ai passé mes premières années dans ce canton, tout près d'ici, chez le fermier Robert Gripp, dans l'auberge qui était jointe à sa ferme, où j'étais employée à tous les travaux de la maison ; je ne désirais rien, je n'imaginais rien autre chose, et quelque rudes que fussent ces travaux ils me semblaient doux, puisque je les partageais avec John! John! le fils de Robert, plus âgé que moi de quelques années, et que j'aimais comme je l'aime encore... comme il m'aimait lui-même. Peines et plaisirs, tout nous était commun... mais, que dis-je?... des peines... il n'en existait pas! John n'était-il pas toujours auprès de moi? n'était-ce pas lui qui m'accompagnait dans les champs ou à la ville, qui me protégeait quand quelques voyageurs ivres ou emportés me menaçaient? n'était-ce pas avec lui que je jouais, que je dansais, que j'étais heureuse?... Tous ces souvenirs sont là... là, toujours présents à ma pensée !

SARAH.

Ah! mon Dieu !

JENNY.

Lorsqu'un jour, des voyageurs étrangers s'arrêtèrent dans notre auberge, et l'un d'eux, qui semblait commander aux autres, me regarda avec attention. — « Elle est gentille, disait-il, la petite servante! Cela fera un jour une jolie ménagère... Veux-tu venir avec nous à New-York ? nous partons demain, et notre vaisseau n'est pas loin. » —Et moi de refuser ; et eux de répondre : « Bon gré, mal gré, tu viendras, nous ferons ta fortune. » Et ce que tu ne croirais jamais, c'est que le lendemain de grand matin, au moment où Robert Gripp venait de partir pour sa ferme de Kendal, ces vilains hommes, pensant qu'une enfant, une orpheline telle que moi, n'exciterait ni réclamations ni poursuites, enfermèrent John pour l'empêcher de crier ou de me défendre ; et je me vis surprise, enlevée, transportée à bord d'un bâtiment qui faisait voile pour les États-Unis, avant que je ne fusse revenue de l'étonnement et de la frayeur où m'avait jetée cet acte de violence !

SARAH.

Quelle horreur !

JENNY.

Pendant la traversée, lord Wolsey, qui montait le même vaisseau, et se rendait à Philadelphie pour recouvrer la succession de son oncle, fut frappé de ma jeunesse et de la crainte que je manifestais à la vue de mon ravisseur ; j'étais également attirée vers milord par cet air de bonté et de protection empreint sur tous ses traits... Il apprit de ma bouche même toutes les circonstances de l'enlèvement dont j'avais été la victime ! il accabla mon ravisseur de reproches, celui-ci lui répondit avec insolence ; des menaces et des insultes, ils en vinrent aux provocations, et comme il arrive souvent, la querelle se vida aussitôt, à bord, sur le bâtiment même... Ah ! je crois voir encore cette scène horrible, où enfin l'adversaire de milord succomba !

SARAH.

Quel bonheur !

JENNY.

A peine débarqués, lord Wolsey me plaça dans un des premiers pensionnats de New-York, et malgré ses fréquents voyages et les affaires qui l'occupaient, il venait souvent me voir. Il avait changé mon nom de Catherine contre celui de Jenny : c'était le nom d'une jeune sœur qu'il avait perdue !... (Mouvement de surprise de Sarah.) La lecture, les arts, la société habituelle de lord Wolsey, produisaient chez moi un changement rapide et profond ; mon esprit, mes manières, tout était changé... mais non mon cœur... Le temps, l'absence, l'exil sur une terre étrangère, me rendaient encore plus douces et plus vives les impressions de mon enfance et les souvenirs de la patrie. Je pensais à John, je ne rêvais qu'à lui. Du fond de mon cœur qui lui restait fidèle, toutes mes joies, je les lui envoyais, mes rares instants de chagrin, je les lui confiais... les talents même qui m'étaient donnés, c'est pour lui que je les cultivais... je lui adressais les romances qu'on m'apprenait, et le dessin qu'on m'avait enseigné me servait à retracer son image !

SARAH.

Quoi ! cette grande figure ! ce jeune homme que je trouvais dans tous vos cartons... c'était lui !

JENNY.

Oui, Sarah, c'était lui !... N'est-ce pas qu'il est bien ? n'est-ce pas qu'il est charmant ?

SARAH.

Oui, pas mal... mais chacun son goût ! j'aimerais autant lord Wolsey !

JENNY.

C'est que tu n'aimes pas John ! c'est que tu ne sais pas, malgré la vivacité de son caractère, combien il était bon... empressé ! et comme il m'aimait ! les souvenirs de mon enfance ne me quittent pas !... ces habits que j'avais autrefois... j'en ai fait moi-même de pareils, et quand je suis seule, je les mets, je m'en pare... Enfin, trop malheureuse loin de John, je ne pouvais y tenir ! aussi, avec quelle joie j'ai vu milord se rendre à mes instances et quitter New-York ! Nous avons voyagé en Suisse, en Italie, sous prétexte d'éducation et de santé ; mais, en effet, pour me rapprocher de l'Angleterre, pour me rapprocher de John !... Nous y sommes enfin, et c'est quand je suis sur la même terre, dans le même pays que lui, à quelques lieues peut-être du séjour qu'il habite, que tu veux que je l'oublie, que je le bannisse de mon souvenir !... c'est impossible !

SARAH.

Et ce pauvre milord qui vous aime tant !

JENNY.

Ah! c'est là mon supplice, à présent.

AIR : Muse des jeux et des accords champêtres.

Oui, je le sens, je l'estime et l'honore,
Et son amour est bien cher à mon cœur ;
Mais John aussi depuis longtemps m'adore,
Et John est pauvre, il n'est pas grand seigneur.
Chez nous, dit-on, la gloire ou la richesse
De tout console, et mon tuteur les a ;
Mais John, hélas ! n'avait que ma tendresse,
Et s'il la perd, qui le consolera !

SARAH.

C'est milord qui vient vous dire adieu.

SCÈNE IV.

JENNY, WOLSEY, dans la chambre à droite, parlant à son intendant, SARAH.

WOLSEY.

C'est bien, monsieur Jedediah... arrangez cela comme vous l'entendrez.

(Il entre.)

JENNY.

Qu'est-ce, milord?

WOLSEY.

C'est M. Jedediah, mon nouvel intendant, qui vient me parler pour une ferme... mais la voiture est prête, et je pars ! je ne reviendrai peut-être que bien avant dans la nuit. (A Sarah.) Qu'on ne m'attende pas ! (A Jenny.) Ainsi, mon enfant, à demain ! (L'amenant au bord du théâtre.) Avez-vous déjà commencé vos réflexions?

JENNY.

Pas encore !

WOLSEY.

Je ne suis pas comme vous ; j'ai réfléchi depuis que je

vous ai quittée, car lorsque vous étiez là, je ne le pouvais pas, j'étais trop troublé et j'ai vu que tantôt j'avais eu tort, j'avais mal agi.

JENNY.

Vous, milord!

WOLSEY.

Sans doute! Je vous ai demandé une décision, et pour qu'elle soit franche et sincère, il faut que vous soyez libre dans votre choix; c'est à cela d'abord que j'aurais dû songer, et je m'empresse de réparer mon oubli. (Lui présentant un papier.) Tenez, mon enfant.

JENNY.

Quel est ce papier ?

WOLSEY.

Il assure votre indépendance; quelque parti que vous preniez, vous pouvez désormais vivre sans moi, vous voilà riche, vous voilà libre.

JENNY.

C'est trop ! c'est trop, milord !... je n'accepterai jamais !

WOLSEY.

Ne craignez rien; je n'ai pas voulu, par là, gagner mon juge ; mais seulement remettre à ma pupille la dot qui lui appartient, et dont elle peut disposer.

AIR d'Yelva.

Si votre choix doit tomber sur un autre,
Cette fortune, il doit la recevoir,
Non de ma main, Jenny, mais de la vôtre ;
Et de mon cœur si vous comblez l'espoir,
Songeant alors à votre indépendance,
Heureux et fier, je dirai chaque jour :
Je ne dois rien à son obéissance,
Et je dois tout à son amour.

Adieu, Jenny.
(Il s'éloigne.)

SARAH, bas à Jenny.

Et vous pouvez hésiter encore?

JENNY, le rappelant.

Milord?...

WOLSEY, revenant vivement.

Vous me rappelez!... Avez-vous quelque chose à me demander?

JENNY, baissant les yeux.

Non, sans doute; mais j'aurais voulu vous dire... et je n'ose pas; et puis vous allez partir!

WOLSEY, vivement.

S'il en est ainsi, je reste, me voilà à vos ordres!

JENNY.

Non, je vous en supplie; ne vous privez pas pour moi de cette fête où vos amis vous attendent... J'ai besoin d'être seule; je l'aime mieux. Tu peux te retirer, Sarah; et vous, milord, partez! je reste avec le souvenir de vos bontés, de vos bienfaits! il est des sentiments que ma bouche ne sait, ou n'ose peut-être exprimer... mais, si vous le voulez bien, je vous écrirai.

WOLSEY.

Quand cela?

JENNY.

Ce soir, et à votre retour... ou plutôt demain matin...

WOLSEY.

J'aurai votre réponse.

JENNY.

Oui, milord!

WOLSEY, la regardant avec amour.

Adieu! adieu! Jenny.

(Il sort par le fond. Après qu'il est sorti, Jenny fait un signe à Sarah, qui se retire.)

SCÈNE V.

JENNY, seule.

Combien je suis coupable!... est-il un homme meilleur, plus aimable, plus aimant? Je ne puis prononcer son nom sans émotion, et dans mon cœur attendri tout me dit que je devrais l'aimer!... et je l'aime!... ah! oui, je l'aime! mais pas comme John; je donnerais ma vie pour lui! mais ce n'est pas John!... Quand je pense à Wolsey, je suis tranquille, j'ai du bonheur; mais quand je pense à John, c'est une ivresse, un transport!... j'ai la fièvre! ma tête se perd! je suis folle!... je sacrifierais tout pour me retrouver encore couverte de mes humbles habits, comme aux jours de mon enfance... une chaumière, une chaumière et lui; la pauvreté, la misère, n'importe, je serais avec lui! au lieu de cela, ce luxe, ces richesses, ces bienfaits dont on m'accable et qui enchaînent ma reconnaissance, qui me défendent d'être ingrate! (Lisant le papier que lui a remis Wolsey.) Il me donne ce château et les bois, les terres qu'il vient d'y réunir; la ferme de Kendal!... ô ciel! c'est bien ce nom-là, c'est celle dont Robert Gripp était le fermier, et qui doit sans doute encore être occupée par lui... ou par son fils. La ferme de Kendal, à trois milles d'ici!... et avant d'arriver à la ferme, à deux cents pas du parc, la taverne du *Chariot d'or*, où j'étais servante, où j'étais avec John!... et qui sait? peut-être y est-il encore? peut-être en ce moment est-il là qui pense à moi, qui me regrette, qui m'appelle... Oh! ma tête!... ma tête!... elle est brûlante, elle est en feu... je ne vois plus rien que John qui est près de moi; et avec quelle violence mon cœur s'élance vers lui!... (Marchant vivement.) Ah! cet état est horrible... je ne puis le supporter plus longtemps! Là, là, là, à deux cents pas de moi, les souvenirs de toute ma vie; le repos et la paix!... deux âmes qui s'entendent et se devinent; le bonheur enfin!... Non, je ne puis y résister; non, je n'accepterai pas le sort brillant que milord me propose! ce serait indigne à moi de lui donner un cœur qui dans ce moment est rempli d'amour pour un autre; et l'honneur, la reconnaissance même m'ordonnent de refuser sa main et ses bienfaits!... Pauvre il m'a trouvée!... pauvre je dois le quitter; oui, oui, c'est cela!... (Elle va s'asseoir à la table et écrit.) J'ai promis à milord de lui écrire... eh bien! avouons-lui la vérité! son noble cœur est digne de l'entendre... (Écrivant.) « Je ne peux plus rester auprès de vous, et ne « puis recevoir vos bienfaits dont je ne suis pas digne... j'en « aime un autre, je ne puis vivre sans lui. » (Elle écrit encore quelques mots, et ferme la lettre, puis y met l'adresse.) Demain, quand je n'y serai plus, on lui portera cette lettre, que je laisse à son adresse; et cette nuit même... (Se levant.) Oui, c'est à celui que j'aime, à l'ami de mon enfance, à mon époux, que je dois aller demander asile. Et ces riches habits ne peuvent plus être les miens!... je les quitterai! je reprendrai ceux qui me conviennent, ceux que j'entrevoyais toujours comme l'espérance de mon bonheur. (Montrant le cabinet à gauche.) Ils sont là!... là; tout le monde dort; dans une heure je puis être auprès de John... (S'arrêtant.) Mais milord! ah! ne pensons pas à lui, car je ne partirais pas!

(Elle se précipite dans le cabinet à gauche.)

ACTE PREMIER

DEUXIÈME PARTIE.

Une taverne. — Porte au fond; portes latérales. Auprès de la porte du fond, à droite, la porte d'un cabinet. Près de la porte latérale, à droite de l'acteur, un comptoir. De l'autre côté du théâtre, une table grossière, avec des pintes et des verres; des sièges de bois, des chaises. Auprès de la porte du fond, un petit buffet, où sont renfermées les assiettes, les serviettes, etc.

SCÈNE PREMIÈRE.

MISTRESS DOROTHÉE, au comptoir à droite; BUVEURS, autour de la table à gauche.

LES BUVEURS, les uns assis autour de la table, les autres debout.

AIR du Pas des Nonnes. (Robert-le-Diable.)

Buvons, compagnons,
Buvons, francs lurons,
La bière
A plein verre,
Afin d'oublier,
Afin d'égayer,
Le sort de l'ouvrier.

A jeun, je n'ai pas un schelling;
Mais quand je bois... oui, soudain,
J'ai des rentes et de l'or,
Et je m'crois un milord !

Buvons, compagnons, etc.

(Pendant cette dernière reprise, mistress Dorothée a quitté son comptoir pour imposer silence aux buveurs en leur disant :)

DOROTHÉE.

Chantez plus bas, ou allez dans la chambre à côté.

(Tous les buveurs se lèvent et passent dans la chambre à droite, en chantant toujours.)

SCÈNE II.

DOROTHÉE, JEDEDIAH.

JEDEDIAH.

Eh bien! eh bien! quel tapage! et surtout quelles chansons!

DOROTHÉE.

C'est M. Jedediah, le régisseur du château.

JEDEDIAH.

Bonjour, mistress Dorothée... (Regardant les buveurs qui sont entrés dans la chambre.) Les gaillards ne respectent ni la langue, ni les mœurs. (A Dorothée.) Mais il me semble qu'il est nuit close, et que votre taverne devrait être fermée.

DOROTHÉE.

Que voulez-vous?... je loue cette maison si cher de John Gripp, qui en est le propriétaire... Il n'y aurait pas moyen de s'en retirer, si on ne donnait pas à boire après le couvre-feu... ça n'offense personne...

JEDEDIAH.

Que le règlement... et par principe, je suis pour qu'on respecte la morale et surtout le règlement.

DOROTHÉE.

Vraiment! voulez-vous une pinte de bière?

JEDEDIAH.

Volontiers... car j'ai bien chaud...

(Il va s'asseoir auprès de la table.)

DOROTHÉE, lui versant.

C'est de ma meilleure! vous ne me dénoncerez pas au constable... vous, mon ancien maître...

JEDEDIAH, l'interrompant.

C'est bien!

DOROTHÉE.

Je me rappelle toujours le temps où j'ai été votre gouvernante.

JEDEDIAH.

Et moi aussi!... tu m'as quitté pour te faire cabaretière! établissement honorable, auquel je n'ai pas dû m'opposer...

DOROTHÉE.

Et puis, nous ne sommes pas séparés pour toujours...

JEDEDIAH, lui frappant sur la joue.

C'est bon, c'est bon!... (Il se lève.) Il ne s'agit pas de ça... Notre ami John Gripp, ton propriétaire, est-il là-haut?

DOROTHÉE.

C'te question!... Est-ce qu'il y demeure?

JEDEDIAH.

Non; mais en revenant du marché, où il est allé vendre des bestiaux, il doit s'arrêter ici.

DOROTHÉE.

Comment le savez-vous?

JEDEDIAH.

Il m'y a donné rendez-vous, pour parler d'affaires; et comme il sera trop tard pour se rendre à sa ferme, il pourra bien souper et coucher ici.

(Il va à la table et boit un verre de bière.)

DOROTHÉE.

Comme il voudra... A la taverne du *Chariot d'Or*, tout le monde est bien reçu pour son argent...

JEDEDIAH.

Et même sans cela, John ne serait pas mal accueilli par

toi... C'est le plus aimable et le plus beau garçon du pays.
(Il revient auprès de Dorothée.)

DOROTHÉE, avec fierté.

Eh! que m'importe à moi? Vous devez savoir mieux que personne que ma vertu et mes principes...

JEDEDIAH.

C'est bon... c'est bon... Je t'ai déjà dit qu'il ne s'agissait pas de ça... et puis John est riche, il a reçu de son père un bel héritage.

DOROTHÉE.

Qu'il est en train de manger...

JEDEDIAH.

Il lui reste cependant cette maison-ci qui est d'un assez bon revenu... une taverne bien achalandée... grâce à toi, la belle cabaretière... Et puis, il tient à loyer les meilleures terres du comté, la ferme de Kendal.

DOROTHÉE.

Dont le bail vient d'expirer!

JEDEDIAH.

Mais on pourra le renouveler; cela dépend de moi.

DOROTHÉE.

Vraiment!

JEDEDIAH.

Ce domaine vient de passer entre les mains d'un nouveau maître, lord Wolsey, qui est arrivé au château cet après-midi...

DOROTHÉE.

Seul?

JEDEDIAH.

Non... on dit qu'il y est venu en tête-à-tête avec une jeune dame.

DOROTHÉE.

Sa femme?

JEDEDIAH.

Du tout !

DOROTHÉE.

Sa sœur ?

JEDEDIAH.

En aucune manière... vous comprenez ?

DOROTHÉE.

Quelle horreur !

JEDEDIAH.

Ça ne m'a pas étonné... ces lords, ces gens de la cour ont des mœurs si dépravées !... et cela a déjà produit un très-mauvais effet dans le canton, parce qu'au milieu de nous autres, bons et simples paysans du pays de Galles...

DOROTHÉE, avec impatience.

Et vous avez parlé à milord ?

JEDEDIAH.

Je lui ai présenté mes hommages et mes livres de comptes.

DOROTHÉE.

Comment vous a-t-il reçu ?

JEDEDIAH.

Très-bien. Il n'a pas plus fait attention aux uns qu'aux autres... des grandes manières, des manières comme il faut... pour nous !... J'avais pour moi son valet de chambre à qui j'avais donné un petit pot-de-vin ; car tous ces gens-là sont d'une cupidité !... Milord était donc prévenu d'avance de ma moralité et de mes principes ; et il m'a dit : « Je vous conserve dans mes domaines votre place de régisseur général ! »

DOROTHÉE.

C'est superbe !

JEDEDIAH, d'un air dépréciateur.

Il y a bien des frais !... Vous le voyez par ce que cela me

coûte... Je lui ai parlé alors de la ferme de Kendal, dont le bail était à renouveler ; et il a répondu : « Vous connaissez mieux que moi les gens du pays, je m'en rapporte entièrement à vous ; faites ce que vous voudrez ! » De sorte que j'en suis le maître.

DOROTHÉE.

Ce qui est assez avantageux pour vous !... et à qui donnerez-vous ce riche fermage ?

JEDEDIAH.

Pouvez-vous me le demander ? la justice avant tout... Je le laisserai au possesseur actuel... depuis soixante ans, et de père en fils, cette ferme est dans leur famille... D'ailleurs, John Gripp est mon ami ! nous jouons, nous buvons de compagnie... nous chassons ensemble le renard... Et, vous le savez, Dorothée, je n'oublie jamais l'amitié.

DOROTHÉE.

C'est bien ! c'est bien !... et quand se conclut cette affaire ?

JEDEDIAH.

Ce soir ! j'ai donné rendez-vous ici à tous les fermiers du château pour y régler nos comptes ; et John va venir comme eux...

DOROTHÉE.

C'est inutile, car John n'aura pas le bail...

JEDEDIAH.

Puisque je le lui donne.

DOROTHÉE.

Vous vous trompez !... Ce n'est pas à lui que vous le donnerez !

JEDEDIAH.

Et à qui donc ?

DOROTHÉE.

A moi !

JEDEDIAH.

A vous, Dorothée?...

DOROTHÉE.

Oui, mon bon monsieur Jedediah! à moi, votre ancienne gouvernante!

JEDEDIAH.

Permettez, ma chère, vous êtes très-aimable, et je vous veux beaucoup de bien... mais je n'irai pas, pour vos beaux yeux, me fâcher avec John Gripp.

DOROTHÉE.

Cela vous regarde.

JEDEDIAH.

Il a ma parole.

DOROTHÉE.

Peu m'importe!...

JEDEDIAH.

C'est très-important... car lui, de son côté, m'a promis deux cents guinées...

DOROTHÉE.

Voilà donc la grande raison?

JEDEDIAH.

Il me semble qu'elle a assez de poids.

DOROTHÉE.

Et à moi, monsieur Jedediah, n'avez-vous rien promis?...

JEDEDIAH.

Il ne s'agit pas de ça...

DOROTHÉE.

Cette promesse de mariage que vous m'avez faite quand j'étais votre gouvernante?...

JEDEDIAH.

C'était bon autrefois...

DOROTHÉE.

Et maintenant encore !... elle est valable !

JEDEDIAH.

Que diable ! Dorothée, vous n'y teniez pas... vous ne devez pas y tenir... j'ai eu dans ma vie bien des gouvernantes ; et je ne dis pas que, de temps en temps, je n'ai pas fait des promesses... tout le monde en fait... mais vous êtes la première qui ayez pris cela au sérieux...

DOROTHÉE.

C'est écrit...

JEDEDIAH.

Certainement..... mais des écrits de ce genre-là rentrent dans la catégorie des serments et des paroles d'honneur... *verba volant*, comme on dit ; et cela ne doit avoir à vos yeux aucune importance...

DOROTHÉE.

Oui, quand je pense à vous, mais quand je pense à votre place !... Régisseur général !... c'est beau ! et en présentant ce papier en justice... (Elle lui montre un papier, qu'il veut prendre et qu'elle renferme aussitôt.) ou seulement à milord, comme certificat de votre moralité...

JEDEDIAH.

C'est indigne !

DOROTHÉE.

La moralité dont lui a parlé son valet de chambre.

JEDEDIAH.

Dorothée !... je ne vous reconnais pas là !... et ce n'est pas tant la chose que le procédé qui me fâche... (Avec sensibilité.) Abuser ainsi d'un instant d'erreur !... et vous armer contre un ancien ami d'une promesse imprudente !...

DOROTHÉE, de même.

Eh ! mon Dieu, monsieur Jedediah... si vous me prenez par les sentiments, je ne sais plus me défendre... et me voilà prête à vous rendre ce papier...

JEDEDIAH.

Est-il vrai?...

DOROTHÉE, d'un air doucereux.

Persuadée que, de votre côté, vous n'hésiterez pas à me donner la preuve d'amitié que je vous demande... le bail de la ferme....

JEDEDIAH.

Vous y tenez donc toujours?

DOROTHÉE, tendrement.

Autant que je tiens peu à cette promesse.

JEDEDIAH, avec un dépit concentré.

Ah! Dorothée, vous le mériteriez bien... je devrais...

DOROTHÉE.

Quoi donc?

JEDEDIAH, lui montrant la promesse.

La tenir...

DOROTHÉE, avec menace.

Si vous vous en avisiez...

JEDEDIAH, avec joie.

Ah! cela vous fait trembler!

DOROTHÉE, froidement.

Pour vous!...

JEDEDIAH.

Pour moi!... (Avec réflexion) C'est vrai... il ne faut pas non plus que la colère m'aveugle sur le danger... (A Dorothée, d'un ton radouci et caressant.) Allons, Dorothée, allons, qu'est-ce que c'est donc que d'être comme ça?... vous n'avez pas été toujours aussi méchante... et puisque vous le voulez... je cède, (Mouvement de joie de Dorothée.) mais par amitié, par amitié seulement.

DOROTHÉE, d'un air câlin.

C'est bien ainsi que je l'entends.

Ensemble.

JEDEDIAH et DOROTHÉE.

AIR : Petit blanc.

Plus de haine importune !
Que tout soit oublié ;
Célébrons la fortune,
Ainsi que l'amitié !

JEDEDIAH, à part.

Pour fuir ce mariage
Que ne ferais-je point !
(Haut.)
Mais si John fait tapage...

DOROTHÉE.

Je m'charge de ce point. (*Bis.*)
C'te ferme est donc la mienne ?...

JEDEDIAH, à part.

Il le faut bien, hélas !

DOROTHÉE, à part.

Ah ! je l'tiens sous ma chaine.

JEDEDIAH à part.

Ah ! tu me le paîras...

DOROTHÉE et JEDEDIAH.

Plus de haine importune, etc.

(On frappe en dehors. Mistress Dorothée se remet à son comptoir ; Jedediah s'asseoit à la table.)

SCÈNE III.

DOROTHÉE, JENNY, sous ses anciens habits, JEDEDIAH.

JEDEDIAH.

Qui vient là ?

DOROTHÉE, criant de la place où elle est.

Entrez !

12.

JENNY, paraissant à la porte du fond, et à part.

C'est ici !... je reconnais la maison ! Comme le cœur me bat !

JEDEDIAH, regardant Jenny.

C'est une jeune fille... et elle paraît gentille.

DOROTHÉE, brusquement, à Jenny.

Qu'est-ce qui vous amène, la belle enfant ? que demandez-vous ?

JENNY.

N'est-ce pas ici la taverne du *Chariot-d'Or* ?

JEDEDIAH, se levant.

Comme vous dites.

JENNY.

Qui appartient à maître John Gripp ?

DOROTHÉE.

Précisément.

JENNY.

Est-il ici ?

JEDEDIAH.

Est-ce que vous vouliez lui parler ?

JENNY.

Oui, monsieur...

JEDEDIAH.

Cela se trouve à merveille, car il va venir.

JENNY, tremblante, et à part.

Ah !... j'ai peine à me soutenir...

DOROTHÉE.

Et peut-on savoir ce que vous lui voulez ?...

JENNY.

Ce que je veux ?... je le lui dirai à lui-même... J'ai une lettre à lui remettre.

JEDEDIAH.

Des secrets intimes ?... c'est différent...

JENNY, vivement.

C'est relatif à cette auberge... Je venais lui demander s'il ne pourrait pas m'y faire avoir une place...

DOROTHÉE, allant à elle et la prenant par la main.

Est-ce que vous seriez cette jeune Irlandaise que maître Hapefort, le constable, a recommandée à John?

JENNY, hésitant.

Oui... oui... madame.

DOROTHÉE.

Vous entendez donc le service ?...

JENNY.

Autrefois... pas mal, quoique j'en aie perdu un peu l'habitude.

DOROTHÉE, avec ironie.

Alors ça ira bien. Et qu'est-ce que vous demandez de gages ?

JENNY.

Je ne demande rien, jusqu'à ce que je sois au fait du service... si toutefois ça convient à M. John.

DOROTHÉE.

Ou à moi... ce qui est la même chose.

JENNY, à part.

O ciel !... (A Jedediah.) Est-ce que ce serait sa femme?

JEDEDIAH.

Non... John n'est pas marié...

(Il passe entre Dorothée et Jenny.)

JENNY, à part, avec joie.

J'en étais sûre... mais elle m'a fait une peur !

DOROTHÉE.

C'est moi qui suis la maîtresse de cette taverne ; je vous reçois... je vous accepte pour servante...

JENNY.

Et John?...

DOROTHÉE.

John est le propriétaire de la maison... celui qui me la donne à loyer.

JENNY.

Il n'habite donc pas ici?

DOROTHÉE.

Non, sans doute... et qu'est-ce que ça vous fait?

JENNY, embarrassée.

Rien... c'est que monsieur... (Montrant Jedediah.) me disait qu'il allait venir...

JEDEDIAH, qui est passé entre Dorothée et Jenny.

Souper et coucher ici, attendu qu'il est trop tard pour retourner ce soir à la ferme où il habite.

JENNY, avec joie.

Oh! alors... à la bonne heure !...

DOROTHÉE.

Comment à la bonne heure !... vous tenez donc beaucoup à voir M. John Gripp lui-même?

JENNY.

Oui, madame...

JEDEDIAH.

C'est tout naturel... si elle a pour lui une lettre de recommandation de M. Hapefort le constable.

DOROTHÉE.

AIR : Ces postillons sont d'une maladresse.

Qu'ai-je besoin d'en savoir davantage?
C'est inutile ; et l'on voit bien

Qu'ell' vient ici fair' son apprentissage...
R'gardez plutôt son air et son maintien,
Je parirais qu'ell' ne s'entend à rien.

JEDEDIAH.

Ça ne doit pas empêcher de la prendre.

DOROTHÉE.

Oui, pour avoir encore sur les bras
Une ignorante...

JEDEDIAH.

A qui l'on peut apprendre
Ce qu'elle ne sait pas.

Car elle est très-intéressante cette jeune fille... et j'aurais, si elle voulait, une bien meilleure condition à lui proposer.

DOROTHÉE.

Et laquelle ?

JEDEDIAH, à Jenny.

Je n'ai pas de gouvernante dans ce moment et j'en cherche une... c'est une place excellente! une maison tranquille... un homme seul... Jedediah, régisseur de lord Wolsey!...

JENNY, à part.

O ciel!...

JEDEDIAH.

Je ne vous promets pas des gages bien brillants ; mais vous pouvez être sûre du moins que du côté des principes et de la morale... (La regardant.) Je n'ai jamais vu de tournure comme celle-là...

DOROTHÉE, les séparant.

C'est bon... c'est bon, n'allez-vous pas déjà lui en conter à cette jeunesse ?... songez plutôt à vos affaires. (Lui montrant deux fermiers qui entrent par le fond.) Voilà maîtres Tony et Tintmouth, deux fermiers de milord, qui viennent avec vous régler leurs comptes.

JEDEDIAH, aux deux fermiers.

C'est bien, mes enfants, je suis à vous... (Leur montrant la porte à côté de celle du fond.) Attendez-moi là... (Les deux fermiers entrent. A Jenny.) Toi, ma petite, songe à mes propositions...

DOROTHÉE, passant entre eux.

En v'là assez... (A Jenny.) Si vous vous amusez ainsi à écouter les enjôleurs, nous ne serons pas longtemps bien ensemble, il faut dans nos auberges une autre tenue que celle-là...

JENNY.

Mais, madame...

DOROTHÉE, sèchement.

Votre nom ?

JENNY.

Catherine !

DOROTHÉE.

Eh bien ! mamzelle Catherine, (Montrant la porte à droite.) allez là-dedans servir ces messieurs, et vous irez ensuite faire les lits et préparer votre chambre !

JENNY.

Comment, déjà ! (A part.) Ah !

DOROTHÉE.

Il faut bien voir si vous êtes bonne à quelque chose.

JENNY.

C'est juste ! (A part.) Heureusement, ce ne sera pas long ! (Avec réflexion.) Il va venir, il va venir et tout sera oublié. (Haut.) J'y vais, madame.

(Elle entre par la porte à droite.)

DOROTHÉE, se retournant, et apercevant encore Jedediah qui suit de l'œil Jenny, entrée dans la chambre à droite.

Eh ! bien !... qu'est-ce qu'il fait là en contemplation ?

JEDEDIAH, poussant un grand soupir.

Ah !

(Il entre dans la chambre où il a fait entrer les deux fermiers.)

SCÈNE IV.

DOROTHÉE, le contrefaisant.

Ah!... Encore une à qui il ferait une promesse de mariage ; ce M. Jedediah est étonnant, dès qu'il voit une jeunesse, il n'y tient plus... rien n'est plus dangereux que ces vieux garçons ! aussi, si jamais on m'y reprend... (On entend parler très-haut au dehors.) Ah! c'est John !

SCÈNE V.

JOHN GRIPP, DOROTHÉE.

JOHN, entrant avec mauvaise humeur.

Par l'âme de mon père, que le diable puisse les emporter !

DOROTHÉE.

Bonjour, monsieur John...

JOHN.

Bonjour... et à boire !

DOROTHÉE.

Après qui jurez-vous donc ainsi ?

JOHN.

Après vos damnés chemins, où j'ai manqué de rester, moi et ma jument.

(Il jette son fouet et son chapeau sur une chaise au fond du théâtre.)

DOROTHÉE.

Pourquoi aussi revenez-vous si tard ?

JOHN.

Est-ce que je ne suis pas mon maître ?

DOROTHÉE.

Comme il est aimable ! prenez donc intérêt à lui !

JOHN.

Eh ! qui diable vous prie de prendre intérêt à moi ? Donnez-moi à souper... c'est tout ce que je vous demande, car je meurs de faim. Quant à ce qui est d'être aimable, nous verrons plus tard, quand j'aurai le temps, mais dans ce moment je n'y pense guère !

DOROTHÉE.

Est-ce que vos bestiaux ne se sont pas bien vendus au marché ?

JOHN.

Très-bien !

DOROTHÉE.

Les affaires ont donc été bonnes ?

JOHN.

Oui...

DOROTHÉE.

Vous dites ça comme si elles avaient été mauvaises.

JOHN.

C'est qu'elles sont mauvaises... ces imbéciles-là m'ont payé comptant... ils m'ont donné des guinées... et moi quand j'ai des guinées dans ma poche !...

DOROTHÉE.

Vous avez encore joué !...

JOHN.

Eh ! que voulez-vous qu'on fasse après le marché ? surtout quand les autres fermiers sont tous là à jouer à la boule... à vous exciter et à parier... moi, je ne suis pas méchant...

DOROTHÉE.

Je le sais bien.

JOHN, s'arrêtant.

Et pourquoi cela?

DOROTHÉE.

Il ne compte plus sur les deux cents guinées que vous lui avez promises...

JOHN, revenant vivement auprès de Dorothée.

Du silence... qui diable a pu vous apprendre?...

DOROTHÉE.

Est-ce que je ne sais pas tout?... votre bail vient d'expirer pour la ferme de Kendal... un bail qui serait susceptible d'une grosse augmentation; et au lieu de cela le régisseur Jedediah a promis de vous faire avoir un nouveau bail de douze ans, avec une forte diminution... ce qui dans les mains d'un homme d'ordre serait une fortune superbe...

JOHN.

Je le sais mieux que vous!

DOROTHÉE.

Ce qui lui permettrait, dans douze ans, de se retirer dans ses propres domaines et de devenir, à son tour, un riche propriétaire.

JOHN.

C'est bien mon idée.

DOROTHÉE.

Eh bien! mon cher John, il faut y renoncer.

JOHN.

Et pourquoi cela?

DOROTHÉE.

Parce que vous n'aurez pas le bail.

JOHN.

Jedediah me l'a promis pour deux cents guinées... je le tuerais s'il manquait à sa parole!

DOROTHÉE.

Et s'il ne pouvait pas la tenir?... si lord Wolsey, le nouveau maître du château, lui avait ordonné d'en disposer en faveur d'une autre personne à laquelle il porte intérêt?

JOHN.

Quelle indignité!... une personne sans délicatesse qui aura été intriguer auprès du milord.

DOROTHÉE.

Comme vous auprès du régisseur!

JOHN.

Et si je connaissais seulement cette personne-là...

DOROTHÉE.

C'est moi!

JOHN.

Vous, mistress Dorothée!... c'est vous qui m'enlevez mon bail! on le donne à vous... à une femme!

DOROTHÉE.

Je peux prendre un mari! rien ne s'y oppose... et quand on saura que je suis la fermière de Kendal, les épouseurs ne me manqueront pas.

JOHN, avec désespoir.

Je crois bien! une si belle ferme!

DOROTHÉE.

Ils viendront me demander ma main.

JOHN, de même.

De si bonnes terres, qui peuvent rapporter le double de ce qu'elles donnent!

DOROTHÉE.

Ils me presseront tous de faire un choix.

JOHN, de même.

Parbleu!... des bestiaux en si bon état, et se voir enlever tout cela!

DOROTHÉE.

Il ne tient qu'à vous... de les en empêcher.

JOHN.

C'est ça ! vous y v'là encore !... quand je disais qu'elle y tenait et qu'elle y revenait toujours.

DOROTHÉE.

Moi, du tout, je n'insiste pas... et dès demain j'aurai pris mon parti... ainsi, dès aujourd'hui, prenez le vôtre... oui ou non, et tout sera dit.

JOHN.

A-t-on jamais vu une position semblable ! (s'approchant d'elle.) Voyons, ma petite Dorothée, il n'y aurait pas moyen autrement ?

DOROTHÉE, avec fierté.

Que voulez-vous dire ?

JOHN.

Je dis... à des conditions moins rigoureuses... je t'aimerai tant, Dorothée, que mon amour pourra te dédommager...

DOROTHÉE.

Et de quoi ? tous les avantages sont pour vous !

JOHN.

En un sens, je ne dis pas... mais dans l'autre...

DOROTHÉE.

Je ne vois que des bénéfices ; nous réunissons l'auberge et la femme.

AIR du vaudeville de *Voltaire chez Ninon*.

Vous n'aimez pas à travailler,
De vous remplacer je m' propose ;
Je m'charge de tout surveiller,
Pendant que monsieur se repose...
Parler, agir et commander,
Voilà quell' tâch' sera la mienne !
Vous n'aurez qu'à me regarder...

JOHN, la regardant.

C' n'est pas elle qu'aura le plus de peine !

DOROTHÉE.

Du reste, aucun embarras pour vous, aucun souci.

JOHN.

C'est vrai.

DOROTHÉE.

Si ce n'est de boire et de rire avec vos amis.

JOHN.

C'est vrai... par malheur, Dorothée, vous n'avez guère d'argent comptant.

DOROTHÉE.

Et les deux cents guinées qu'il faudrait donner à Jedediah, et qui vous restent... c'est ça que je vous apporte; et de plus une ferme superbe.

JOHN, se décidant.

C'est ma foi vrai!... au petit bonheur! arrivera ce qui pourra... (Lui tendant la main.) Affaire faite...

DOROTHÉE, la prenant.

Et conclue...

JOHN.

Et alors qu'on me donne à souper! un bon souper, et une bouteille de vin!... ça étourdit!

DOROTHÉE.

A l'instant même.

JOHN, allant à gauche et frappant sur la table.

Et dépêchons... les garçons, la fille, il n'y en a jamais ici.

DOROTHÉE.

C'est ce qui vous trompe, je viens de retenir une jeune servante que vous adresse M. Hapefort, le constable; elle s'est recommandée de vous!

JOHN.

De moi, ou du diable, peu importe!... pourvu qu'elle me donne à souper et qu'elle ne me fasse pas attendre.

DOROTHÉE.

Je vais vous l'envoyer... Adieu, John.
(Elle va vers la chambre à droite.)

JOHN.

Adieu, Dorothée. (La regardant.) Plus je la regarde... (Avec tendresse.) Dorothée!...

DOROTHÉE, s'arrêtant et regardant John.

Quoi?

JOHN.

Envoie-moi deux bouteilles.
(Dorothée entre dans la chambre à droite.)

SCÈNE VI.

JOHN seul.

Il faut bien ça... car l'épouser pour garder ma ferme... ça n'est pas agréable... Il est vrai qu'il aurait fallu donner à mon ami Jedediah deux cents guinées que je garde, c'est une économie, comme elle dit... oui, une économie qui coûte cher. Et puis, après tout, une fois la noce faite, si ma femme m'ennuie, rien ne m'empêche de l'envoyer promener... Ainsi, morbleu! vive la joie et le bon vin... quand j'en aurai... car on ne se presse pas d'arriver... Holà! Jeannette, Betty, Charlotte! enfin, v'là du monde, c'est bien heureux!

SCÈNE VII.

JENNY, apportant le souper, JOHN.

JOHN, toujours auprès de la table.

C'est la nouvelle servante!

JENNY, tout émue et tremblant de tous ses membres; à part.

C'est lui... le voilà!

JOHN.

Eh bien! qu'est-ce qui lui prend donc? elle va jeter le souper par terre. (Il lui prend le plat des mains et le met sur la table.) Pas de bêtises, au moins!

JENNY, à part.

Comment? il ne me reconnaît pas... (Haut.) John...

JOHN.

Cette voix... cette émotion... et ces traits... que j'ai déjà vus... que je connais... Mais non, ce n'est pas possible!...

JENNY.

Eh! si vraiment!... c'est moi.

(Ils se jettent dans les bras l'un de l'autre.)

JENNY.

John! mon cher John!... tu ne m'as donc pas oubliée...

JOHN.

Moi! ah, bien oui... je parlais encore de toi l'autre jour à mon oncle.

JENNY.

Bien vrai?

JOHN.

Je lui disais : « Conçoit-on que c'te petite Catherine qui était si gentille, qui aurait si bien achalandé la maison... soit ainsi disparue? » Vrai, ça a été une perte pour nous...

JENNY.

Pour toi, du moins?

JOHN.

Et une fameuse!... au point qu'à la mort de mon père, j'ai renoncé à faire valoir l'auberge... je l'ai louée.

JENNY.

Je le sais bien... et tu as eu raison... Ces lieux que nous avons habités ensemble devaient te paraître si tristes... comme à moi tout à l'heure pendant que je t'attendais.

JOHN.

Tu m'attendais ! ma pauvre Catherine !... Et au moins, a-t-on eu soin de toi? as-tu pris quelque chose ?

JENNY.

Je n'avais besoin de rien... que de te revoir, John !

JOHN.

Ça ne m'étonne pas, tu as toujours été un bon cœur, une bonne enfant : mais que je te regarde encore ! comme te v'là grande et gentille... comme t'es formée... te v'là une demoiselle à marier... Voyez un peu comme ça pousse en quatre ans ?

JENNY.

Il y en a bien cinq.

JOHN.

Crois-tu ?... dame ! c'est bien aisé à savoir... C'était à la Saint-Martin, l'année d'avant la mort de Robert Gripp, mon père, et nous sommes maintenant...

JENNY.

Il y a bien cinq années, te dis-je !... j'ai trop bien compté tous les instants. Et quel a dû être ton étonnement, ton effroi, lorsque tu ne m'as plus revue !...

JOHN.

Pardieu !... ils m'avaient enfermé dans le cellier dont je n'ai pas pu briser la porte... sans cela ils me l'auraient payé !

JENNY.

Tu m'aurais défendue !

JOHN.

Oui, morbleu, par saint Georges !... et que je ne touche de ma vie un verre de vin, si je ne les ai pas poursuivis après, pendant deux lieues, que j'en étais en nage, quoi !... et que j'en ai eu une veste neuve quasiment perdue ; c'est comme je te le dis, à ne pouvoir plus la remettre.

13.

JENNY.

Mon pauvre John !

JOHN.

Et toi, Catherine... qu'est-ce que t'es devenue ? Qu'est-ce qui t'est arrivé ?

JENNY.

J'en ai bien long à te raconter... et je vais te dire tout cela... d'abord, tu sauras...

(Elle va commencer son récit.)

JOHN, l'interrompant.

A la bonne heure ! mais si ça t'est égal... après souper...

JENNY.

Comment ?

JOHN.

C'est que je meurs de faim.

JENNY.

Est-il possible !

JOHN.

J'ai un appétit d'enragé...

JENNY, le regardant.

Ah ! je suis fâchée que tu aies faim.

JOHN.

Et moi aussi... j'aimerais mieux ne pas avoir faim... ça prouverait que j'ai soupé ; mais ça ne sera pas long... Mets vite le couvert.

(Il passe à sa droite.)

JENNY.

Comment ?... ah ! c'est juste. (Elle va prendre la table qu'elle place avec effort au milieu du théâtre. — A part.) Quoi ! il ne m'aide pas ?... ah ! que c'est lourd !

JOHN.

C'est bien !... maintenant, mets le couvert... Mets-en deux ! car je ne suis pas fier... tu t'assoieras à côté de moi, le maître et la servante... ça t'étonne!... il n'y a pas de quoi. Je ne suis pas changé, je suis toujours bon enfant et nous allons ensemble... comme autrefois...

JENNY.

Oui... oui, comme autrefois !

JOHN.

Je parie que t'as oublié où c'qu'on met la nappe?

JENNY.

Oh! que non, tu vas voir... (Courant au petit buffet.) Là...
(Elle prend une nappe, ensuite des assiettes qu'elle place sur la table.)

JOHN, debout près du comptoir et la regardant.

Tout juste...

JENNY, étendant la nappe sur la table.

Ah! mon Dieu! qu'est-ce que c'est que ça? comme c'est gros !

JOHN.

C'te nappe-là, c'est superbe !... de tout le pays, c'est ici qu'est le plus beau linge...

JENNY.

C'est possible !... où est l'argenterie?

JOHN.

L'argenterie !... Ah ça ! tu es folle ? il n'y en a pas plus maintenant qu'autrefois.

JENNY.

Tiens ! c'est vrai... (Montrant des cuillers d'étain.) Mais au fait, on doit manger aussi bien avec ça. (Servant les deux plats qu'elle a apportés.) Là ! tout est prêt ! à table !

JOHN.

A table !
(Ils s'asseoient tous les deux ; Jenny à la droite de John, sur un tabouret de bois.)

JENNY, se relevant vivement.

Ah ! mon Dieu !

JOHN.

Qu'est-ce qui te prend?

JENNY.

C'est que...

JOHN.

Ce tabouret est un peu dur, n'est-ce pas? Eh bien! va chercher une chaise!

JENNY, en va prendre une et s'asseoit.

C'est à peu près la même chose.

JOHN.

T'es devenue bien douillette... verse-moi tout plein. (Elle remplit le verre de John.) Quand t'es partie, Catherine, t'en souviens-tu? mon père ne voulait quasi pas m' laisser boire de la bière... Aussi, quand nous pouvions en escamoter une bouteille à nous deux...

JENNY.

Fi donc!

JOHN.

A présent, c'est plus ça... l'ale, le porter, tout y passe, et souvent même du vin... comme un milord... je suis le plus fort buveur du pays... A ta santé... est-ce que tu ne bois pas?...

JENNY.

Non, John... je ne bois que de l'eau.

JOHN.

Ah! comme t'es changée!

JENNY, en soupirant.

Et toi aussi, un peu! (Elle a fini ce qui était sur son assiette, et elle la lève comme pour la donner à un domestique qui se tiendrait debout derrière elle. Voyant qu'on ne la prend pas, elle dit avec impatience.) Eh bien!

JOHN.

Eh bien... qu'est-ce que tu fais donc comme ça l'bras en l'air?

JENNY, se remettant aussitôt.

Rien... rien... je croyais qu'il y avait là quelqu'un... ou quelque chose pour recevoir cette assiette.

JOHN.

C'te bêtise!... Eh bien! qu'est-ce que tu cherches?

JENNY.

Une serviette!...

JOHN, s'essuyant la bouche avec la main.

Eh! à quoi bon?

JENNY, le regardant.

O ciel!

JOHN.

Qu'est-ce que t'as?

JENNY, s'essuyant avec son mouchoir.

Rien! j'ai tort!

JOHN.

Que diable de manières as-tu prises?... ce n'est pas là des façons convenables! ça n'est pas bon ton!... veux-tu un peu de poisson... là, à côté de ton rosbif?

JENNY.

Merci!... je n'ai plus faim.

JOHN.

Moi, ça redouble.

JENNY.

Pourvu que je sois là près de toi... à te regarder... Parle-moi un peu de nos anciennes connaissances. La petite Nelly, la blonde, qu'est-elle devenue?

JOHN.

Elle est devenue rousse, et puis elle a épousé le colporteur, qui s'est établi mercier au bas du village ; ils ont un tas d'enfants, ils sont malheureux comme les pierres ! Passe-moi le fromage !

JENNY.

Ah ! mon Dieu ! les pauvres gens !... Et le père Tom Dick qui nous faisait danser aux fêtes de Noël ?

JOHN.

Il vient de mourir à l'hôpital !... Donne-moi donc à boire !

JENNY.

Quel malheur ! un si brave homme !

JOHN.

Est-elle drôle ! où voulais-tu qu'il mourût ?

JENNY.

J'aurais voulu lui donner des secours, lui faire une pension.

JOHN.

Pour ça faut être riche, avoir des guinées... et le peu qu'on a, on le garde pour soi.

JENNY.

Est-il possible !

JOHN.

Comme de juste ! (Levant son verre.) A ton tour, mon enfant !

JENNY, lui arrêtant le bras.

C'est trop, John !

JOHN.

AIR du vaudeville de *Turenne*.

Va, ne crains rien, bien boire est ma science !
Plus d'une bouteille y pss'ra, Dieu merci !
Verse toujours !... voilà que je commence !
 (Regardant le verre qu'il tient à la main.)
Salut à toi !... mon verre !... mon ami !
Je t'aime tant, quand je te vois rempli !
O toi ! par qui gaîment le temps s'écoule,

Dans mon sein où j' vais te verser,
Entr', mon garçon ! tâch' de te bien placer,
Vu que ce soir y aura foule !

(Il boit.)

JENNY.

En vérité, John, vous vous ferez mal !

JOHN.

N'aie donc pas peur, ma petite Catherine...
(Il est près d'elle et la serre dans ses bras.)

SCÈNE VIII.

DOROTHÉE, JOHN, JENNY.

DOROTHÉE, parlant en dedans.

Oui, oui, monsieur Jedediah, c'est une affaire conclue et arrangée. (Elle entre.) Eh bien ! est-ce qu'on ne se couche pas, aujourd'hui ?... v'là tout à l'heure minuit.

JOHN.

Fallait bien le temps de souper.
(Jenny et John portent la table au fond du théâtre.)

DOROTHÉE.

Votre chambre est prête, monsieur John !... c'est de ce côté.

(Montrant la porte à droite.)

JOHN.

C'est bon ! on y va !... Et Catherine ?...

DOROTHÉE.

Ne vous en inquiétez pas... (Remettant à Jenny un bougeoir.) Tenez, mon enfant.

JENNY, prenant le bougeoir avec dégoût, à part.

Ah ! mon Dieu !... du suif !

DOROTHÉE.

Qu'est-ce que c'est ?

JENNY, timidement.

Rien... Je dis que ça sent le suif.

DOROTHÉE.

Pardine!... c'en est. (Montrant la porte à gauche.) Voilà votre chambre.

JENNY, ouvrant la porte et regardant.

Quoi! ce grabat.

DOROTHÉE.

Un grabat!... Toutes les servantes qui l'occupaient avant vous s'y trouvaient à merveille : quatre planches, un matelas, une chaise.

JENNY.

A peine si on peut y respirer.

DOROTHÉE.

On ouvre la fenêtre... il y en a une sur la campagne.

JOHN.

C'est un vrai boudoir!

JENNY, avec un soupir, s'approchant de John.

John! je ne peux pas rester ici, j'y mourrais!... dès demain nous irons à la ferme.

JOHN, de même.

Comme tu voudras.

DOROTHÉE, les regardant.

Hein? qu'est-ce que c'est? qu'avez-vous là à chuchoter?

JOHN.

Rien... elle me parle.

DOROTHÉE.

Qu'est-ce qu'elle vous dit?

JENNY, avec impatience.

Que lui importe?... est-ce que cela la regarde?

DOROTHÉE.

Qu'est-ce que c'est que ce ton-là? Oui, mademoiselle, cela

me regarde, parce que je suis la maîtresse et que vous êtes la servante... et je n'entends pas qu'à l'avenir vous ayez des familiarités pareilles avec mon mari.

JENNY.

Son mari !

JOHN, à Dorothée.

C'est-à-dire, permettez...

DOROTHÉE.

C'est tout de même... fiancés d'aujourd'hui.

(On entend appeler dans la chambre à droite.)

JENNY, à John.

Est-il possible !

JOHN, à demi-voix.

Sois donc tranquille, ne t'inquiète pas. (Bruit dans la coulisse. Musique. On entend de nouveau appeler dans la chambre à droite, frapper sur la table et les verres.) Eh bien ! eh bien ! entendez-vous ce tapage?... ce sont vos convives qui s'apprêtent à partir, et qui demandent le coup de l'étrier.

DOROTHÉE.

Eh bien! on y va. (A Jenny.) Et vous restez là... debout... immobile?...

JOHN.

Est-ce qu'elle sait où sont les clefs de la cave?

DOROTHÉE.

C'est juste, c'est moi qui les ai... je ne les confie à personne... et pour cause. (Le bruit redouble.) On y va, on y va ! Sont-ils altérés !

(Elle sort par la droite.)

SCÈNE IX.

JOHN, JENNY.

JENNY, à elle-même.

Fiancé d'aujourd'hui! il ne savait pas que je reviendrais; c'est égal. (A John.) Qu'est-ce que je viens d'apprendre? Vous, monsieur John, fiancé à cette vilaine femme-là!

JOHN.

Ce n'est pas ma faute, Catherine, c'est malgré moi; j'y étais forcé, je ne pouvais pas faire autrement.

JENNY.

Et comment cela?

JOHN.

Je m'en vais te l'expliquer, parce que, toi, tu as de l'esprit, et tu comprends les choses. Je tenais une ferme, qui maintenant est à peu près toute ma fortune... elle appartient à lord Wolsey...

JENNY, avec émotion.

Lord Wolsey!

JOHN.

Un riche seigneur que tu ne connais pas.

JENNY.

Si, vraiment; je te dirai cela, va toujours.

JOHN.

Le bail est expiré... et j'allais le ravoir avec une diminution...

JENNY.

Il était donc trop cher?

JOHN.

Au contraire, il aurait dû être augmenté; mais moyennant deux cents guinées de pot-de-vin, que je donnais à M. Jedediah, le régisseur...

JENNY.

O ciel! M. Jedediah trompait donc milord!

JOHN.

Cela ne me regardait pas.

JENNY.

Si, vraiment, puisque tu en profitais... et ce n'était pas bien, ce n'était pas digne de toi.

JOHN.

Si, ma foi! car c'était une fameuse affaire; d'ailleurs, milord est si riche!... c'est de bonne guerre, c'est de franc jeu... chacun pour soi; mais, malgré tout ça... je ne l'ai pas eu.

JENNY, lui tendant la main.

Tant mieux!

JOHN.

Parce que je n'ai pas pu; c'est cette mistress Dorothée qui l'a obtenu... et qui est venue me dire : « Promettez-moi de m'épouser, et vous aurez la ferme. »

JENNY.

Et tu as refusé bien vite?

JOHN.

En refusant j'étais ruiné.

JENNY.

Eh bien! qu'importe?

JOHN.

Comment qu'importe? tu ne comprends donc pas?... Je vais t'expliquer de nouveau...

JENNY.

C'est inutile!... moi qui te parle, John, j'avais aussi une belle fortune, et je l'ai abandonnée, j'y ai renoncé sans regret.

JOHN.

Pourquoi donc?

JENNY.

Pour venir près de toi.

JOHN.

C'te bêtise!... fallait donc me l'apporter... moi, ça m'aurait dispensé d'épouser Dorothée.

JENNY.

L'épouser! tu y penses encore, depuis que tu m'as vue... quand je suis là, près de toi?

JOHN.

Qu'est-ce que ça peut te faire, puisque je ne l'aime pas, au contraire, je la déteste... je ne peux pas la souffrir! et ça fera bientôt un ménage à la diable... ce ne sera pas long.

JENNY.

Et c'est pour elle que vous renoncez à moi!

JOHN.

Renoncer à toi!... plutôt mourir, car depuis que je t'ai revue, ça m'a repris... je t'aime bien plus qu'autrefois... je t'aime comme un enragé.

JENNY.

Eh bien, alors?

JOHN.

Eh bien!

JENNY.

Eh bien?

JOHN.

Eh bien! ça n'empêche pas.

JENNY.

Comment? ça n'empêche pas...

JOHN.

Non vraiment!... et tu ne comprends donc rien! elle sera

ma femme, parce qu'elle a la ferme ; mais tu seras ma bonne amie, toi... parce que je t'aime.

JENNY, à part.

O ciel !... je l'ai voulu, je l'ai mérité... (Haut.) Adieu !

JOHN.

Où vas-tu donc ?

JENNY.

Laissez-moi.

JOHN.

Non, parbleu !... Qu'est-ce que c'est que ces manières, et à quoi ça sert ?...

AIR : Assez dormir, ma belle. (Monrou.)

Allons, n'sois pas rebelle ;
Un seul baiser, ma belle,
Ton amour est mon bien...
Oui, nos cœurs sont les mêmes,
Et puisqu'enfin tu m'aimes,
Que ça n' soit pas pour rien !

JENNY, effrayée.

A l'honneur j'en appelle,
Vous y serez fidèle,
Votre cœur m'entendra !

JOHN.

Quand d'amour tu m'embrases,
N' vas-tu pas fair' des phrases ?
On n' te demand' pas ça.

Ensemble.

JOHN.

Ne fais pas la cruelle ;
Un seul baiser, ma belle,
Ton amour est mon bien...
Oui, nos cœurs sont les mêmes,
Et puisqu'enfin tu m'aimes,
Que ça n'soit pas pour rien !

JENNY.
Ma voix en vain l'appelle;
A l'honneur infidèle,
Son cœur n'écoute rien...
Ah! je me hais moi-même;
O désespoir extrême!
Quel destin est le mien!

(A la fin de cet ensemble, John embrasse Jenny qui cherche en vain à se défendre.)

SCÈNE X.

Les mêmes; DOROTHÉE.

DOROTHÉE, sortant de la chambre à droite et apercevant John qui veut embrasser Jenny.

Eh bien! par exemple, qu'est-ce que c'est qu'une conduite pareille?

JOHN.

Ah! mon Dieu!... ma fiancée!

DOROTHÉE.

Je me doutais bien qu'elle venait ici avec des intentions; mais je ne souffrirai pas qu'une petite misérable que j'ai reçue par charité vienne porter le désordre dans mon ménage.

JENNY.

Quoi! madame? vous pourriez supposer...

DOROTHÉE.

Voyez donc cet air de princesse... Heureusement, la belle inconnue, on sait qui vous êtes. (Trouble de Jenny.) Sir Hapefort, le constable, dont vous vous êtes réclamée et qui était en course cette nuit, vient d'entrer se reposer à l'auberge; il ne vous a jamais donné de lettre; il ne vous connaît seulement pas.

JOHN.

Eh bien! qu'est-ce que ça fait? moi, je la connais.

DOROTHÉE.

C'est une intrigante, une vagabonde.

JOHN.

Dorothée! de la modération.

DOROTHÉE.

Et pour la sûreté de ma maison, j'ai demandé qu'on l'arrêtât.

JENNY.

M'arrêter? ô ciel!

JOHN.

Je ne le souffrirai pas, quand je devrais étrangler le constable!... Le premier qui entre, je l'étrangle. (En ce moment Jedediah entre; mais, le reconnaissant, il dit :) Ah! c'est vous, mon bon ami, vous êtes bien heureux de ne pas être le constable...

SCÈNE XI.

Les mêmes; JEDEDIAH.

JEDEDIAH.

Qu'est-ce que vous faites là? courez donc vite, un événement : lord Wolsey...

JENNY, à part.

O ciel!

JEDEDIAH.

Il revenait de la ville, d'une fête qu'on lui avait donnée; et près d'ici, dans un des fossés qui longent la route, son postillon l'a versé.

JENNY.

Il est blessé?

JEDEDIAH.

Du tout, mais il est à pied; et pendant qu'on relève sa

voiture, il entre se reposer chez vous ; il est là qui cause avec le constable.

DOROTHÉE.

Courons le recevoir.

(Elle sort avec Jedediah ; John les suit.)

JENNY.

Et moi, que devenir, s'il m'aperçoit, s'il me reconnaît? et ce constable qui me menace ! Ah! c'est fait de moi !

(Elle s'élance dans le cabinet à gauche.)

JOHN, rentrant et voyant Jenny entrer précipitamment dans le cabinet.

Eh bien ! où va-t-elle donc ?

SCÈNE XII.

JEDEDIAH, LORD WOLSEY, DOROTHÉE, JOHN, DOMESTIQUES, VILLAGEOIS et VILLAGEOISES.

AIR FINAL.

Musique de M. HORMILLE.

Ensemble.

JEDEDIAH, DOROTHÉE, JOHN et LE CHŒUR.

Grand Dieu ! quelle aventure !
Je tremblais de frayeur ;
Mais mon cœur se rassure
En voyant monseigneur !

WOLSEY.

Que chacun se rassure,
Calmez votre frayeur..
Il ne m'est, je vous jure,
Arrivé nul malheur.

(Il s'assied sur une chaise que lui présente Dorothée.)

De votre zèle secourable,
Ah ! grand merci... Mais, quelle était
Cette affaire dont le constable
A l'instant même me parlait ?

DOROTHÉE.
Ce n'est rien, c'est une servante...
JEDEDIAH.
Une jeune fille charmante...
JOHN.
Qu'on veut arrêter...
WOLSEY.
Mais encor,
De quel crime est-elle coupable ?
JOHN.
Ell' n'a rien fait... c'est une fable.
WOLSEY.
Ne puis-je la voir ?
JOHN.
Oui, milord.
(Montrant le cabinet.)
C'est là qu'elle est.
DOROTHÉE.
Quand on n'est pas coupable,
De s'cacher on n'a pas besoin.
JOHN, allant ouvrir la porte.
Par Saint George ! elle n'est pas loin.
(Regardant dans le cabinet.)
Ciel ! elle a disparu.
DOROTHÉE.
Par où ?
JEDEDIAH, regardant aussi.
Par la fenêtre
Qu'elle a laissée ouverte...
DOROTHÉE.
Et qui donn' sur les champs.
WOLSEY.
Elle s'est évadée ?
DOROTHÉE.
En emportant peut-être
Mes effets.

JOHN.

Laissez donc!

JEDEDIAH, se frottant les mains.

Ah! que d'événements!

Ensemble.

DOROTHÉE, JEDEDIAH et LE CHOEUR.

Grand Dieu! quelle aventure!
Partons, suivons ses pas;
Malgré la nuit obscure,
Ell' n'échappera pas;
Oui, dans la nuit obscure,
Partons, suivons ses pas.

JOHN.

Grand Dieu! quelle aventure!
Que je la plains, hélas!
C'est lui faire une injure,
Qu'ell' ne mérite pas...
Oui, dans la nuit obscure,
Partons, suivons ses pas.

WOLSEY.

L'étonnante aventure!
Quel bruit et quel fracas!
Mais dans la nuit obscure,
Ils vont perdre leurs pas.

(Ils sortent tous en désordre.)

ACTE DEUXIÈME

TROISIÈME PARTIE.

Même décor qu'à la première partie.

SCÈNE PREMIÈRE.

JENNY, dans ses habits de paysanne, entrant vivement par la porte à gauche, qu'elle referme, et courant se jeter sur le fauteuil qui est auprès du guéridon à droite.

Je suis sauvée ! personne ne m'a vue rentrer ! quelle nuit, bon Dieu !... et que j'ai eu peur !... Obligée de fuir à travers les champs... craignant toujours d'être poursuivie, et arrivée à ce parc, où je me croyais en sûreté... perdue dans ses nombreuses allées, que je connais à peine ; enfin, j'ai retrouvé le sentier qui conduisait à ce pavillon, et grâce à la clef que milord m'avait donnée hier... (Elle se lève et regarde autour d'elle.) Je suis donc chez moi ! oui, m'y voilà ! ce n'est point un rêve ! qu'avec plaisir mes yeux se reportent sur tout ce qui m'entoure ! que tout cela est élégant et de bon goût ! et quand je pense à cette taverne sombre et enfumée... et à ceux qui l'habitent, à leurs manières, à leurs propos, aux sentiments qui les animent... où étais-je, mon Dieu !... dans un enfer, dans un monde horrible, effrayant, hideux à voir. Ah ! que j'étais malheureuse ! et s'il fallait être condamnée à y vivre... plutôt mourir !... Oh ! oui, la mort vaut mieux !... Mais, grâce au ciel ! tout cela est dissipé... je renais, je respire !... Qui vient là ?... Sarah !... ma bonne Sarah... quel bonheur !

SCÈNE II.

SARAH, JENNY.

SARAH.

Qu'avez-vous donc, mademoiselle?

JENNY.

Rien... (Lui prenant les mains.) C'est bien elle! (A part.) J'ai toujours peur de voir entrer mistress Dorothée.

SARAH.

Déjà levée... au point du jour?

JENNY.

Oui, je ne pouvais dormir.

SARAH.

Je le vois bien... et ces habits que vous avez là me prouvent que vos vilaines idées vous occupent toujours.

JENNY, avec embarras.

Non, j'essayais ce matin ce costume; je ne sais pourquoi, un caprice, un souvenir... le dernier sans doute.

SARAH, vivement.

Dites-vous vrai?

JENNY.

Je te le jure; j'y pense pour la dernière fois.

SARAH.

Quel bonheur!... et comment cela se fait-il?... vous qui, hier encore...

JENNY, vivement.

Ah! c'est que depuis hier... c'est que cette nuit... (Se reprenant.) un rêve, un rêve affreux, auquel je ne peux penser encore sans effroi, m'a fait voir de près ce que de loin mon imagination m'avait montré si brillant et si beau!... J'étais folle!... et maintenant que j'y pense, j'ai tort de leur en vouloir.

SARAH.

Et à qui donc?

JENNY, sans écouter Sarah et sans la regarder.

Ils sont ce qu'ils doivent être, ce qu'ils ont toujours été... ce ne sont pas eux, c'est moi qui suis changée; (A Sarah.) les soins qui m'entouraient, l'éducation que j'ai reçue, m'ont donné une autre existence, des pensées plus généreuses, de meilleurs sentiments, peut-être... et je dois en remercier, je dois en aimer encore plus celui à qui je dois tant de bienfaits.

SARAH.

Vous avez raison... et quoique je ne comprenne pas bien encore comment ce changement-là est arrivé...

JENNY.

Tant mieux, tant mieux! je ne sais où j'ai l'esprit en te racontant tout cela; n'en parle à personne, et garde-moi bien le secret.

SARAH.

Je vous le promets.

JENNY.

Mais je ne veux pas que milord me voie sous ce costume... Je passe dans mon appartement.

SARAH.

Oui, mamzelle!

JENNY.

Viens m'y rejoindre, j'aurai besoin de toi.

SARAH.

Je vous suis, le temps de mettre cette chambre en ordre.

JENNY.

Ah! quel bonheur!

SARAH.

Soyez donc tranquille. (Jenny entre par la porte à droite.) Il faut convenir qu'elle a fait là un rêve bien heureux.

AIR du vaudeville de *l'Homme vert.*

Voilà pour elle, quand j'y pense,
Un' bien bonn' nuit, un bon sommeil!
D' sa foli', d' son extravagance
Ell' s' trouv' corrigée au réveil!
D'autr' pensées en son cœur s'élèvent!...
Ah! quel bonheur pour not' pays
Si tous les insensés qui rêvent
Pouvaient se réveiller guéris!

C'est milord!...

SCÈNE III.

SARAH, LORD WOLSEY.

WOLSEY.

Tu me vois de bien bonne heure, Sarah; mais je t'avoue que je n'ai pas dormi, que je ne puis rester en place... et t'ayant vue entrer chez ta maîtresse, je suis venu savoir si elle était éveillée.

SARAH.

Oui, milord.

WOLSEY.

Si elle pouvait me recevoir.

SARAH.

Pas encore... Elle s'habille.

WOLSEY.

Tâche qu'elle se dépêche... il me tarde tant d'apprendre sa décision, de connaître sa réponse!

SARAH.

C'est bien naturel... et pour ma part je ne peux pas lire dans la pensée de mademoiselle... mais j'ai idée que la réponse sera bonne.

WOLSEY.

Dis-tu vrai?... Je ne pourrais jamais assez payer une pareille nouvelle... mais de grâce, qu'elle ne me fasse pas languir; car, moi, qui d'ordinaire suis calme et de sang-froid, j'aurais peut-être de la force et du courage contre un grand malheur... mais je n'en ai pas pour commander à l'impatience et à l'agitation que j'éprouve... Va, Sarah... va vite...

SARAH.

Oui, milord!... (A part.) Pauvre homme... qu'il va être content!

(Elle sort par la droite.)

SCÈNE IV.

WOLSEY, seul.

En vérité je suis honteux de ma faiblesse; mais quel homme serait plus raisonnable que moi? prêt à posséder ou à perdre pour jamais un trésor dont je connais seul tout le prix... car j'ai vu croître et se développer sous mes yeux tant d'attraits, tant de vertus, tant d'heureuses qualités!... et cette exaltation même que je lui reproche parfois ajoute encore un nouveau charme à ce caractère si candide et si naïf... Oui, je l'ai juré, c'est à Jenny que sera unie ma destinée... à elle ou à personne au monde!... Mais que les instants s'écoulent lentement!... cette nuit en rentrant... j'espérais trouver une lettre d'elle, que je n'ai pas reçue... (Il s'asseoit auprès de la table.) Est-ce bon ou mauvais signe?... et cette réponse si désirée... (Jetant les yeux sur la table.) Que vois-je!... son écriture... (Lisant.) « A lord Wolsey, à mon « bienfaiteur. » (Tenant la lettre.) Ah! je tremble... (Il se lève.) « A mon bienfaiteur. » A quoi bon?... c'est à mon époux... qu'il fallait dire. Allons, lisons... (Il lit la lettre tout bas.) O ciel!... (Il la relit encore.) Elle est décidée à quitter ce château... et à renoncer à mes bienfaits dont elle n'est pas

digne... car elle en aime un autre!... (Avec colère.) Un autre!...
Eh! qui donc?... (Cherchant à se calmer.) Allons... allons, que
vais-je faire? l'accabler de ma jalousie, de mes reproches...
m'avilir à ses yeux, moi qui lui demandais de la franchise...
Eh bien! elle m'a obéi... elle ne m'aime pas... elle en aime
un autre...

AIR : Un jeune Grec assis sur des tombeaux.

Et pourquoi donc en serais-je irrité ?
Suis-je de ceux qui veulent tout apprendre,
Vous demandent tout haut la vérité,
Et qui plus tard ne savent pas l'entendre?
De cet aveu naïf et sans détour,
   Mon cœur doit-il lui faire un crime ?
Non, non... soyons généreux à mon tour;
Si je n'ai pu mériter son amour,
   Méritons au moins son estime !

SCÈNE V.

SARAH, JENNY, sortant de la porte à droite, WOLSEY, dans un fauteuil, à gauche, auprès de la table.

SARAH.

Oui, mademoiselle, il est là qui vous attend; donnez-lui une bonne parole.

JENNY.

Je ne demande pas mieux; mais c'est si difficile à dire! ne me quitte pas, reste près de moi. (S'approchant timidement de Wolsey.) Milord, je ne m'attendais pas au plaisir de vous voir de si bonne heure.

WOLSEY, qui a tressailli en entendant sa voix, se lève et la salue froidement.

Je suis bien indiscret, peut-être.

JENNY.

Oh! jamais... vous savez bien que quand je vous vois je suis heureuse !

WOLSEY, froidement.

Je vous remercie !

JENNY, bas à Sarah.

Il n'a pas l'air content.

SARAH.

Dites-lui quelque chose de mieux encore.

JENNY, se rapproche de lui, et après un instant d'hésitation, lui dit.

Votre soirée d'hier a-t-elle été brillante ?

WOLSEY, toujours froidement.

Très-brillante.

JENNY.

Il ne vous est rien arrivé en route ?

WOLSEY, de même.

Un accident dont ce n'est pas la peine de vous parler.

JENNY, timidement.

Et pourquoi donc ? vous savez bien que tout ce qui vous concerne... (Avec émotion.) me touche et m'intéresse... (Plus tendrement.) que rien de vous ne peut m'être indifférent.

WOLSEY, froidement.

Oui, je connais votre bon cœur.

JENNY, bas à Sarah.

Il ne comprend pas ; je ne peux cependant dire mieux.

SARAH, de même.

Vous ne parlez pas assez clairement.

JENNY.

Tu crois ? (Se rapprochant de lui.) Milord...

WOLSEY, avec un peu d'impatience.

Eh bien !... que me voulez-vous ?

JENNY, avec embarras.

Je ne sais, j'aurais voulu vous dire, vous apprendre...

SARAH, l'encourageant tout bas.

C'est cela.

JENNY.

Ça n'est pas ma faute, milord, mais c'est si difficile à vous avouer !

SARAH, de même.

C'est bien.

WOLSEY, avec calme.

Je vous comprends, Jenny, ma présence vous embarrasse.

JENNY, naïvement.

C'est vrai.

WOLSEY.

Vous avez un secret que vous n'osez me confier.

JENNY.

Ah! milord.

WOLSEY, lui prend la main, elle s'arrête avec timidité.

AIR de Céline.

C'est un secret qui vous tourmente
Et pèse là, sur votre cœur !...

JENNY.

Oui, j'en conviens, je suis tremblante.

WOLSEY.

Et d'où vient donc cette frayeur
Que ma vue ici vous inspire,
Et qui semble vous dominer?

JENNY.

Hélas ! je n'ose vous le dire...
Ne pouvez-vous le deviner?

WOLSEY, à part.

Pauvre enfant! elle redoute ma colère, ou plutôt elle craint de me voir malheureux ! allons, ne soyons pas généreux à demi, ne lui laissons pas même la douleur d'un regret ou d'un remords. (Haut.) Jenny, écoutez-moi!

JENNY, s'approchant de lui vivement.

Me voici!

WOLSEY.

Depuis hier, j'ai réfléchi.

JENNY.

Et moi aussi!

WOLSEY.

J'ai vu combien il était peu sensé à moi de songer à vous épouser.

JENNY, à Sarah.

O ciel!

WOLSEY.

Ma raison, que j'ai fini par écouter, m'a démontré tous les inconvénients d'un pareil mariage, m'a prouvé que je ne devais plus vous aimer, du moins comme je faisais... et quand une résolution me paraît juste et raisonnable, vous le savez, Jenny, quoi qu'il m'en coûte, je sais la tenir... ainsi, mon enfant, que la crainte de m'affliger ou de me faire de la peine ne vous empêche pas de faire un choix... je vous rends votre liberté, comme je vous demande, de mon côté, à reprendre la mienne.

(Il va s'asseoir auprès de la table.)

JENNY, à Sarah.

Ah! c'est fait de moi!

SARAH.

V'là ce que c'est d'attendre si longtemps... les hommes font comme nous... ils changent d'idée!

JENNY, bas.

Que veux-tu que je lui dise maintenant?

SARAH, bas.

Rien... il ne veut plus! (Haut, et passant auprès de Wolsey.) Et cependant, tout à l'heure encore il me semblait que milord...

WOLSEY.

Il suffit, Sarah, laissez-nous! j'ai maintenant à parler en particulier à votre maîtresse.

SARAH.

Oui, milord... (A part, en s'en allant.) Ah! mon Dieu! quel dommage!...

(Elle sort par le fond.)

SCÈNE VI.

JENNY, WOLSEY.

WOLSEY, se levant.

Nous sommes seuls, Jenny, et vous pouvez parler sans crainte à votre ami, à votre père...

JENNY.

Qu'attendez-vous de moi, monsieur?

WOLSEY.

Que vous imitiez ma franchise... maintenant que la reconnaissance ne vous oblige plus à cacher vos véritables sentiments, il est tout naturel que je désire les connaître.

JENNY.

Que voulez-vous dire?

WOLSEY.

Que je viens ici comme votre conseil et votre tuteur, causer avec vous sur le choix que vous avez fait.

JENNY.

Moi! je n'en ai fait aucun, je vous le jure.

WOLSEY.

A quoi bon cette dissimulation? je ne vous reconnais pas là, Jenny... c'est la première fois de votre vie que vous ne me dites pas la vérité; voyez plutôt...

(Il lui montre la lettre.)

JENNY.

O ciel! ma lettre d'hier soir!

WOLSEY.

Je venais ici pour vous annoncer un changement de résolution, pour vous dire que je renonçais décidément à vous épouser, lorsque cette lettre a frappé mes yeux...

JENNY, à part.

O mon Dieu! (A Wolsey.) Vous l'avez lue?...

WOLSEY.

Le mal n'est pas bien grand... votre intention n'était peut-être pas de me l'envoyer encore ; mais je l'ai trouvée ici à mon adresse ; et, après tout, il aurait toujours fallu m'apprendre ce que vous m'écrivez là.

JENNY.

Jamais ! jamais !... ne croyez pas, milord...

WOLSEY.

Que vous puissiez aimer quelqu'un ?... Je vous ai dit, mon enfant, que cela ne m'offensait en aucune façon... et si, comme je n'en doute pas, c'est une personne qui mérite votre tendresse, une personne digne de votre choix...

JENNY, se tordant les mains.

Ah! je mourrai de honte!

WOLSEY.

Eh bien !... vous vous taisez... son nom?

JENNY.

On ne le saura jamais, ni vous, ni personne au monde... D'ailleurs, je vous l'ai dit, je ne l'aime pas, je ne l'aime plus.

WOLSEY.

Ce n'est guère probable. (Lisant la lettre.) « Je l'aime, je « l'adore... je ne puis vivre sans lui. » Vous m'écriviez cela hier soir ; nous voici au matin ; et ce n'est pas dans l'intervalle de quelques heures... ce n'est pas du jour au lendemain qu'une personne telle que vous peut changer de sentiments... des sentiments aussi violents... (Voyant Jenny qui s'est caché la tête dans ses mains.) Eh bien! Jenny, qu'est-ce que cela signifie? ce ne sont pas des pleurs, des sanglots que je vous demande, c'est la vérité... c'est le nom de celui que vous aimez.

JENNY, joignant les mains.

Oh! milord, milord, je suis une malheureuse et coupable créature... je ne suis pas digne de vos bontés... accablez-moi de votre colère, abandonnez-moi ; mais ne m'interrogez pas, ne me demandez rien, car je ne puis rien dire... et si vous deviez jamais connaître la vérité... je crois que je me tuerais.

WOLSEY.

C'en est trop! et une pareille obstination... (Jedediah paraît à la porte du fond.) Qui vient là? qui vient nous interrompre?

SCÈNE VII.

JENNY, WOLSEY, JEDEDIAH.

JEDEDIAH.

C'est moi, milord, votre régisseur Jedediah.

JENNY, à part.

O ciel!

WOLSEY.

Que voulez-vous?

JEDEDIAH.

Est-il vrai, comme on nous l'a dit, que ce château et ses dépendances appartiennent désormais à miss Jenny, votre pupille?

WOLSEY.

Sans doute.

JEDEDIAH.

C'est que j'aurais voulu vous parler du bail de la ferme... et d'autres détails d'administration.

WOLSEY, brusquement.

Cela ne me regarde plus, adressez-vous à elle. (Lui montrant Jenny.) Car la voici.

JEDEDIAH.

Mille pardons !... (Il passe en s'inclinant près de Jenny qui est à droite du théâtre et qui s'asseoit, en lui tournant à moitié le dos.) J'espère que les renseignements que milady pourra prendre de moi dans le pays... seront tous à mon avantage, car je puis dire que pour la moralité et les principes... (Regardant Jenny.) Ah ! mon Dieu !...

WOLSEY.

Qu'avez-vous donc ?

JEDEDIAH.

Je disais... à milady que pour le chapitre de la probité et des mœurs... (Regardant toujours Jenny.) Mais c'est un hasard bien singulier !...

WOLSEY, avec intention.

Lequel ? votre probité...

JEDEDIAH.

Eh non ! milord, il s'agit de... d'une erreur, d'une absurdité... qui n'a aucun rapport avec la ferme de Kendal... dont je voulais vous parler.

JENNY, à part.

O mon Dieu !

JEDEDIAH.

Deux concurrents s'en disputaient le bail et voulaient, chacun de son côté, venir solliciter... et importuner milady... qui aurait peut-être été bien embarrassée pour se décider entre eux ! Je les ai engagés à réunir leurs prétentions ; et comme ce sont, l'un et l'autre, de braves et honnêtes gens... dont milady n'aura que de la satisfaction... si elle voulait les recevoir...

WOLSEY.
C'est bien le moment... qu'ils aillent au diable !

JEDEDIAH.
Ils sont là.

SARAH, à la porte du fond, avec John et Dorothée.

Avancez.

WOLSEY.
Eh bien! alors, qu'ils se dépêchent.

SCÈNE VIII.

LES MÊMES ; JOHN et DOROTHÉE, amenés par SARAH.

SARAH.
Avancez... miss Jenny est là.

JENNY, à part, les apercevant.

Ah ! c'est fait de moi !

DOROTHÉE, un peu au fond du théâtre, donnant le bras à John.

Salut, milord, milady, et toute la compagnie.

WOLSEY.
C'est bon ; dites à ma pupille ce qui vous amène.

DOROTHÉE, s'avançant près de Jenny.

AIR de la Bergère châtelaine.

C'est au sujet de c'te ferme
Qu'il nous faut pour nous marier,
Pour c'qu'est d'bien payer son terme,
Il n'y a pas d'meilleur fermier.
J'somm's pauv', mais not' cœur renferme
Honneur, probité, bonne foi...
(Levant les yeux sur Jenny et s'arrêtant.)
Ah ! mon Dieu ! mon Dieu ! qu'est-c'que j'voi !

JEDEDIAH, à part.

Ça lui fait l'même effet qu'à moi.

JOHN, étonné, regarde Dorothée.

Qu'est-c' qui lui prend ?... ell' dont l'usage
Est d' parler toujours si longtemps !
(S'avançant près de Jenny.)
Oui, milady, c'n'est qu'au village
Que l'on trouve des cœurs constants.
Aussi, nous ferons bon ménage
Car, nous nous aimons, elle et moi...
(Levant les yeux sur Jenny et s'arrêtant.)
Ah ! mon Dieu ! mon Dieu ! qu'est-c' que j'voi ?

DOROTHÉE.

V'là qu'il est aussi bêt' que moi !

JOHN.

Ah ! mon Dieu ! mon Dieu ! qu'est-c' que j'voi ?

JEDEDIAH et DOROTHÉE.

Ça lui fait l'même effet qu'à moi. (*Bis*.)

DOROTHÉE, JOHN et JEDEDIAH, parlant, tous trois ensemble entre eux.

Hein ! dites donc... c'est inconcevable, n'est-ce pas ?... et si on n'était pas ici... dans ce château...

WOLSEY, à Jedediah avec impatience.

Ah ça !... qu'avez-vous donc ?

JEDEDIAH.

Rien, milord... c'est John Gripp...

SARAH, toute tremblante, et regardant attentivement John et Jenny.

O ciel ! John Gripp !
(Jenny fait de loin des signes à Sarah pour lui imposer silence.)

WOLSEY, regardant Sarah.

Et elle aussi ! je ne vois que des visages interdits... êtes-vous donc tous frappés de vertige ? (Allant à Jenny.) Qu'est-ce que tout cela signifie ?

JENNY, cherchant à reprendre de la fermeté.

Je ne saurais l'expliquer, milord... et comme je n'ai ici

d'autres droits que ceux que je tiens de vous-même... c'est à vous de décider, et de répondre à leurs demandes.

(Elle lui fait la révérence et sort par la droite.)

SCÈNE IX.

WOLSEY, JOHN, DOROTHÉE, JEDEDIAH, SARAH.

JOHN, la saluant pendant qu'elle sort, à Dorothée.

Étions-nous bêtes... regardez, regardez donc cette tournure et c'te belle robe! c'est impossible.

(Sarah passe à droite du théâtre, et se tient derrière lord Wolsey.)

DOROTHÉE.

Vous avez raison.

JEDEDIAH.

C'est ce que je me suis dit.

WOLSEY.

Et de qui donc parlez-vous? le saurai-je enfin?

JOHN.

Oui, monseigneur. C'est qu'autrefois mon père Robert Gripp avait chez lui, à la taverne du *Chariot d'or*, une petite orpheline nommée Catherine, qui avait été enlevée par des voyageurs...

WOLSEY.

O ciel!

JOHN.

Il y avait plus de cinq ans qu'on ne savait ce qu'elle était devenue, quand elle s'est présentée, c'te nuit, à la taverne.

WOLSEY, vivement.

Cette nuit! en êtes-vous bien sûr?

SARAH, à part.

O mon Dieu!

DOROTHÉE.

Pardine! c'est moi et M. Jedediah qui l'avons reçue... elle venait demander M. John.

JEDEDIAH.

Et une place de servante!

DOROTHÉE.

C'est elle que le constable voulait arrêter, et qui venait de s'enfuir quand vous êtes arrivé.

WOLSEY, avec colère.

Non... je ne puis le croire...

SARAH, à part, avec abattement.

Je n'en doute plus!

JOHN.

Oh! ce n'est rien encore, et v'là le plus étonnant... c'est que c'te petite paysanne... cette servante... ressemble à milady...

JEDEDIAH.

Que c'est à s'y méprendre!

DOROTHÉE.

Sauf l'élégance et la noblesse.

JOHN.

Que l'autre petite ne pouvait pas avoir.

AIR : Qu'il est flatteur d'épouser celle. (*Le Jaloux malade.*)

C'est la nuit seul'ment que j' l'ai vue,
Et j' viens de voir l'autre au grand jour;
L'une est un' servante ingénue
Et l'autre un' grand' dam' de la cour,
Qu' est riche et brillante à c' qui m' semble,
Tandis qu' l'autr' n'a rien... Ça suffit
Pour prouver que ça se ressemble
Tout comme le jour et la nuit.

WOLSEY, s'efforçant de sourire.

Tu as raison!... je sais maintenant ce que cela veut dire...

et je sais qui a causé à tous votre erreur... je vous l'expliquerai... Allez, Jedediah, dressez ce bail avec mistress Dorothée, nous le signerons tantôt. (Ils sortent tous par la porte du fond ; John est prêt à sortir, milord le rappelle.) Vous, John, restez, j'ai des renseignements à vous demander sur les terres que vous faites valoir.

JOHN.

A vos ordres, milord...

SARAH, à Wolsey.

Milord, ne croyez pas...

WOLSEY, à Sarah, à demi-voix.

Prévenez votre maîtresse... qu'elle vienne, je le veux!...

SARAH, à part.

Oh! mon Dieu! qu'est-ce que cela va devenir?... (Regardant John à part.) Madame Gripp! la belle avance!

(Elle sort par la porte à droite. Jedediah et Dorothée sont sortis par la porte du fond.)

SCÈNE X.

WOLSEY, JOHN.

(Wolsey s'assied sur un fauteuil à droite du théâtre.)

JOHN.

Puisque votre grâce me fait l'honneur de me le demander, il ne faut pas qu'elle croie qu'ici la terre est des meilleures... ça donne bien du mal et ça rapporte peu...

WOLSEY.

Je n'en doute pas! Vous dites donc, John, que vous avez été élevé avec cette petite Catherine... qui a été enlevée par des voyageurs...

JOHN.

Oui, milord.

WOLSEY.

Et que vous vous aimiez tous deux...

JOHN.

C'est la vérité!... elle surtout! car, moi, vous entendez bien... depuis le temps, je l'avais oubliée... mais elle... c'te pauvre fille! elle y pensait encore... témoin c'te nuit où elle est venue me retrouver, dans un bon motif s'entend; car elle croyait que je l'épouserais.

WOLSEY.

Vraiment!

JOHN, riant.

Elle le croyait; mais ça ne se pouvait pas, parce que primo d'abord, j'avais des engagements avec mistress Dorothée qui m'aime aussi... elles m'aiment toutes... et puis vous le comprenez, milord...

AIR du vaudeville du *Premier Prix*.

On n' peut, surtout pour le mariage,
Prendre une fille qu' est sans bien,
Et pour Catherine, c'est dommage,
Tout ce qu'elle a, du reste, est si bien!
 Elle a d' beaux yeux, un cœur fidèle;
 Elle a des vertus, des appas...
 Et ce qui me déplaît en elle,
 C'est seulement ce qu'ell' n'a pas.

WOLSEY.

C'est penser en homme sage et raisonnable.

JOHN.

N'est-ce pas? Quant aux terres dont vous me parliez... c'est sablonneux en diable... il n'y a que du sable... du beau sable à la vérité...

WOLSEY, lentement et le regardant.

Mais si Catherine, que je connais du reste, était un bien meilleur parti que mistress Dorothée...

15.

JOHN.

Que me dites-vous là?...

WOLSEY.

Si elle avait à elle des terres, des fermes... si elle était riche?...

JOHN.

Cette pauvre enfant!...

WOLSEY.

Hésiterais-tu encore à l'épouser?

JOHN.

Moi! mon bon Dieu!... mais je l'ai toujours aimée! je vous le disais tout-à-l'heure... et hier, quand elle est revenue, ça m'a fait un effet... que ça m'avait repris comme autrefois... et quand j'ai vu qu'elle ne voulait seulement pas se laisser embrasser le bout du doigt... je n'y tenais plus... je l'aimais comme un enragé, et si malheureusement elle ne s'était pas ensauvée... je ne sais pas ce que ça serait devenu!...

WOLSEY, avec intention.

C'est bon... ça suffit... et tu es bien persuadé de sa tendresse?...

JOHN.

Cette pauvre chère fille... elle ne peut pas vivre sans moi... elle vous le dirait elle-même si elle était là, si je pouvais la retrouver.

WOLSEY, se levant.

Je m'en charge... je me charge aussi de lui donner en dot, pour t'acheter des fermes et des métairies, au moins cinq mille livres sterling.

JOHN.

C'est-y possible!.... cinq mille livres sterling!...

WOLSEY.

Mais tu promets de la rendre heureuse?

JOHN.

Heureuse !... mais je la rendrai cinq mille fois heureuse !... Pour commencer, je vais envoyer promener mistress Dorothée... Ah ! bien oui, une femme qui n'est pas bonne du tout, et qui n'est pas belle... vous l'avez vue, d'ailleurs, et puis c'était comme un instinct... je n'ai jamais pu la souffrir !...

WOLSEY.

C'est bon... laisse-moi !

(Il passe à gauche.)

JOHN, qui était prêt à sortir, revient.

V'là, milord, tout ce que vous aviez à me dire sur vos terres...

WOLSEY.

Oui, mon garçon...

JOHN, revenant et d'un air embarrassé.

Il ne faudrait cependant pas croire qu'elles sont si mauvaises qu'on pourrait vous le dire... Il y a du sable, c'est vrai... mais en dessous, bien en dessous... et c'est encore d'un bon produit... c'est pas pour moi, puisque j'y renonce, et que j'abandonne le bail à mistress Dorothée.

AIR : Je regardais Madelinette. (*Le Poëte satirique.*)

Mais loin d' la diminuer, je l' pense.
Vous pourriez l'augmenter encor,
Je vous le dis en conscience.

WOLSEY.

Assez, te dis-je.

JOHN.

Oui, milord.

WOLSEY.

Va tout disposer, je l'exige.

JOHN.

Comm' ça double une passion,
Quand la fortune vous oblige
A suivr' votr' inclination !

Ensemble.

JOHN.

Je vais tout rompre à l'instant même,
L'amour me f'ra tout refuser;
C'est désormais Cath'rin' que j'aime,
Et je reviens pour l'épouser.

WOLSEY.

C'est en vain, dans mon trouble extrême,
Que je cherchais à m'abuser;
Oui, je le vois, c'est lui qu'elle aime;
C'est lui qu'elle doit épouser.

(John sort.)

SCÈNE XI.

WOLSEY, JENNY.

(Jenny entre par la porte à droite, et se dirige lentement vers la gauche du théâtre.)

WOLSEY.

Allons, allons, du courage! c'est elle! (Apercevant Jenny qui entre pâle et les yeux baissés, il lui dit avec douceur.) Vous vous êtes fait bien attendre, miss Jenny...

JENNY.

Oui... Sarah m'avait dit que vous me demandiez... mais je n'osais... j'aurais voulu me cacher à tous les yeux et surtout aux vôtres...

(Elle cache sa tête entre ses mains.)

WOLSEY, s'approchant d'elle.

Calmez-vous, Jenny! et tâchez de m'entendre de sang-froid. (Après un instant de silence.) Vous vous doutez bien que je sais tout... je ne vous ferai pas de reproches, ils seraient inutiles maintenant.

JENNY.

Ah! milord!

WOLSEY.

Ne m'interrompez pas, et voyons, dans la position où vous vous êtes mise, le meilleur parti qui vous reste à prendre... Nous vivons dans un temps où peu-à-peu et grâce au ciel, toutes les distances s'effacent, et en fait de mariage, il n'y a plus guère d'inégalité de rang, de naissance, ou de fortune; cependant il en existe une autre; celle de l'éducation... celle-là on ne peut la braver impunément; car avec elle il n'y a pas en ménage de bonheur possible... et vous concevez vous-même que votre ton, votre langage, vos manières ne s'accorderont jamais aux yeux du monde avec ceux de M. Gripp.

JENNY.

Ah! de grâce!...

WOLSEY.

Je ne dis pas cela pour vous faire changer d'idée, ni contrarier en rien vos inclinations : on l'essaierait en vain... et d'ailleurs telle n'est pas mon intention... mais je dis seulement que ne pouvant l'élever jusqu'à vous, il faut dans votre intérêt même descendre jusqu'à lui... et voici ce qui me semble convenable... Vous quitterez ce pays où votre sort passé nuirait à votre bonheur à venir... vous irez dans le Northumberland... j'ai là une habitation charmante, à mi-côte, et dans la plus riante situation... auprès, est une riche métairie, des prés, des bois, des champs vastes et fertiles que votre mari fera valoir, et dont vous pourrez vous-même surveiller l'exploitation... c'est là que s'écouleront vos jours, près de votre mari... près de celui que vous aimez... vous serez heureuse et moi aussi... puisque j'aurai assuré votre bonheur...

JENNY.

Ah! milord, je ne sais comment vous remercier, non de vos bontés... dès longtemps, j'y suis accoutumée... mais du soin que vous prenez de relever à ses propres yeux une pauvre fille qui regardait comme le plus grand de ses malheurs la perte de votre estime.

WOLSEY.

Moi! Quelle idée!

JENNY.

Je l'ai méritée, je le sais... aussi, résignée à mon sort, je subirai tous les châtiments que vous ordonnerez... même le plus grand de tous... celui de ne plus vous voir... mais ne me condamnez pas à épouser John Gripp... je vous le demande en grâce! je vous le demande à genoux!

WOLSEY, la relevant.

Que faites-vous?... et qu'entends-je?... O ciel!...

JENNY.

Ah! vous saurez tout ce qui s'est passé dans mon cœur... je puis maintenant tout vous avouer, je n'en serai pas plus malheureuse... Eh bien! oui, sous ce ciel étranger où vous m'avez conduite, j'avais conservé les premières impressions de mon enfance, et le souvenir de ces lieux que ma tête romanesque avait embellis, et que l'éloignement même favorisait encore; car la réalité n'était pas là pour détruire les rêves que mon imagination avait créés... aussi, quand pour rester fidèle à mes premiers serments, je renonçai à la fortune et à l'amitié... quand remplie d'espoir, de souvenirs, d'enthousiasme, j'arrivai dans ces lieux que je croyais regretter... près de celui que je croyais aimer!... ah! que le désenchantement fut prompt et rapide! Pour dissiper tous mes rêves, détruire mes illusions, et me rendre enfin à moi-même, il n'a fallu, ni les conseils du temps, ni ceux de la raison... il n'a fallu que l'aspect de la vérité... la vérité horrible... hideuse! ce que je voyais ressemblait si peu à ce que j'avais rêvé que, saisie d'effroi, d'horreur et de dégoût, je me suis enfuie en fermant les yeux : je ne les ai rouverts qu'ici... et alors je me suis comprise moi-même, et j'ai vu clair dans mon cœur... oui, je m'étais fait un être idéal...

en qui j'avais tout réuni : vertus, noblesse, générosité !... tout cela je l'avais rêvé... ou plutôt tout cela existait près de moi, et je perds tous ces biens au moment où j'en connais tout le prix !

WOLSEY.

Que dites-vous?

JENNY.

Oui, milord, je l'ai juré! je ne vous verrai plus! je veux fuir! je veux m'ensevelir loin de vous dans quelque retraite!... mais avant de vous quitter à jamais, et pour que je sois punie autant que je l'ai mérité, pour que vous jugiez vous-même du châtiment qui m'est réservé... je vous aime...

WOLSEY.

Jenny!

JENNY.

Et si je vous fais un tel aveu, c'est que, séparés désormais, je sais que rien ne peut nous réunir, que vous ne m'aimez plus, que mon imprudence et mes fautes m'empêchent d'être à vous... et qu'après ma démarche d'hier et de cette nuit...

WOLSEY, vivement.

Rassurez-vous, personne ne la connaîtra, personne ne pourra jamais soupçonner...

JENNY.

O ciel! et comment?

WOLSEY.

Fiez-vous à moi du soin de sauver mon amie et ma femme...

(Il l'embrasse avec transport.)

JENNY, hors d'elle-même.

Qu'entends-je?

WOLSEY, lui prenant la main.

Reste là, près de moi!

SCÈNE XII.

JEDEDIAH, DOROTHÉE, JOHN, WOLSEY, JENNY, SARAH.

JOHN, se disputant avec Dorothée.

Oui, morbleu, vous pouvez garder le bail, et votre main... je ne tiens pas plus à l'un qu'à l'autre : qu'est-ce que c'est que tout ça auprès d'un mariage d'inclination!

DOROTHÉE.

Ah! vous le prenez ainsi... eh bien! soit.

JEDEDIAH.

Silence donc, devant milord et devant miss Jenny!

JOHN, s'approchant de Wolsey.

Me v'là, milord, et d'après votre promesse, j'ai tout rompu.

WOLSEY.

Tu me vois désolé, mon garçon, j'espérais te servir, et cela n'est plus en mon pouvoir... la femme de chambre de miss Jenny a disparu du château.

JOHN, étonné.

Comment, la femme de chambre!

WOLSEY.

Oui, cette petite Catherine... que nous avions rencontrée dans nos voyages. Frappés comme vous de son étonnante ressemblance avec ma pupille, nous l'avions emmenée, prise à notre service, et nous lui portions un véritable intérêt... la preuve, c'est que j'espérais, comme je te l'ai dit, lui donner une dot considérable et la marier avec toi...

JOHN.

Eh bien?...

WOLSEY.

Eh bien! elle vient de confier à sa maîtresse qu'elle t'avait aimé autrefois quand elle était enfant, mais qu'hier en te revoyant, cet amour-là s'était en allé sur-le-champ.

JOHN.

Ça n'est pas possible !

WOLSEY.

Ça l'est tellement, qu'elle a déclaré que pour rien au monde elle ne t'épouserait, et qu'elle est partie...

JOHN.

Partie... et sa dot?

WOLSEY.

Sa dot aussi...

JOHN.

Ah! mon Dieu... en voilà du malheur !...

DOROTHÉE.

C'est bien fait.

WOLSEY.

Elle est allée se réfugier bien loin d'ici, dans le Northumberland.

JENNY.

Où nous irons bientôt la rejoindre.

JEDEDIAH.

Quoi! milady quitterait ce pays?

JENNY.

Oui, monsieur Jedediah, (Regardant Wolsey.) dès ce soir... (Bas.) Et pour jamais.

JEDEDIAH.

Je prendrai la liberté de dire à milady qu'elle a tort.... le pays est superbe... des mœurs peut-être un peu rudes, mais pures, honnêtes et désintéressées.

JOHN, de l'autre côté, s'adressant à Dorothée avec qui il a parlé bas.

Allons, Dorothée... vous ne serez pas cruelle... et puisque je reviens à vous !

DOROTHÉE.

Votre servante !... j'en ai un autre en vue ! et puisque j'ai maintenant à moi toute seule le bail de la ferme... qui est tout dressé et que milord et milady m'ont promis de signer...

JENNY.

Volontiers !... mais à une condition expresse... c'est que vous consentirez à épouser John Gripp qui vous le demande !... je le veux.

JOHN.

Ah ! milady, que de bontés !...

JEDEDIAH, à part.

M'en voilà débarrassé.

JOHN.

Ça sera toujours un dédommagement et une consolation... car vrai, Dorothée, ce n'est pas parce que vous êtes là... mais l'autre valait mieux...

JENNY, bas à Sarah.

Viens, Sarah... je te dirai tout. Ah ! que je suis heureuse !...

(Pendant que Sarah prend le châle et le chapeau de Jenny.)

JOHN, à Jedediah, sur le devant du théâtre.

Qui aurait dit ça de cette petite Catherine... que ma vue produirait cet effet-là sur elle... et qu'elle m'abandonnerait... Ah ! les femmes !...

JENNY, à Wolsey.

Partons, milord.

JOHN.

Je suis une vraie victime.

JEDEDIAH, montrant Dorothée.

Puisque tu l'épouses...

JOHN.

C'est ce que je voulais dire!...

DOROTHÉE.

Hein?...

JOHN.

Rien.

JENNY, au public.

AIR du vaudeville des *Frères de lait*.

Je me trompais, exaltée et légère,
Quand je disais : Sa *chaumière et son cœur!*
Pour être heureux, un cœur, une chaumière
Ne suffisent pas, j'en ai peur;
Et cependant, reprenant mon erreur,
Moi, débutante, inconnue, étrangère,
Je me croirais au comble du bonheur,
Si je pouvais ce soir, dans ma chaumière,
De mes juges gagner le cœur.

LE CHOEUR.

AIR : Fragment de *Gustave III*.

Oui, voilà dans ces lieux le bonheur de retour,
Célébrons en ce jour et l'hymen et l'amour !

LA
PENSIONNAIRE
MARIÉE

COMÉDIE-VAUDEVILLE EN UN ACTE

(Imitée d'un roman de Mme de Flahaut)

EN SOCIÉTÉ AVEC M. VARNER

THÉATRE DU GYMNASE. — 3 Novembre 1835.

| PERSONNAGES. | ACTEURS. |

M. DE BOISMORIN, riche propriétaire. . . MM. Ferville.
ANATOLE, son pupille . . . . Paul.
TRICOT, maître d'école . . . . Numa.

ADÈLE, femme de M. de Boismorin . . . . Mmes Allan-Despréaux.
MARIE, nièce du curé. . . . . Habeneck.

Jeunes Pensionnaires, amies d'Adèle. — Villageois et Villageoises.

Dans la terre de M. de Boismorin, en Normandie, aux environs du Havre.

LA PENSIONNAIRE MARIÉE

Un grand salon ouvert par le fond, et donnant sur une partie du parc. — Portes latérales. Sur le devant du théâtre, à droite de l'acteur, un petit guéridon ; de l'autre côté, une table avec une corbeille vide, un encrier et des plumes.

SCÈNE PREMIÈRE.

ANATOLE, TRICOT.

(Ils entrent par le fond, à gauche.)

TRICOT.
Ainsi, monsieur, vous venez de débarquer?

ANATOLE.
Ce matin même, au Havre, et j'arrive de New-York.

TRICOT.
C'est étonnant qu'on revienne de New-York!... je ne peux pas me faire à cette idée-là, moi, magister de ce village qui ne suis jamais allé plus loin que Bolbec... Vous devez être bien fatigué?

ANATOLE.
Du tout... je suis venu à pied, en me promenant, jusqu'au

château de M. de Boismorin... Est-il levé?... peut-il me recevoir?

TRICOT.

Il n'est pas encore arrivé de Paris.

ANATOLE.

Comment?... mais il venait toujours passer six mois dans ce beau domaine.

TRICOT.

Oui, monsieur, l'année dernière encore, avec des messieurs, des dames de Paris et une pension de demoiselles... étaient-elles gentilles!... une surtout que je vois encore courir dans le parc... mais cette année monsieur le capitaine est en retard... on ne sait pas pourquoi. Au surplus, il est peut-être en route ; on l'attend d'un moment à l'autre.

ANATOLE, posant son chapeau et ses gants sur le guéridon.

En ce cas, je l'attendrai... Je ne partirai pas sans avoir revu mon bienfaiteur, mon second père.

TRICOT.

Vous lui avez donc des obligations?

ANATOLE, avec chaleur.

Je lui dois mon éducation... ma seule fortune! c'est lui qui a pris soin de mon enfance... qui plus tard m'a soutenu de ses conseils, de sa bourse... je lui dois tout ce que je suis.

TRICOT.

Moi, je lui dois ma place de régisseur... il paraît qu'il donne à tout le monde. J'étais déjà instituteur primaire de la commune, M. Tricot, écrivain public... mais la littérature est aujourd'hui si mal payée! aussi, M. de Boismorin m'a chargé de l'administration de ce domaine; et grâce à mes deux emplois, en demandant quelque chose à la grammaire, et le reste à l'arithmétique, je finis par y trouver mon compte.

ANATOLE.

C'est à merveille; et je vous prierai dès son arrivée...

TRICOT, sans l'écouter, remontant vers le fond, et regardant dans le parc, à droite.

Ah ! mon Dieu !

ANATOLE.

Qu'avez-vous donc ?

TRICOT, de même et regardant à droite.

Rien !

ANATOLE.

Je vous prierai de me prévenir... mais vous ne m'écoutez pas...

TRICOT.

C'est égal... parlez toujours.

ANATOLE, se fâchant.

Monsieur Tricot !

TRICOT.

Pardon... j'avais cru apercevoir au bout de cette allée... quelqu'un...

ANATOLE.

Que vous attendez ?...

TRICOT, regardant toujours.

Que j'attends toujours... et qui ne vient jamais... que le matin... au château... chercher de la crême... pour le déjeuner de monsieur le curé...

(Ils descendent le théâtre.)

ANATOLE.

Son vicaire ?

TRICOT.

Non, sa nièce, qui depuis quelque temps est venue habiter avec lui.

ANATOLE.

Est-ce que par hasard monsieur Tricot en voudrait aux biens du clergé ?

TRICOT.

Non, monsieur... je vous prie de croire que je n'ai aucune vue coupable ou illégitime... je ne suis pas assez riche pour ça! mais mamzelle Marie qui est près de son oncle... un oncle respectable... est tellement sévère que je n'ai jamais osé lui parler verbalement de mon amour... avec ça que j'ai peu de facilité pour la parole...

ANATOLE.

Je ne m'en aperçois guère!

TRICOT.

Oui, avec vous... qui ne m'imposez pas; mais dès qu'il y a là quelqu'un, et qu'il faut parler... je commence par me taire.

AIR du vaudeville d'*Agnès Sorel*.

Mais si, malgré moi retardées,
Les paroles me font défaut,
Ce n'est point le manque d'idées :
C'est qu'au contraire, j'en ai trop...
Et leur foule, quand j'en accouche,
Pour s'échapper à l'envi se pressant,
Fait sur ma lèvre un tel encombrement
Que cela me ferme la bouche!

C'est ce qui m'a empêché d'être du conseil municipal, où il faut essentiellement être orateur; mais la plume à la main, je prends ma revanche... j'ai de l'éloquence, j'écris toujours quatre pages, quelquefois plus; jamais moins... parce que l'écriture, c'est mon état... c'est ma partie... et toutes les semaines... je taille ma plume... je règle mon papier et je lance à mademoiselle Marie une épître amoureuse...

ANATOLE.

Qu'elle accepte...

TRICOT.

Sans jamais me répondre, ce qui me désespère, et m'empêche d'envoyer à son oncle, le curé, une page d'écriture, que j'ai depuis quinze jours dans mon portefeuille, avec des traits de ma main... pour lui demander celle de sa nièce...

(Il regarde dans la coulisse.)

ANATOLE.

Je ne veux point troubler votre tête-à-tête... et je vais tâcher de me loger dans le village.

TRICOT.

Du tout... le château est assez grand, et je ne souffrirai pas qu'un ami de monsieur le capitaine...

ANATOLE.

En son absence... ce serait trop indiscret...

TRICOT.

Eh bien ! chez moi ?

ANATOLE.

A la bonne heure !

TRICOT, lui indiquant sa maison de la main, vers le fond à gauche en dehors.

Au bout de ce petit chemin, la maison du régisseur, maison badigeonnée à neuf, et en caractères noirs sur fond rouge, *Tricot, professeur de belles lettres...* Je vais vous y rejoindre...

(Anatole prend ses gants et son chapeau.)

AIR du ballet de *Cendrillon*.

Dans ce séjour modeste et printanier,
Changeant souvent d'emplois et de symbole,
L'instituteur le matin fait l'école,
Et puis le soir il se fait jardinier.
Tenant tantôt mon Horace à la main,
Tantôt l'arrosoir... je me pique
De cultiver les fleurs de mon jardin
Comme les fleurs de rhétorique.

TRICOT et ANATOLE.

Dans ce séjour modeste et printanier, etc.

(Anatole sort par la gauche.)

SCÈNE II.

MARIE, entrant par le fond à droite, TRICOT, au fond à gauche.

TRICOT, à part, regardant Marie.

La voilà! comme je tremble, et comme le cœur me bat! c'est bien la peine d'être savant pour être aussi bête que les autres!

MARIE, à part.

C'est le jeune magister qui me fait la cour, et qui me remet toujours des lettres...

TRICOT, à part.

Tant pis! je vais lui décocher un compliment. (Haut.) Je vous salue, Marie, pleine de grâces...

MARIE, lui faisant une révérence.

Bonjour, monsieur Tricot.

TRICOT.

Vous avez l'air bien joyeux?

MARIE.

C'est vrai que je ne me sens pas d'aise.

TRICOT, timidement.

Et peut-on vous demander pourquoi?

MARIE.

Certainement, c'est pas un secret... Vous savez que, maintenant, je suis à la charge de mon oncle le curé, qui ne peut pas me donner de dot...

TRICOT.

Je le sais... et même ça me fait déjà assez de peine.

MARIE.

Pourquoi donc?

TRICOT, hésitant.

Oh! pour vous...

MARIE.

Vous êtes bien bon... Or donc ce matin, mon oncle m'a dit : « Réjouis-toi, ma nièce... je reçois une lettre de Paris, une lettre de M. de Boismorin qui m'envoie deux sacs d'écus pour les pauvres de la commune... et de plus il te donne au château une place superbe... tu seras à la tête de la laiterie. — Comment ça se fait-il? que je lui ai répondu. — Tu le sauras bientôt... trouve-toi seulement au château sur les midi, au moment de l'arrivée de M. de Boismorin. »

TRICOT.

Il arrive aujourd'hui?... tant mieux, il y a quelqu'un qui l'attend.

MARIE.

Mais quelle bonté à lui, qui me connaît à peine, d'avoir pensé à moi de si loin... à Paris!

TRICOT.

C'est un ancien marin, qui a encore bonne mémoire pour son âge... il n'oublie personne! il ne se couche jamais sans avoir fait un peu de bien dans sa journée et voilà quatre-vingts ans qu'il va comme ça...

AIR de Lantara.

Il peut sans regrets, sans envie,
Vers le passé souvent faire un retour;
Il a bien employé sa vie,
Et sa vieillesse est le soir d'un beau jour.
Si, près de lui, quelqu'un souffre ou soupire,
Son cœur discret, prompt à le soulager,
Fait des heureux, sans jamais en rien dire,
Et des ingrats, sans se décourager!

MARIE.

Des ingrats! je n'en serai pas!... comme je vais le remercier... car enfin une place de quatre cents francs... c'est une dot.

16.

TRICOT.
Je crois bien! et ça irait joliment avec...

MARIE.
Avec quoi?

TRICOT.
Avec des idées que j'ai...

MARIE.
Et lesquelles?... (A part.) Il ne parlera pas!

TRICOT, avec embarras et lui montrant une lettre.
Des idées... que j'ai glissées sur ce papier...

MARIE, à part.
Allons, encore une!... il a la rage d'écrire... et moi qui justement ne sais pas lire...

TRICOT, présentant toujours sa lettre.
Et si vous vouliez seulement accepter...

MARIE, à part.
Dieu! que c'est ennuyeux! (Haut.) Non, monsieur!

TRICOT.
De grâce! daignez la lire.

MARIE.
C'est impossible...

TRICOT.
Quoi! vous me refusez!

MARIE.
J'y suis forcée.

TRICOT, à part.
Il n'y a rien à faire avec une vertu comme celle-là. (Haut.) Et les autres cependant... les autres billets, vous les avez reçus...

MARIE.
C'est vrai... mais je ne les ai pas ouverts.

TRICOT.
Que dites-vous?

MARIE.

La preuve, c'est que les v'là... tenez, regardez plutôt...

(Elle les lui présente.)

TRICOT, les prenant.

En effet... ils y sont tous! et le cachet est intact!... ô influence du village et d'une éducation champêtre... voilà bien les vertus du presbytère!...

MARIE.

Et vous êtes bien heureux que je n'aie pas montré toutes ces lettres-là à mon oncle... qui vous aurait appris à parler...

(On entend en dehors le chœur du *Chalet*, et la musique continue pendant le dialogue suivant.)

TRICOT.

Mon Dieu! que signifie ce bruit?

MARIE.

Ce sont les villageois qui courent au-devant d'une voiture de voyage... serait-ce déjà monsieur le capitaine?

TRICOT, se démenant.

Et moi qui ne suis pas là, pour représenter l'instruction publique... et la harangue... je n'ai pas une seule idée.

MARIE.

Qu'est-ce que ça fait!

AIR : Un homme pour faire un tableau. (*Les Hasards de la guerre.*)

Quand mon oncle me lit l'journal,
J'vois maint orateur qu'on admire,
Qui possèd' l'art original
De parler une heur' sans rien dire;
Ils font des phras's, à tout bout d'champ...
Cela donne aux pensées qui suivent,
L'temps d'arriver... et bien souvent
L'discours finit sans qu'ell's arrivent!

(La musique recommence.)

TRICOT.

Vous avez raison... je ferai comme cela...

(Il veut encore causer avec Marie.)

MARIE.

Allez! allez donc...

TRICOT, à la cantonade.

Me voilà! me voilà!...

(Il sort par le fond à droite.)

SCÈNE III.

MARIE, seule.

Est-il impatientant celui-là!... parce qu'enfin on a son amour-propre comme une autre, et on n'aime pas à avouer... qu'on ne sait rien... et puis lui qui prend ça pour de la vertu... c'est toujours désagréable de le détromper... Enfin me v'là laitière au château... il en est régisseur... on se rencontre...

AIR : Il m'en souvient, longtemps ce jour.

Par état, forcés tous les jours
D'nous trouver tous deux en présence,
P't'êtr' qu'il n'écrira pas toujours,
Qu'il s'lass'ra d'brûler en silence!
Son amour craint d'être importun;
Mais pour peu qu'il se fasse entendre,
Il est sûr de trouver quelqu'un
Qui n'demande qu'à le comprendre!

(Regardant par le fond à droite.)

Ah! mon Dieu! la belle calèche! c'est celle de notre bon vieux maître... s'il a son accès de goutte comme l'autre année, il ne pourra pas descendre... Ah! voilà une jeune demoiselle qui s'élance... elle a été bien vite à terre... elle aide monsieur à sortir de voiture... elle lui donne le bras... il s'appuie sur elle. Comme elle marche lentement et avec précaution... C'est drôle! je ne savais pas que notre maître eût des enfants... et à l'air dont elle le regarde... aux soins qu'elle prend de lui... c'est sa fille... ou plutôt sa petite-fille... c'est sûr!... les voilà à la porte du salon... où attendent tous les fermiers et le régisseur... il embrasse la petite demoiselle sur le front... et lui fait signe d'aller jouer dans le parc... elle ne se le fait pas dire deux fois... la voilà qui s'élance dans l'allée... Dieu comme elle court!... (S'éloignant.) Gare... gare... elle n'a pas la goutte, celle-là!

SCÈNE IV.

ADÈLE, MARIE.

ADÈLE, entrant en courant et en sautant.

Ah! le beau parc!... les belles allées... il n'y en avait pas une comme celle-là... à la pension... (Apercevant Marie et poussant un cri.) Marie!... la petite laitière...

(Elle va à elle.)

MARIE.

Mademoiselle Adèle... qui, l'année dernière...

ADÈLE.

Est venue ici aux vacances! Es-tu installée?... as-tu du lait?... sais-tu faire des fromages à la crème?... je t'apprendrai...

MARIE.

Comment! vous savez déjà que j'ai une place?...

ADÈLE.

C'est moi qui te l'ai fait avoir.

MARIE.

Est-il possible!

ADÈLE.

Tu es donc contente!

MARIE.

Je crois bien!

ADÈLE.

Alors et moi aussi! embrasse-moi! (Elle l'embrasse.) Tu ne te rappelles donc pas que l'autre année, quand je suis venue ici, avec madame Dubreuil, ma maîtresse de pension, une vieille amie à M. de Boismorin, j'étais bien triste, bien malheureuse... je pleurais toute la journée... il est vrai que je ris et que je pleure aisément... dans ce moment encore... mais aujourd'hui c'est de joie, c'est de bonheur, parce que, vois-tu bien... où en étais-je?... et qu'est-ce que je te disais?... Ah!... ah! je me rappelais notre promenade ici... un soir dans le parc... parce que moi, pauvre orpheline, tu m'avais prise en amitié, tu me contais tes peines... et tu me disais en soupirant « Ah! mademoiselle, qu'il y a dans le monde des gens qui ont du bonheur! si j'étais jamais dans ce beau château, à la tête de la laiterie...

AIR du vaudeville de *la Somnambule.*

« Ah! si le ciel comblait mon espérance,
Si j'obtenais jamais un tel emploi, »
Tu le disais: « oui la reine de France
Ne serait pas plus heureuse que moi. »
Et j'ai voulu, bonne magicienne,
Par ma baguette, à tous dictant ma loi,
Te rendre heureuse ici comme une reine...

(Lui prenant les mains avec bonté.)

Afin de l'être encore plus que toi!

J'ai demandé en ton nom cette place, dès que j'ai été mariée.

MARIE, vivement.

Vous êtes mariée?...

ADÈLE.

Depuis deux mois!

MARIE.

Vous n'êtes plus demoiselle?...

ADÈLE.

Du tout... du tout... je vais te raconter tout cela... car c'est bien l'événement le plus singulier et le plus extraordinaire... c'est-à-dire le plus simple du monde... et c'est justement pour ça...

MARIE.

Dites donc vite.

ADÈLE.

Tu sais déjà que j'étais sans parents, que j'étais restée bien jeune, confiée aux soins d'un beau-père...

MARIE.

Dont on ne disait pas grand bien ici... un joueur, un mauvais sujet, un malhonnête homme qui avait mangé toute votre fortune.

ADÈLE.

Je l'ignore... tout ce que je sais, c'est qu'il était méchant avec moi, qu'il me maltraitait, et que j'étais bien malheureuse... Nous habitions alors une petite maison dans une rue de Rouen... et dans mon quatrième étage où je travaillais, et où je pleurais toute la journée, personne ne s'intéressait à moi, qu'un jeune étudiant qui demeurait sur le même palier... Chaque fois qu'il me rencontrait, il me saluait sans me parler... mais avec un regard qui voulait dire : pauvre fille !... je compris que j'avais là un ami... un protecteur... je comptais sur lui... et quand j'avais du chagrin, ce qui m'arrivait tous les jours, je pensais à lui... Il y avait aussi un homme riche et laid, que mon beau-père m'amenait depuis quelque temps, et qui nous menait promener dans une belle voiture... celui-là était plus prévenant, plus aimable pour moi... cependant il me déplaisait... c'était injuste, car c'était le protecteur de mon beau-père... il devait même nous emmener le lendemain à une terre qu'il possédait... lorsque la veille, le jeune étudiant entre chez moi... il était pâle et il tremblait... « Mademoiselle, me dit-il, on veut vous perdre. — Moi ! et comment ? — Vous ignorez les dangers qui vous menacent... — Lesquels ? — Vous ne pourriez les comprendre et je n'oserais vous les dire... mais vous êtes perdue, si vous ne me permettez de vous défendre... avez-vous confiance en moi ? » — Je le regardai, et je lui dis : « Oui. » — Il me serra la main et partit... J'ignore ce qui arriva ; mais le lendemain, je vis entrer un homme en noir, un magistrat... Il demanda à parler à mon beau-père qui était furieux... j'entendis des cris... des menaces, et puis l'homme en noir, qui avait une figure calme et respectable, me conduisit dans une pension de demoiselles, et me confia à la maîtresse en lui disant : « Veillez sur elle !... » Quelques heures après, se présente devant moi mon jeune protecteur. — « Vous serez dans cette maison à l'abri du danger, me dit-il... moi je pars, et vous me reverrez quand j'aurai fait fortune... adieu... adieu... je voudrais... et n'ose vous embrasser. — Et moi je vous le demande, » lui criai-je, en me jetant dans ses bras... alors et les yeux mouillés de larmes, il s'élança vers la porte... il disparut, et depuis je ne l'ai plus revu !

MARIE.

Pauvre jeune homme !... il m'intéressait tant, j'ai cru que c'était lui que vous aviez épousé...

ADÈLE.

Non pas.

MARIE.

Quel dommage !... j'avais déjà arrangé ça, et ça aurait été bien mieux...

ADÈLE.

Pourquoi donc ?

MARIE.

Pourquoi ?... c'te question...

ADÈLE.

Oui, pourquoi ?

MARIE.

Dame!... je n'en sais rien... c'est une idée... Enfin, mamzelle, continuez... Vous voilà dans cette pension... chez madame Dubreuil...

ADÈLE.

Qui m'avait prise en amitié!... tout le monde m'aimait; aussi je travaillais avec un courage! Lorsqu'arriva la distribution des prix... ah! quel beau jour! toutes les autorités de la ville, les magistrats, les premières familles, tout le monde était là... et ces fanfares de triomphe, et ces couronnes, et ces parents qui embrassaient leurs enfants! ils étaient si heureux... si occupés... que nul ne faisait attention à moi. Alors et pour la première fois, je m'aperçus dans cette foule que j'étais seule au monde et je me pris à pleurer!... Un vieux monsieur qui était bien vieux... mais qui avait l'air de la bonté même... s'approcha de moi et me regardant avec une surprise mêlée d'intérêt, me demanda pourquoi je pleurais ainsi à chaudes larmes. « Hélas! monsieur, lui répondis-je, c'est que j'ai trois couronnes et que personne ne m'embrasse... je n'ai ni père ni mère pour se réjouir de ma joie. — Eh bien! mon enfant, me dit-il, me voilà! je viens la partager avec vous; » et il se mit à causer avec tant de charme et d'abandon, qu'au bout d'un instant, nous nous connaissions depuis un siècle, nous étions des amis intimes... Tout le monde partait, chaque mère emmenait sa fille avec elle en vacances... et moi j'allais rester seule à la pension; mais le vieux monsieur, qui semblait lire dans ma pensée, s'approcha de madame Dubreuil et lui dit: « Mon ancienne et respectable amie, voici ma fille qui vous prie en grâce de venir avec elle passer les vacances dans mon château de Boismorin. »

MARIE.

C'était notre maître?

ADÈLE.

Ne l'avais-tu pas déjà reconnu à sa bonté?... oui, c'était

lui. Je n'espérais jamais pouvoir lui prouver ma reconnaissance... mais cet hiver. il a été malade, bien malade... j'ai demandé à madame Dubreuil à quitter la pension, à me rendre à Paris près de lui.

MARIE.

Pour lui donner vos soins ?...

ADÈLE.

Et je me rappelle encore sa convalescence... « J'ai été bien inquiet, me dit-il, car je ne croyais pas en revenir et pour des raisons que je t'expliquerai plus tard... je ne peux rien laisser par testament. — Ah! monsieur, lui dis-je, quelle idée avez-vous là ?... » Alors il me prit la main et me dit en souriant : « Adèle, veux-tu m'épouser ?... Moi! répondis-je en sautant de joie... il serait possible... je resterais là auprès de vous... je ne vous quitterais plus... je serais votre femme !... »

MARIE, vivement.

Comment! vous avez accepté?

ADÈLE.

De grand cœur...

MARIE.

C'est là votre mari ?...

ADÈLE.

Certainement !...

MARIE.

Ah! mon Dieu!

ADÈLE.

Qu'as-tu donc avec ton air de me plaindre ?...

MARIE, embarrassée.

Mais dame !... quel âge avez-vous?

ADÈLE.

Dix-huit ans.

MARIE.

Et l'on dit que M. le capitaine en a soixante et dix-neuf.

ADÈLE.

Mieux que cela!... quatre-vingts bien sonnés depuis un mois !... mais je te jure que cela n'y fait rien.

MARIE.

Tant mieux, mademoiselle.

ADÈLE.

AIR du vaudeville du Baiser au porteur.

Jamais triste, jamais morose,
Souriant même au sein de la douleur,
Il est aimable et joyeux quand il cause,
Et son esprit, rajeuni par son cœur,
A du printemps la grâce et la fraîcheur...
   C'est par erreur ou par mégarde
     Qu'on lui donne quatre-vingts ans;
   S'il les a, quand je le regarde,
   Ils n'y sont plus... quand je l'entends.

MARIE.

Mais l'autre... le jeune étudiant?...

ADÈLE.

Eh bien?

MARIE.

Eh bien! vous l'avez donc oublié?...

ADÈLE.

Moi! me prends-tu donc pour une ingrate?... Oh! non! dans ma nouvelle fortune ma première pensée a été pour lui. Il reviendra... car il me l'a promis... il reviendra près de nous, et quel plaisir de lui dire à mon tour : « Tenez, tenez, mon ami, soyez riche, car je le suis... soyez heureux, car vous êtes la cause de mon bonheur... » Je me représente sa surprise et surtout son contentement... c'est là ma seule idée... le rêve de mes jours et souvent même de mes nuits... Moi l'oublier !... ah! bien oui! est-ce que j'oublie mes amis?... est-ce que je n'ai pas pensé à toi?

MARIE.

Si, vraiment!...

ADÈLE.

Et ce n'est rien encore!... je te marierai aussi... je veux que tout le monde se marie... je te chercherai un prétendu.

MARIE, vivement.

Je l'ai déjà.

ADÈLE.

Un prétendu qui t'aime?

MARIE.

A ce que je crois.

ADÈLE.

Il ne te l'a pas dit?

MARIE.

Il ne parle jamais... il écrit... et à moi qui ne sais pas lire, il me remet toujours des lettres.

ADÈLE, gaiement.

Nous les lirons ensemble... nous ferons les réponses.

MARIE.

Quoi! vous auriez la bonté?... oh! je ne me permettrais pas...

ADÈLE.

Laisse-donc! cela m'amusera... Ah! c'est mon mari.

(Elle va au-devant de lui.)

SCÈNE V.

MARIE, ADÈLE, courant au-devant de M. de Boismorin à qui elle donne le bras, M. DE BOISMORIN, TRICOT, VILLAGEOIS et VILLAGEOISES.

LE CHŒUR.

AIR : Berce, berce, bonne, grand'mère (*La Berceuse.*)

Quel plaisir, quel charme suprême,
De revoir cet endroit chéri!

Il est près de celle qu'il aime,
Et le bonheur l'a rajeuni!

DE BOISMORIN.

En parcourant cette allée, où l'ombrage
Est aussi vert qu'aux jours de mon printemps,
D'un demi-siècle oubliant le passage
J'ai retrouvé mes jambes de trente ans.

Ensemble.

DE BOISMORIN.

Quel plaisir, quel charme suprême
De revoir cet endroit chéri!
De s'y trouver auprès de ce qu'on aime!
Par le bonheur je me sens rajeuni.

ADÈLE, TRICOT, MARIE, et LE CHOEUR.

Quel plaisir, quel charme suprême, etc.

TRICOT, à M. de Boismorin.

N'êtes-vous pas fatigué du voyage?

DE BOISMORIN.

Du tout... je me suis délassé en revoyant mes amis, mes enfants et puis ces beaux arbres que j'aime tant ! ces arbres... mes contemporains...

TRICOT.

C'est vrai : ils sont de votre âge...

DE BOISMORIN, souriant.

Oui... mais ils se portent mieux que moi... et grâce au ciel, ils me survivront... Adèle, tu les respecteras, n'est-il pas vrai? et quand je ne serai plus là pour défendre mes vieux amis... tu empêcheras qu'on ne les abatte!...

ADÈLE.

Ah ! monsieur...

DE BOISMORIN.

Il est de jeunes propriétaires qui bouleversent tout, qui ont la manie de tout couper... ils ont tort... car il y a au monde deux choses bien précieuses qu'on ne peut avoir ni pour or ni pour argent... c'est l'amitié et les vieux arbres... ous deux ne viennent qu'avec le temps...

ADÈLE.

Et vous avez tous les deux... car ici tout le monde vous aime et vous bénit... et voici encore une jeune fille qui vient vous remercier... la petite Marie.

(Elle lui présente Marie.)

DE BOISMORIN.

Ta protégée, la nièce du curé?... (A Marie.) Bonjour, mon enfant, ton oncle est un brave homme, qui demande toujours pour ses paroissiens... c'est très bien ! il y en a tant d'autres qui demandent pour eux-mêmes... (A Adèle.) Désormais, ma chère Adèle, ces soins-là te regardent... tu as de meilleures jambes que moi, tu courras chez les pauvres... les malheureux... ils y gagneront tous et ces braves gens seront bientôt comme moi, ils seront ravis de mon mariage ! (A Tricot.) Et vous, maître Tricot, êtes-vous content de vos petits écoliers ?

TRICOT.

Très-content, ils se portent bien, ils mangent bien...

AIR : Le luth galant qui chanta les amours.

Certainement ça leur porte profit,
Car leur visage en lune s'arrondit ;
D'un vaillant estomac dotés par la nature,
Vous les voyez manger autant que le jour dure ;
Mais sitôt qu'il s'agit
De mordre à la lecture,
Ils n'ont plus d'appétit !

DE BOISMORIN.

C'est qu'ils n'ont pas assez d'encouragement... je leur en donnerai davantage... il faut que tous les jeunes paysans sachent lire !...

ADÈLE, regardant Marie.

Et les jeunes filles aussi.

MARIE.

C'est quelquefois si utile !...

DE BOISMORIN.

Sans doute. (A Adèle.) Eh bien ! charge-toi de fonder une école d'enseignement mutuel pour les jeunes filles... nous mettrons Marie à la tête.

MARIE, à part.

Il choisit bien !

DE BOISMORIN.

Et puis, comme il ne faut pas que tous les moments soient consacrés aux occupations sérieuses, je vous annonce que ce soir, pour notre arrivée, nous aurons un bal.

ADÈLE, avec joie.

Un bal, est-il possible ! (A M. de Boismorin.) Oh non... non... il ne faut pas... vous n'aimez pas le bruit... cela vous ferait mal...

DE BOISMORIN.

Non... cela te fera plaisir... tu aimes tant la danse... et puis c'est un bal champêtre... au milieu du jardin... loin de mon appartement.

(Marie va causer avec les jeunes filles. Tricot va la rejoindre, puis ils reviennent ensemble sur le devant du théâtre.)

ADÈLE.

C'est égal... cela vous réveillera...

DE BOISMORIN.

Tant mieux : je penserai à toi... je penserai que tu t'amuses... et puis, à mon âge, on dort peu et l'on a raison...

ADÈLE.

Pourquoi donc ?

DE BOISMORIN, souriant.

Parce que bientôt on aura tout le temps de dormir.

ADÈLE, pleurant.

Ah ! monsieur...

DE BOISMORIN.

Allons... allons... enfant que tu es... je ne t'ai pas dit cela pour t'affliger... mais pour t'y accoutumer...

ADÈLE.

Jamais... et je ne veux plus entendre parler de danses ni de divertissement... D'ailleurs, un jour d'arrivée... rien n'est arrangé, rien n'est prêt...

DE BOISMORIN.

J'ai tout commandé.

ADÈLE.

Je n'ai seulement pas de robe de bal pour l'été.

DE BOISMORIN.

Elle est dans ta chambre...

ADÈLE.

Est-il possible !... de quelle couleur ?

DE BOISMORIN.

Tu la verras, et quant aux invitations, je n'en ai envoyé qu'une... à madame Dubreuil, ton ancienne maîtresse.

ADÈLE.

O ciel !

DE BOISMORIN.

Et nous aurons pour danseuses toute la pension.

ADÈLE, sautant de joie.

Mes anciennes amies... elles vont venir, je vais les recevoir... elles seront témoins de mon bonheur !... Oh ! que vous êtes aimable... que vous êtes un bon mari ! Oui, oui, je crois maintenant que cela ne vous fatiguera pas ; nous danserons si doucement, et nous vous aimerons tant !

DE BOISMORIN.

Je le savais bien... Mais qu'as-tu donc ?

ADÈLE.

Je voudrais bien voir ma robe nouvelle, ma robe de ce soir.

DE BOISMORIN.

Vas-y.

ADÈLE.

Tout de suite. (A Marie.) Et toi, à ta laiterie; occupe-toi de tes fromages à la crème, il nous en faudra pour ce soir.

MARIE.

Soyez tranquille.

(Tricot passe à la gauche de Marie.)

AIR nouveau de M. HORMILLE.

(A Adèle.)
Vous disiez vrai, mademoiselle,
Comme il est complaisant et doux!
Des bons maris c'est le modèle...
Et déjà j' l'aime comme vous.

TRICOT, à Marie.
Il est marié, c'est dommage.

MARIE.

Qu'import'?

TRICOT.

C'est juste, et c'est heureux;
Il n'en coût' pas plus à son âge
D'en épouser une que deux.

Ensemble.

DE BOISMORIN.

A lui plaire je mets mon zèle,
Je veux, de son bonheur jaloux,
Être des maris le modèle,
Pour moi c'est un devoir bien doux!

ADÈLE.

A me plaire il met tout son zèle,
Comme il est complaisant et doux!
Des bons maris c'est le modèle...
Mon sort fera bien des jaloux.

17.

TRICOT, MARIE et LE CHŒUR.
Oui, des maîtres c'est le modèle,
Comme il est complaisant et doux!
Il sait récompenser le zèle,
Et dans ces lieux nous l'aimons tous!

(Adèle sort par la droite; Marie et les paysans sortent par le fond. M. de Boismorin s'assied à droite auprès du guéridon; Tricot est resté auprès de lui.)

SCÈNE VI.

M. DE BOISMORIN, TRICOT.

DE BOISMORIN, assis.
Toi, Tricot, occupe-toi de l'orchestre.

TRICOT.
Oui, monsieur... mais je ne vous ai pas dit qu'il y avait chez moi un étranger qui vous connaît, et qui attendait votre arrivée.

DE BOISMORIN.
Un étranger... que me veut-il?

TRICOT.
Je l'ignore... mais voilà son nom qu'il m'a donné.
(Il lui remet une carte.)

DE BOISMORIN.
O ciel! arrivé de ce matin! l'enfant prodigue est de retour!... lui que j'ai élevé, lui qui, depuis dix-huit mois, nous a quittés!... Qu'il vienne... qu'il vienne!

TRICOT, montrant Anatole qui entre.
Eh parbleu! le voici dans cette allée.

SCÈNE VII.

M. DE BOISMORIN, ANATOLE.

ANATOLE, se jetant dans les bras de M. de Boismorin.
Mon bienfaiteur!

DE BOISMORIN, le tenant serré contre lui.
Mon ami!... (A Tricot.) Laisse-nous. (Tricot sort. — A Anatole.) Me quitter pendant si longtemps, ce n'était pas bien... tu t'exposais à ne plus me retrouver.

ANATOLE.
Grâce au ciel! je vous revois et toujours le même.

DE BOISMORIN.
Pourquoi depuis dix-huit mois, ne pas me donner de tes nouvelles? pourquoi surtout partir aussi brusquement, s'embarquer sans me rien dire?

ANATOLE.
Que voulez-vous? mon entreprise était si folle, si extravagante, que je n'osais vous la confier, qu'après avoir réussi... et plus tard, j'ai été si triste et si malade...

DE BOISMORIN.
Je devine tout alors.

AIR : Contentons-nous d'une simple bouteille.

Il est des soins que chaque âge réclame;
Oui, le chagrin que l'on cache au dehors
A dix-huit ans vient des peines de l'âme,
A soixante ans vient de celles du corps...
Et, commençant par là ses ordonnances,
Un bon docteur devrait presque toujours
Dire aux vieillards : Contez-moi vos souffrances;
Aux jeunes gens : Contez-moi vos amours.

Ainsi, conte-moi les tiennes.

ANATOLE.

Ah! vous avez raison... Une femme que j'adorais, que je voulais épouser... mais elle était sans biens et moi aussi... j'ai voulu alors m'enrichir en peu de temps.

DE BOISMORIN.

Comme tout le monde! c'est la manie du siècle; on fait fortune en un jour, et on la perd de même.

« Le temps n'épargne pas ce qu'on a fait sans lui. »

Voilà pourquoi tu as abandonné la carrière du barreau à laquelle je te destinais?

ANATOLE.

Oui, monsieur.

DE BOISMORIN.

Et ton père qui m'avait dit en mourant : « Mon vieil ami, je te lègue mon fils... fais-en un honnête homme... et un avocat. » Il ne se doutait pas que tu embrasserais un état où tu n'entends rien... que tu te lancerais dans le commerce.

ANATOLE.

Source féconde de richesses, on me le disait du moins. Au Havre, où je me suis embarqué, j'avais à peu près employé en achats de marchandises les dix mille francs que vous m'aviez si généreusement avancés ; j'espérais réaliser des bénéfices ; mais tous les gens à qui j'ai eu affaire, à commencer par mes associés, m'ont trompé; je n'ai pu rencontrer là-bas un seul honnête homme... Je reviens à vous le chagrin dans l'âme, en proie aux doutes les plus affreux... car je ne sais pas dans ce moment si je n'aurais pas plus tôt fait de me brûler la cervelle.

DE BOISMORIN.

Mauvaise pensée! pensée à la mode! De mon temps, on vivait; c'est absurde, si tu veux, mais j'ai été élevé dans ces idées-là, et tu vois que j'y tiens. Fais comme moi, mon garçon : prends la vie en patience; aide-toi, comme on dit, et le ciel t'aidera. Tu ne peux épouser celle que tu aimes?

ANATOLE.

C'est impossible.

DE BOISMORIN.

Parce que tu n'as pas de fortune? Eh bien! ne suis-je pas là? Travaille, et quoi que tu entreprennes, je répondrai pour toi, je te cautionnerai.

ANATOLE.

Non, non. Déjà vous avez trop fait pour moi.

DE BOISMORIN.

C'est le devoir d'un vieillard d'aider les jeunes gens; je ferai pour toi ce que l'on a fait pour moi; oui vraiment : autrefois dans ma jeunesse, simple capitaine de navire marchand, je dus toute ma fortune à l'amitié et à la protection d'un vieillard, lord Sydmouth, un marin à qui j'avais sauvé la vie! Il était vieux, célibataire, et, comme quelques Anglais, d'humeur assez bizarre. Tourmenté par d'avides collatéraux, il sentait mieux que personne la nécessité du mariage, et voulant assurer mon bonheur de toutes les manières, il me laissa tous ses biens, à la condition expresse que je me marierais; si je mourais sans être marié, toute cette immense fortune devait revenir à ses parents.

ANATOLE, écoutant avec intérêt.

En vérité!

DE BOISMORIN.

J'avais alors trente ans. Je me suis dit : Je puis attendre et choisir; mais par malheur, je tombai amoureux, amoureux fou, comme toi, comme tous les jeunes gens... de plus, amoureux d'une honnête femme.

ANATOLE.

Il fallait l'épouser.

DE BOISMORIN.

Elle était mariée, et son mari était mon ami! Aussi, fidèle à l'honneur et à l'amitié, je l'aimai sans crime, mais tourmenté, mais malheureux; et quand je la perdis, quand elle mourut, mon cœur était tellement usé d'émotions, qu'il me semblait ne pouvoir plus aimer personne. Je restai garçon de peur d'être plus malheureux encore. D'ailleurs, que m'importait à qui mes richesses retourneraient après moi? je ne m'en inquiétais guère, lorsque le ciel offrit à moi une pauvre enfant, une orpheline, qui m'inspira une affection soudaine et irrésistible; et sais-tu pourquoi?... Non pas seulement parce qu'elle était bonne, douce et aimable, mais parce qu'elle ressemblait beaucoup à celle que j'avais tant aimée. C'était elle à dix-huit ans! De plus elle était bien malheureuse, et je tremblais pour son avenir. Si j'avais pu après moi lui laisser toute ma fortune, je l'aurais fait; mais je n'en avais pas le droit! Je lui ai proposé alors... (Avec hésitation.) de l'épouser, ce qu'elle a bien voulu accepter.

ANATOLE.

Quoi! réellement, depuis mon départ, vous êtes marié?

DE BOISMORIN.

Oui, mon garçon. J'ai voulu te l'annoncer tout doucement pour ne pas te sembler trop ridicule tout à coup.

ANATOLE.

Vous, monsieur? le meilleur des hommes!

DE BOISMORIN.

Et je t'ai expliqué les motifs de ma conduite parce que je tiens à l'estime de mes amis.

ANATOLE.

Ils diront tous : Vous avez bien fait; vous avez donné un appui, une compagne à votre vieillesse.

DE BOISMORIN.

AIR de Colalto.

Contre l'ennui, la tristesse des ans,
   Sa douce gaîté me protège ;
N'as-tu pas vu quelquefois dans nos champs
La verdure qui brille au milieu de la neige?
   Sur moi son effet est pareil ;

Son front serein amène l'allégresse,
Et son aspect réjouit ma vieillesse,
Comme en hiver un rayon de soleil !

Tu ne peux t'imaginer quel ange de douceur et de bonté, de quels soins, de quelles prévenances je suis entouré. (Lui montrant la porte à droite.) Et tiens, la voici ; je vais te présenter à elle.

SCÈNE VIII.
ADÈLE, M. DE BOISMORIN, ANATOLE.

(Adèle tient sous son bras un album, et des lettres à la main.)

ANATOLE, la regardant pendant que M. de Boismorin va au-devant d'elle.

O ciel! c'est là sa femme !

ADÈLE, à M. de Boismorin.

Voici vos lettres et vos journaux.

DE BOISMORIN, lui prenant la main.

C'est bien ! Mais nous avons ici un ami qui désire te voir.

ADÈLE, apercevant Anatole et courant à lui en poussant un cri de joie.

Quel bonheur, c'est lui !

DE BOISMORIN.

Eh ! qui donc ?

ADÈLE.

Celui dont vous a parlé madame Dubreuil, ce jeune homme que je connaissais à peine, qui a réclamé pour moi le secours des magistrats, et que, depuis ce jour, je n'avais plus revu.

DE BOISMORIN, passant auprès d'Anatole.

Toi ! Anatole ! toi mon fils ! j'aurais dû te reconnaître à ce trait-là... Allons, ton père sera content de moi, j'aurai rempli au moins la moitié de ses intentions : si je n'en ai pas fait un avocat, j'en ai fait un honnête homme.

ANATOLE, cherchant à se remettre de son trouble.

Oui, oui! c'est à vous que je le dois, et je le serai toujours.

ADÈLE.

J'en suis bien certaine; mais, depuis si longtemps, qu'étiez-vous devenu et d'où venez-vous?

DE BOISMORIN.

De New-York, où des revers, des malheurs, des projets contrariés... Nous parlerons de cela; nous avons le temps de nous occuper de lui et de ses affaires, car il reste avec nous.

ANATOLE.

Non, monsieur, cela m'est impossible; des raisons de la plus haute importance me forcent à me rendre sur-le-champ à Paris.

ADÈLE.

Eh bien! par exemple, ce serait joli! je ne le souffrirai pas, je ne le veux pas; (Regardant de Boismorin.) nous ne le voulons pas, n'est-il pas vrai? (A Anatole.) Nous avons ce soir un bal qui sera charmant si vous restez! Je compte sur vous pour danser; (A de Boismorin.) il danse, n'est-ce pas?

DE BOISMORIN.

Très-bien!

ADÈLE.

Vous le voyez! Ainsi c'est convenu, vous ne partez pas.

ANATOLE, d'un air sec.

Je suis désolé, madame, lorsqu'ici tout vous obéit, d'être le seul à vous refuser; mais je vous ai dit qu'une affaire indispensable...

ADÈLE.

Et laquelle?

ANATOLE, avec embarras.

Je ne puis le dire.

DE BOISMORIN.

Même à moi ?

ANATOLE, de même.

Non, monsieur.

DE BOISMORIN.

Alors, je devine ; viens ici. (L'amenant au bord du théâtre et à mi-voix.) Il n'y a d'indispensable à ton âge que les affaires d'amour... En est-ce une ?

ANATOLE, de même.

Peut-être bien.

DE BOISMORIN, de même.

La personne dont tu me parlais est donc à Paris ?

ANATOLE, de même, vivement.

Oui, monsieur.

DE BOISMORIN, de même.

Elle y habite ?

ANATOLE, de même.

Oui, monsieur.

DE BOISMORIN, de même.

C'est différent, je n'insiste plus. (Haut à Adèle.) Il faut qu'il parte, mon enfant.

ADÈLE.

Et vous aussi, qui êtes contre moi !

DE BOISMORIN.

Mais qu'il ne parte que demain, je lui demande ce sacrifice qu'il ne nous refusera pas.

ADÈLE.

Un sacrifice ! C'est donc pour vous ? car pour moi, je serais bien fâchée d'en exiger.

ANATOLE.

J'ai tort sans doute.

ADÈLE.

Un très-grand tort : c'est d'avoir été à New-York, car avant vous étiez bien plus aimable.

ANATOLE.

Peut-être alors me voyiez-vous avec des yeux plus favorables.

ADÈLE.

C'est possible! je ne me connaissais alors ni en prévenances ni en galanterie.

(Regardant M. de Boismorin.)

AIR : Ces postillons sont d'une maladresse.

Ce que j'ai vu me rend plus difficile.

ANATOLE, montrant M. de Boismorin.
Je n'entends pas l'égaler.

ADÈLE, avec ironie.
Dieu merci!
Car pour le faire il faudrait être habile,
Et plus que vous...

DE BOISMORIN.
Adèle!

ADÈLE.
Oser ainsi
Vous attaquer!...

DE BOISMORIN.
Quoi! pour ton vieux mari,
Toi déclarer la guerre à la jeunesse!
Je te sais gré, ma femme, d'un tel soin.
Va, tu fais bien ; va, soutiens la vieillesse,
(S'appuyant sur son bras.)
Car elle en a besoin!

ANATOLE, à Adèle, d'un ton piqué.

Je vais alors, et pour plaire à madame, me hâter de vieillir.

ADÈLE.

Je vous le conseille, surtout si cela doit vous donner de la complaisance, de la bonté, de l'indulgence.

DE BOISMORIN.

Eh! mais toi, qui parles d'indulgence, il me semble que tu n'en as guère pour tes amis.

ANATOLE, avec aigreur.

Aussi madame s'inquiète fort peu de les conserver.

ADÈLE, avec colère.

Moi! c'est bien plutôt vous.

DE BOISMORIN, les séparant.

Allons, tous deux à présent! En vérité, mes chers enfants, la jeunesse est bien extravagante! pour la première fois que vous vous revoyez, vous voilà en guerre ouverte, et je suis obligé, moi, d'intervenir. (Mouvement d'Adèle.) Je prononce donc, par l'autorité que me donnent l'âge et la raison, que demain il partira pour Paris, si ça lui convient; mais qu'il reviendra au plus vite.

ANATOLE.

Je ne le puis.

DE BOISMORIN.

Et moi je l'exige. En attendant que je t'aie trouvé quelque emploi où tu puisses faire fortune, je te garderai près de moi, tu seras mon secrétaire. (Mouvement d'Anatole.) Que tu y consentes ou non, c'est jugé, je le veux. (Lui tendant la main.) Je t'en prie, et j'espère qu'imitant mon exemple, tout le monde ici fera désormais bonne mine à notre hôte.

ADÈLE.

Moi je n'ai pas besoin de secrétaire.

DE BOISMORIN.

Non sans doute; mais pour ton dessin, par exemple, tu peux avoir besoin de leçons, ou du moins de conseils; Anatole t'en donnera. Il a des talents, il peint très-joliment, il corrigera tes ouvrages.

AIR : Ah! Colin, je me fâcherai.

Pour commencer, montre-nous la,
Cette esquisse d'après nature.

ADÈLE.

De mon crayon il ne verra
Aucun ouvrage, je le jure.

DE BOISMORIN.

Et moi, je puis te l'assurer,
Lui montrer tes dessins, ma chère,
Vaudrait mieux que de lui montrer
Un mauvais caractère.

ADÈLE, interdite et se mettant à pleurer.

Moi, un mauvais caractère! Vous croyez qu'il le pense?

DE BOISMORIN, froidement.

Il y en a qui, à sa place, auraient cette idée-là.

ADÈLE.

Vous le pensez vous-même; c'est la première fois que vous me grondez, et c'est lui qui en est la cause; c'est bien mal! mais c'est égal, me voilà prête à vous obéir; je ferai tout ce que vous voudrez; je lui montrerai mes dessins, je ne serai plus en colère, pourvu que vous me pardonniez et lui aussi.

DE BOISMORIN, à Anatole.

Tu l'entends, elle redevient bonne.

ANATOLE.

Moi! je serais désolé de contraindre madame et de la gêner en rien.

ADÈLE.

La! vous voyez qu'il m'en veut encore, et que c'est lui qui a de la rancune.

DE BOISMORIN, s'approchant d'Anatole et lui parlant à demi-voix.

Elle a raison; c'est toi, à ton tour, qui as un mauvais caractère, et tu la traites avec trop de sévérité; car enfin c'est l'enfant de la maison; elle fait ici ce qu'elle veut, et elle n'a pas l'habitude d'être contrariée.

ANATOLE, froidement.

Cela ne m'arrivera plus.

DE BOISMORIN.

D'autant que dans son insistance à te faire rester, dans sa colère même, il y avait pour toi quelque chose d'aimable, de bienveillant, et la manière dont tu viens de lui répondre...

ANATOLE, de même.

J'ai tort, monsieur.

DE BOISMORIN.

A la bonne heure! (Allant près d'Adèle.) Il reconnaît qu'il a tort... Puisque nous devons vivre ensemble, mes enfants, tâchons de vivre en bonne intelligence; et pour cela, que chacun y mette du sien; c'est là le grand secret des ménages... Je m'en vais lire mon courrier. (A Adèle.) Toi, dessine. (A Anatole.) Toi, monsieur le professeur, donne la leçon, et qu'à mon retour la paix soit signée.

(Adèle lui donne son chapeau. Il sort par la droite.)

SCÈNE IX.

ANATOLE, debout à gauche du théâtre, ADÈLE, tirant le guéridon qu'elle place un peu sur le devant. — Elle prend son album, s'assied et s'occupe à dessiner.

ANATOLE, à part et la regardant.

Quand je pense que c'est là sa femme! j'ai peine à modérer mon dépit et ma colère; elle est à lui! et sans m'adresser un mot de regrets ou de consolation, elle m'a accueilli sans trouble et le sourire sur les lèvres.

ADÈLE, assise et dessinant toujours.

Eh bien! monsieur, il me semble que, pour me donner leçon, il faut au moins regarder ce que je fais.

ANATOLE, s'avançant et regardant par-dessus son épaule.

C'est très-bien.

ADÈLE.

J'en doute; mais vous n'osez pas dire que c'est mal; convenez-en franchement.

ANATOLE.

Non, mademoiselle.

ADÈLE, souriant.

Mademoiselle!... dites donc madame.

ANATOLE.

C'est juste. (Après un moment de silence.) Y a-t-il longtemps que vous êtes mariée?

ADÈLE.

Deux mois.

ANATOLE.

Et c'est ici, dans ce château?

ADÈLE.

Non, c'est à Paris. (Levant le tête.) Je vous ferai observer, monsieur, qu'il ne s'agit pas de mon mariage, mais de mon dessin.

ANATOLE, la regardant.

J'y trouve des progrès très-grands.

ADÈLE.

Vous dites cela d'un air fâché.

ANATOLE.

Nullement... Je le suis seulement de ne m'être pas trouvé à Paris au moment de votre mariage.

ADÈLE, dessinant toujours.

Je vous aurais invité.

ANATOLE, avec colère.

Moi!

ADÈLE.

Certainement... c'était très-beau.

ANATOLE.

Et très-gai.

ADÈLE.

Oui, monsieur... une noce charmante! des toilettes magnifiques! La mienne surtout... Un voile d'Angleterre qui faisait l'admiration de toutes les dames! En sortant de l'Église, vous ne savez pas ce qui nous attendait?

ANATOLE, avec ironie.

Non vraiment.

ADÈLE.

M. de Boismorin avait donné ses ordres... Oh! le beau déjeuner! et que j'ai regretté alors mes amies de pension! Si elles avaient été là, Dieu sait comme elles s'en seraient donné... Moi pas, je n'avais pas faim, j'étais trop contente

ANATOLE, avec émotion.

Et après?

ADÈLE.

Après? Il y a eu un bal superbe! Car M. de Boismorin, qui ne danse pas, n'empêche pas les autres de danser; au contraire, il veut que l'on s'amuse... et je n'ai pas manqué une contredanse. (Gaiement.) De tout le bal je suis restée la dernière! et enfin...

ANATOLE, avec colère.

Enfin...

ADÈLE.

Il était bien tard, M. de Boismorin m'a serré affectueusement la main, a sonné une femme de chambre, est rentré chez lui, (Gaiement.) et je me suis trouvée toute seule dans un bel appartement doré... où j'ai dormi tout d'un trait... rêvant à mon bonheur... à vous, monsieur.

(Elle se lève.)

ANATOLE, avec joie.

O ciel!

ADÈLE.

Et surtout, à votre surprise, quand vous me reverriez riche et heureuse... je me faisais de ce moment une idée charmante, et votre retour a tout glacé... je ne vous reconnais plus.

ANATOLE.

Ah! pardon, mille fois... j'étais un insensé, un malheureux... qui n'était pas digne de votre amitié... que voulez-vous?... il est des sentiments dont on ne peut se rendre compte... on se fâche souvent contre soi-même, ou contre les autres, sans savoir pourquoi.

ADÈLE.

Vous êtes boudeur!

ANATOLE.

Et le difficile après est de s'expliquer, et de revenir... on n'ose pas.

ADÈLE.

Je conçois cela... vous serez donc de meilleure humeur à votre prochaine leçon?

ANATOLE.

Ah! toujours, désormais...

ADÈLE.

A la bonne heure!... vous corrigerez mes dessins, vous me montrerez la peinture, puisque M. de Boismorin prétend que vous savez peindre... Sont-ce des tableaux de genre?

ANATOLE.

Non; de simples miniatures que je garde pour moi. (Pendant qu'Anatole parle, Adèle remet le guéridon à sa place.) Dans les voyages, ou dans l'absence, c'est une ressource, une consolation de pouvoir retracer des traits qui nous sont chers, et que nous ne voyons plus... cela nous rend présents les amis que nous regrettons.

ADÈLE.

Ah! je crois que cela vous inquiétait fort peu, et que, dans l'absence, vous ne pensiez guère à vos amis.

(Anatole lui présente un portrait qu'il tire de son sein.)

ADÈLE, poussant un cri.

Ah! qu'est-ce que je vois là?... cette jeune fille... oh! non, non, monsieur.

AIR : Un jeune Grec assis sur des tombeaux.

Ce n'est pas moi, ce ne sont pas mes traits,
Non... c'est trop bien pour que je le soupçonne.

ANATOLE.

C'est vous, hélas ! comme je vous voyais,
Quand vous étiez et bienveillante, et bonne...
    Oui, ce portrait était frappant,
Oui, c'étaient là tous vos traits, il me semble...
Lorsque sur moi, jadis, si tendrement
Vous arrêtiez vos yeux.

ADÈLE, regardant Anatole avec expression.

    Et maintenant
Trouvez-vous encor qu'il ressemble?

ANATOLE.

Ah! plus que jamais vous voilà! je vous ai retrouvée.

ADÈLE.

Mais j'ai toujours été la même... c'est vous seul qui aviez changé.

ANATOLE.

C'est vous, plutôt...

ADÈLE.

Eh bien ! oui; tout à l'heure... pour quelques instants, parce que j'avais de l'humeur, du dépit de ce que vous partiez... mais vous ne partez plus... ou vous reviendrez bien vite... dites-le-moi, et je croirai que vous êtes toujours mon ami.

ANATOLE, avec passion.

Jusqu'à la mort!

ADÈLE.

Et vous avez raison... car pendant votre absence, que de fois j'ai pensé à vous... seulement je ne savais pas peindre... voilà tout, sans cela...

ANATOLE, avec tendresse et s'élançant vers elle.

Adèle!

ADÈLE.

Qu'avez-vous?...

ANATOLE, s'arrêtant.

Moi! rien... (Se reprenant.) Ce portrait vous a donc fait plaisir?

ADÈLE, le regardant toujours.

Beaucoup... et je ne sais comment vous en remercier...

ANATOLE.

J'en sais un moyen... donnez-le-moi.

ADÈLE.

A quoi bon?... il est à vous!... il vous appartient...

ANATOLE.

Oui, mais si je le reçois de vous, si vous me le donnez... il me sera bien plus précieux encore, il me rendra bien heureux.

ADÈLE.

Tenez donc!... le voilà.

ANATOLE, avec joie.

Ah!... (Le mettant sur son cœur.) Il restera là... et écoutez-moi maintenant... je veux que vous me regardiez comme indigne de le porter, je veux que vous le repreniez à l'instant, si je manquais jamais à l'amitié que je vous ai jurée, à vous, Adèle... à vous... (S'arrêtant.) et à M. de Boismorin.

ADÈLE.

Est-ce que c'est possible?... il est si bon pour vous et pour moi!... nous sommes ses deux enfants, et maintenant que vous voilà, il sera plus heureux; nous serons deux à l'aimer!... Vous me seconderez dans les soins que je lui rends... nous lui ferons la lecture...

ANATOLE.

Et dans ses promenades, c'est moi qui lui donnerai le bras.

ADÈLE.

Oui... l'autre! et ne croyez pas que ce soit ennuyeux... il est si gai et si aimable... et puis il n'est pas exigeant... il ne veut pas qu'on soit toujours là près de lui... nous aurons tout le temps d'étudier, de dessiner, de faire de la musique et de courir dans le parc...

ANATOLE, avec joie.

Avec vous!

ADÈLE.

Toujours avec moi!... et puis toutes les semaines il y aura un bal champêtre...

ANATOLE.

Je serai votre cavalier.

ADÈLE.

J'y compte bien... dès ce soir!...

ANATOLE.

Ah! quelle douce existence! quel bonheur de passer ses jours dans ce château!...

ADÈLE.

Vous êtes donc content?

ANATOLE.

Je ne désire plus rien!... puisque vous m'avez rendu votre confiance, votre amitié.

ADÈLE, souriant.

Moi! du tout... est-ce que vous l'aviez jamais perdue?

ANATOLE.

Ah! que vous êtes bonne!

(Il lui prend les mains et ils restent ainsi jusqu'au moment où M. de Boismorin leur par ..)

SCÈNE X.

Les mêmes; M. DE BOISMORIN.

DE BOISMORIN, qui a entendu les derniers mots.

N'est-ce pas? je te le disais bien; j'étais sûr que vous finiriez par vous entendre.

ADÈLE.

Oh! certainement! c'était moi qui avais tort.

ANATOLE.

C'était moi!

ADÈLE.

Du tout!

ANATOLE.

Je vous dis que si...

DE BOISMORIN.

Allons, n'allez-vous pas vous disputer encore?

ADÈLE.

Oh! non! nous sommes trop bons amis pour cela.

DE BOISMORIN.

Eh bien! puisque tu es son amie, tu vas te réjouir avec moi du bonheur qui lui arrive.

ADÈLE.

Un bonheur!... ah! que je suis contente! car à coup sûr, il le mérite bien! et cette fois, du moins, la fortune sera juste. Parlez vite.

DE BOISMORIN.

Je ne le peux pas si tu m'interromps toujours.

ADÈLE.

Moi... je ne dis rien... j'écoute!... mais allez donc...

DE BOISMORIN, à Anatole.

Je te disais bien ce matin, qu'il ne fallait désespérer ni

de soi, ni de la Providence... (A Adèle.) car, dans son extravagance, monsieur ne parlait rien moins que de se tuer.

ADÈLE.

Eh bien! par exemple, je voudrais bien voir cela! vous aviez des idées pareilles?

ANATOLE.

Ce matin!... (La regardant tendrement.) Pas maintenant!...

ADÈLE, de même.

A la bonne heure!

DE BOISMORIN.

Et c'est agir sagement, car dans les lettres arrivées et que je viens de lire, il y en avait une d'un de mes amis, un riche fabricant qui demeure à Mulhouse.

ADÈLE.

Mulhouse!

DE BOISMORIN.

En Alsace... c'est un peu loin de la Normandie où nous sommes.

ANATOLE.

Eh bien, monsieur?...

DE BOISMORIN.

Eh bien, ce brave manufacturier a fait une grande fortune, grâce à son activité; mais il se fait vieux, il n'a pas d'enfants sur qui il puisse se reposer des soins continuels que demande une exploitation aussi considérable... et il m'écrit que s'il pouvait trouver un jeune homme de talent et de bonne conduite qui méritât sa confiance... il le mettrait à la tête de sa maison, lui assurerait de son vivant un intérêt dans les bénéfices, et plus tard lui laisserait sa manufacture.

ADÈLE.

Eh bien?

18.

DE BOISMORIN.

Eh bien!... j'ai pensé à lui!...

ANATOLE, à part, avec effroi.

O ciel!... (Haut.) A moi!...

DE BOISMORIN.

C'est ce que tu voulais; c'est une fortune qui t'arrive!...

ADÈLE.

Une fortune à Mulhouse... est-ce que ça a le sens commun?

DE BOISMORIN.

Pourquoi pas?

ADÈLE, vivement.

Il n'en a pas besoin, puisqu'il reste avec nous... ici, dans ce château!... il me l'a promis... (Vivement à Anatole.) Mais parlez donc, monsieur, cela ne vaut-il pas mieux? n'est-ce pas plus simple, plus avantageux, plus agréable?

DE BOISMORIN.

Pour nous, certainement; mais pour lui, c'est autre chose...

ADÈLE, insistant.

S'il ne tient pas à la fortune!

DE BOISMORIN.

Nous devons y tenir pour lui; il ne faut pas être égoïste, il faut aimer ses amis pour eux-mêmes, et se sacrifier pour eux... En restant mon secrétaire, cela ne peut le mener à rien!... tandis que là-bas... il aura une position... il fera son chemin... il trouvera les moyens de s'établir... de se marier...

ADÈLE, avec étonnement.

Se marier!... à quoi bon?...

DE BOISMORIN, souriant.

Cette question!... crois-tu donc qu'il n'y a que toi au monde qui te maries?

ADÈLE, naïvement.

C'est vrai! je n'y avais jamais songé!

DE BOISMORIN.

Mais lui, il y songe... c'est là son but, son espoir... il y à Paris une jeune fille qu'il aime, qu'il adore...

ADÈLE.

Comment!

ANATOLE, à part.

O mon Dieu!

DE BOISMORIN.

Et qu'il doit épouser dès qu'il aura fait fortune.

ADÈLE.

Oh! non... ce n'est pas possible... il me l'aurait dit... il me dit tout!...

ANATOLE.

Pardon, madame!

DE BOISMORIN, à Adèle.

Il en est convenu avec moi. (Adèle fait un geste de surprise de douleur.) Mais toi, tu es encore trop jeune pour qu'il tienne au courant de ses passions ou de ses conquêtes.

AIR du vaudeville de *la Famille de l'Apothicaire.*

De droit un pareil entretien
Revient à moi seul, et pour cause;
Cela nous regarde... il faut bien
Qu'il nous reste au moins quelque chose!
N'enlevez pas, mes chers enfants,
A des âges tels que les nôtres
Les vieux rôles de confidents...
Nous n'en pouvons plus avoir d'autres.

(A Anatole.) Je vais donc écrire à Mulhouse que je réponds de toi, que tu acceptes... et comme il n'y a pas de temps à perdre, dès demain, tu te mettras en route, en passant par Paris... c'est le chemin!

ANATOLE, avec effroi et regardant Adèle.

Dès demain!...

DE BOISMORIN.

Il ne faut jamais faire attendre la fortune... les rendez-vous manqués ne se retrouvent plus... je vais tout disposer, pour que tu fasses la route avec agrément; quant aux frais de voyage, ne t'en inquiète pas.

ANATOLE.

Monsieur...

(Il s'éloigne vers le fond.)

DE BOISMORIN.

C'est mon affaire... Viens, Adèle. (Regardant Adèle qui est restée immobile et comme absorbée dans ses réflexions.) Eh bien, eh bien! tu ne m'entends pas... qu'as-tu donc?...

ADÈLE, revenant à elle et comme s'éveillant.

Rien, monsieur... me voilà... que voulez-vous?...

DE BOISMORIN.

Ton bras... donne-moi ton bras, je suis un peu fatigué. (Adèle donne son bras à M. de Boismorin. Anatole fait un pas, se rapproche d'elle et lui touche légèrement le bras. Adèle, sans lui répondre et sans le regarder, s'éloigne de lui, se serre contre M. de Boismorin, qu'elle entraîne vivement. Ils sortent tous deux par la porte à gauche de l'acteur.)

SCÈNE XI.

ANATOLE, seul, les regardant sortir.

Elle refuse de m'écouter! elle ne me regarde plus! elle croit que j'en aime une autre... que je vais en épouser une autre!... Comment faire? mon Dieu! puis-je m'éloigner sans la détromper?... je le devrais peut-être!... mais partir sous le poids de son dédain et de sa colère, ne pas même emporter un sentiment de pitié... Non, non, je n'en ai pas le courage, et avant mon départ, je lui dirai que celle que j'adore, c'est elle! elle saura que mes pensées, mes affections, toute mon existence sont à elle... à elle seule!... elle le saura!... il le faut, d'ailleurs! il faut la prévenir... son chagrin, son dépit... ses imprudences peuvent à chaque instant trahir aux yeux de son mari un secret qui, pour moi, n'était que trop clair... et dont M. de Boismorin se serait déjà aperçu, sans la confiance qu'il a en elle et en moi surtout! mais s'il nous devinait enfin... s'il découvrait la vérité... lui, mon bienfaiteur!... Oh! que devenir! il faudrait mourir de honte et de remords... Oui... oui, courons...

(Au moment où il veut entrer par la porte à gauche, il rencontre Marie qui en sort.)

SCÈNE XII.

ANATOLE, MARIE, portant des fleurs à la main et dans son tablier.

MARIE, l'arrêtant.

Eh bien! où allez-vous donc ainsi?

ANATOLE.

Parler à madame...

MARIE.

Vous ne pourrez pas.

ANATOLE, à haute voix.

Et pourquoi donc?

MARIE, lui faisant signe de se taire.

Silence!... notre vieux maître était un peu las... et après avoir donné des ordres pour que vous partiez demain au point du jour, il s'est assoupi dans son grand fauteuil... madame est restée auprès de lui, dans son boudoir... dont elle a fait défendre la porte.

ANATOLE, avec impatience.

Et s'il dort longtemps?

MARIE.

Dame! à la manière dont il est parti... peut-être quelques heures...

(Elle prend la corbeille qui est sur la table.)

ANATOLE, à part.

Demain, m'éloigner et au point du jour!... (Haut.) Et Adèle?...

MARIE.

Je ne sais pas ce qu'elle a... mais il faut qu'elle souffre ; car elle m'a dit qu'elle ne pourrait pas paraître au bal.

ANATOLE.

Est-il possible?

MARIE.

Un bal pour lequel j'arrange les corbeilles du salon... et elle n'y sera pas! elle restera toute la soirée dans sa chambre.

ANATOLE.

Toute la soirée!

MARIE.

Sans recevoir personne.

ANATOLE.

Personne au monde?

MARIE.

Excepté son mari... et puis moi, qui puis entrer à toute heure... elle a tant de bontés pour moi!

(Elle a pris la corbeille qui est sur la table à gauche, y met les fleurs, et va s'asseoir à droite près du guéridon. Elle dispose ses bouquets, et tourne le dos à Anatole.)

ANATOLE, s'arrêtant, et à part.

Ah! si j'osais! Non, non, l'exposer, la compromettre auprès de cette petite fille... mais comment faire?... elle ne sortira plus d'aujourd'hui... et moi qui pars demain, au point du jour...

MARIE.

Qu'est-ce que vous dites donc là tout seul?

ANATOLE.

Je pensais à l'affection que ta maîtresse a pour toi...

MARIE.

On ne peut pas s'imaginer combien elle est bonne!... vous ne le croiriez jamais... au point qu'elle m'a proposé d'être, comme elle dit, mon secrétaire.

ANATOLE.

Ton secrétaire?... es-tu folle?

MARIE.

Du tout... ce n'est pas moi, c'est M. Tricot, mon amoureux, qui s'obstine toujours à m'écrire, à moi qui ne sais pas lire... vous jugez comme c'est ennuyeux, et combien j'ai été heureuse quand madame m'a dit : « Apporte-moi tous les billets qu'il t'écrira... je les lirai... et j'y répondrai... » C'est drôle, n'est-ce pas?...

ANATOLE.

Oui, certainement. (S'asseyant vivement près de la table à gauche, et écrivant pendant que Marie, qui lui tourne le dos, arrange des fleurs dans la corbeille à droite.) Ma foi! l'occasion est trop belle...

MARIE.

AIR : Quand on ne dort pas de la nuit.

Grâce à mon secrétaire, ainsi,
Comm' tant' d'autr's j'aurai d'la science;
Et p't-être plus tard, mon mari,
Contr' les billets-doux garanti,
N' s'ra pas fâché d' mon ignorance...
Maint' fill' s'est mis' dans l'embarras
Pour avoir signé son paraphe...
Moi, j'suis sûre, en n'écrivant pas,
De n'pas fair' (*Bis.*) de faut' d'ortographe!

ANATOLE, qui, pendant ce temps, a achevé d'écrire sa lettre, se lève et s'approche de Marie, qui lui tourne toujours le dos, continuant à arranger des fleurs dans la corbeille.

Crois-tu que ton amoureux t'adresse bientôt un billet doux?

MARIE.

Je l'ai refusé ce matin, et j'ai peur qu'il n'ose plus...

ANATOLE.

Tu te trompes!...

MARIE.

Comment!

ANATOLE.

Tout à l'heure dans le parc, M. Tricot s'est approché de moi d'un air mystérieux et m'a dit : « Je suis obligé de partir tout de suite... daignez remettre ce petit mot à mademoiselle Marie, c'est très-important! »

MARIE, quittant ses fleurs et se levant.

Bah!

ANATOLE, lui présentant le billet.

Le voilà.

MARIE.

Qu'est-ce que ce peut être?

ANATOLE.

Je l'ignore.

MARIE.

Que c'est impatientant qu'il ait la rage d'écrire, comme s'il n'aurait pas pu dire tout de suite... Voyons, monsieur, que signifient ces petites barres toutes noires?...

ANATOLE.

Demande à ta maîtresse... je ne veux pas aller sur ses brisées, et puis, si c'est un secret!...

MARIE.

C'est juste!... je vais porter ça à madame...

ANATOLE.
Tu devrais déjà être partie... vas-y donc.

MARIE.
J'y cours. (Regardant par la porte à gauche, et revenant près d'Anatole.) C'est encore mieux... la voici qui vient...

ANATOLE.
Remets-lui ce billet!

MARIE.
Elle est avec son mari.

ANATOLE, vivement.
Ne le lui remets pas!

MARIE.
Pourquoi donc? Ah! ce n'est pas monsieur qui me gêne... ni elle non plus, vous allez voir.

(Anatole voudrait la retenir, mais M. de Boismorin entre en ce moment, appuyé sur le bras de sa femme, et Marie s'élance au-devant d'eux.)

SCÈNE XIII.

ANATOLE, MARIE, M. DE BOISMORIN, ADÈLE.

MARIE, à M. de Boismorin.
Vous voilà donc réveillé, monsieur?

DE BOISMORIN.
Oui, cet instant de sommeil m'a fait du bien... et Adèle voulait, malgré ça, rester près de moi... Il a fallu presque se fâcher pour la forcer à prendre un peu l'air.

MARIE.
Vous avez bien fait... car j'ai justement quelque chose à montrer à madame.

ADÈLE.
Quoi donc?...

MARIE.

Une lettre de M. Tricot, mon prétendu

DE BOISMORIN.

Mon régisseur?

MARIE.

Oui, monsieur.

DE BOISMORIN.

Un fort brave homme! (A Adèle.) Voyons, chère amie...

ANATOLE, cherchant à détourner l'attention de M. de Boismorin.

Monsieur, je voulais vous demander sur Mulhouse quelques renseignements...

DE BOISMORIN.

Je suis à toi!... laisse-nous lire d'abord la lettre de M. Tricot; tout le monde peut l'entendre, c'est un homme moral par état et par inclination...

(Il donne la lettre à Adèle.)

ADÈLE, lisant.

« Ce soir, pendant le bal, il faut que je vous voie seule « un instant, ou je suis capable de tout oublier. »

DE BOISMORIN.

Il a écrit cela?

ADÈLE.

Oui, monsieur.

DE BOISMORIN.

Demander un rendez-vous secret à cette petite!

MARIE.

Un tête-à-tête, à moi seule!... quelle horreur!

DE BOISMORIN.

J'en suis fâché pour Tricot; et je ne le reconnais pas là! chercher à égarer une jeune fille sans expérience... l'entraîner dans une démarche dont elle aurait à se repentir, c'est mal; c'est très-mal; n'est-ce pas, Anatole?

ANATOLE, embarrassé.

Peut-être qu'il n'a pas senti lui-même... qu'il ne voulait pas... que son intention...

DE BOISMORIN.

Nous allons le savoir... car le voici.

ANATOLE, à part.

C'est fait de moi.

SCÈNE XIV.

ANATOLE, MARIE, TRICOT, DE BOISMORIN, ADÈLE.

DE BOISMORIN.

Approchez, approchez, maître Tricot.

TRICOT.

On a besoin de moi, monsieur?

DE BOISMORIN.

Oui, il s'agit d'une petite explication.

TRICOT.

Si ça peut vous être agréable...

ANATOLE, à part.

Ah! que je voudrais être loin d'ici!

MARIE, s'avançant près de Tricot.

Fi... c'est affreux! c'est indigne!

TRICOT, étonné.

Hein?

DE BOISMORIN, d'un ton sévère.

Je ne vous connaissais pas encore, monsieur...

MARIE.

Ni moi non plus!

TRICOT, à M. de Boismorin.

Je croyais pourtant que depuis trois ans!...

DE BOISMORIN.
Vous devriez rougir...

TRICOT.
Et de quoi?

ADÈLE.
De votre correspondance...

TRICOT.
Quelle correspondance?

ANATOLE.
Avec Marie.

TRICOT.
Elle me l'a rendue sans la lire.

DE BOISMORIN.
Elle a bien fait... c'est une honnête fille!...

TRICOT.
Précisément ce que j'ai dit en reprenant le paquet.

ADÈLE.
Mais aujourd'hui vous lui avez écrit encore!...

TRICOT.
C'est vrai.

ANATOLE, à part, avec joie.
Quel bonheur, il en convient!

DE BOISMORIN.
Et cette lettre est indigne de vous, honnête Tricot.

TRICOT.
Comment le savez-vous?

ADÈLE.
Parce que nous l'avons lue.

TRICOT.
Vous l'avez lue?

MARIE, sèchement.
Sans doute!

TRICOT.

C'est bien étonnant!

DE BOISMORIN.

Pourquoi?

TRICOT.

C'est qu'elle est encore là dans ma poche... je l'apportais à mademoiselle Marie.

MARIE.

Voilà qui est fort!... moi qui l'ai déjà reçue... et la preuve... tenez, tenez, monsieur... reconnaissez-vous votre écriture?

TRICOT, regardant avec indignation.

Ça! il n'y a pas un jambage de ma composition!

MARIE.

Par exemple!

TRICOT.

C'est une anglaise efflanquée, et moi, j'ai une bâtarde, une pure bâtarde... je m'en rapporte à monsieur le capitaine... qu'il dise si c'est là le style de mes pleins et de mes déliés!...

DE BOISMORIN, cherchant à lire.

Attendez donc... autant que je peux distinguer... (A Marie.) Mais enfin ce billet... qui te l'a remis?

MARIE, montrant Anatole.

Monsieur, ici présent.

TRICOT, avec indignation.

Lui!

MARIE.

Pour votre compte, à vous.

TRICOT.

Et de quoi se mêle-t-il?

ADÈLE, à Anatole.

C'est vrai! parlez, monsieur, répondez à l'instant.

DE BOISMORIN.

Calme-toi, calme-toi... (A Marie.) Marie, laisse-nous, ainsi que vous, monsieur Tricot.

TRICOT.

Oui, monsieur. (Montrant Anatole.) Et lui aussi, qui décoche des billets doux à mademoiselle Marie... si je l'y rattrape !... moi qui l'ai reçu ce matin... qui lui ai fait la conversation à son arrivée... c'est un serpent que j'ai réchauffé dans mon sein.

(Marie sort, Tricot la suit et veut encore lui parler; elle le repousse et sort par la droite, tandis que Tricot s'en va par le fond.)

SCÈNE XV.

ANATOLE, DE BOISMORIN, ADÈLE.

DE BOISMORIN.

Je n'ai pas voulu que cette explication eût lieu devant eux... et pour cause... car il ne m'avait pas fallu beaucoup de peine pour reconnaître cette écriture... Elle est de vous, Anatole.

ADÈLE, avec indignation.

De lui... il écrit à Marie... il en est amoureux !...

ANATOLE, vivement.

Moi !... vous pourriez supposer, vous pourriez croire ?... ce n'est pas vrai, je vous l'atteste !... et jamais de la vie...

ADÈLE.

A la bonne heure !... aussi, je me disais : C'est impossible... Mais alors, monsieur, pour qui était cette lettre? C'est ce que nous voulons savoir... Ce n'est pas pour cette demoiselle que vous aimez... que vous voulez épouser... elle est à Paris et à coup sûr vos lettres... si vous lui en écrivez... car moi je n'en sais rien, cela ne me regarde pas, et cela m'est fort indifférent; mais enfin vos lettres, vous n'iriez pas les remettre à Marie...

DE BOISMORIN, froidement.

C'est assez clair!

ADÈLE, toujours avec la même chaleur.

N'est-ce pas?... c'est évident!... alors si ce n'est pas pour cette petite Marie... c'est donc pour quelqu'un des environs... quelqu'un du pays... quelqu'un d'ici...

DE BOISMORIN, les regardant tous deux.

Quelqu'un d'ici... tu crois?

ANATOLE, à part avec effroi.

O ciel! (Haut et dans le plus grand trouble.) Arrêtez!... ne m'accablez pas de votre colère ou plutôt de vos railleries... car vous devinez sans peine à mon trouble et à mon embarras, combien il m'en coûte d'avouer un pareil choix... eh bien! oui, monsieur, cette petite Marie...

ADÈLE.

Marie!

ANATOLE, dans le plus grand trouble.

Un caprice... une plaisanterie... une idée qu'un instant avait fait naître et à laquelle j'ai déjà renoncé... car j'ignorais que votre régisseur... d'ailleurs dès demain... dès ce soir... je m'éloigne... vous le savez...

ADÈLE.

Il est donc vrai!... il en convient!

ANATOLE, hésitant.

Oui, madame, bien malgré moi!

ADÈLE, à M. de Boismorin.

Et vous n'êtes pas en colère? vous n'êtes pas furieux contre lui?... vous ne le traitez pas comme il le mérite?...

DE BOISMORIN.

Tu t'en acquittes si bien, que je te laisse faire...

ADÈLE.

Vous qui disiez ce matin que c'était un honnête homme! un cœur si bon, si honnête... si vertueux... (A Anatole.) Oui, monsieur... mon mari le disait, mais maintenant c'est bien différent! il vous connaît, il voit bien que vous aimez tout le monde... ce qui est affreux... ce qui annonce le plus mauvais caractère; aussi il ne vous aime plus... il vous a retiré son estime et son affection... moi j'ai fait comme lui, et pour commencer, je rétracte tout ce que je vous ai dit ce matin.

DE BOISMORIN.

Et que lui as-tu dit ?

ANATOLE, à part.

O ciel!

ADÈLE.

Tout ce que j'avais éprouvé de chagrin en son absence, combien j'avais pensé à lui... combien j'étais heureuse de le voir... et c'était vrai... je vous le jure... mais ça ne l'est plus... car je désire au contraire qu'il s'en aille, qu'il s'éloigne...

ANATOLE.

Vous serez satisfaite!...

ADÈLE.

Et vous ferez bien... mais auparavant, rappelez-vous que ce que vous m'avez demandé... je ne vous le donne plus...

DE BOISMORIN.

Quoi donc ?

ADÈLE.

Un portrait que pendant son voyage... il avait fait d'idée et de souvenir, un portrait de moi...

DE BOISMORIN.

Un portrait!

ANATOLE, voulant faire taire Adèle.

Je vous en supplie...

ADÈLE.

Il m'a priée de le lui laisser comme un gage d'amitié... moi j'ai dit : bien volontiers, parce que je l'en croyais digne !... mais maintenant... et après sa conduite envers nous, je lui en veux tellement que jamais je n'ai éprouvé rien de pareil... car enfin, mon ami, vous êtes là... près de moi et cependant je souffre... je suis malheureuse... et j'ai beau faire... je ne puis retenir mes larmes...

(Elle se jette dans les bras de M. de Boismorin.)

ANATOLE.

Le ciel m'est témoin que j'aurais fait tout au monde pour vous en épargner une seule... mais ici l'on ne me croirait plus... en perdant votre estime, j'ai tout perdu et maintenant je ne prendrai plus conseil que de mon désespoir!

(Il sort.)

SCÈNE XVI.

M. DE BOISMORIN, ADÈLE.

DE BOISMORIN, la tenant toujours dans ses bras.

Allons... allons, mon enfant... remets-toi !

ADÈLE, essuyant ses yeux.

Depuis qu'il n'est plus là... cela va mieux... et je vous demande pardon d'avoir été si peu maîtresse... de mon indignation.

DE BOISMORIN.

C'était si naturel !

ADÈLE.

N'est-ce pas ?

DE BOISMORIN.

Certainement !

ADÈLE.

Conçoit-on... une audace semblable ? aimer quelqu'un à Paris, et faire ici la cour à votre jardinière ! devenir le rival de M. Tricot... et tout cela dans votre château, sous vos yeux !... voilà ce qui m'a fâchée...

19.

DE BOISMORIN, froidement.

Il y avait de quoi; mais que serait-ce donc si tu savais la vérité tout entière ?

ADÈLE.

O ciel! qu'avez-vous donc appris de nouveau ?

DE BOISMORIN, froidement.

Des choses qui vont bien plus encore exciter ta colère, il nous a trompés, il n'aime personne à Paris.

ADÈLE, avec satisfaction.

Vraiment ?

DE BOISMORIN, de même.

Il n'a pas eu un instant d'amour pour la petite Marie...

ADÈLE, de même.

Est-il possible !

DE BOISMORIN, de même.

C'est bien pire encore... c'est toi qu'il aime.

ADÈLE, avec joie.

Moi ! qu'est-ce que vous me dites là ?

DE BOISMORIN.

Et je ne te vois contre lui ni fâchée ni indignée... Son crime cependant est bien plus grand encore... car celle qu'il aime est la femme de son bienfaiteur... c'est le trésor, la consolation, le dernier bonheur d'un vieillard qui perdrait tout en perdant sa tendresse... Et il a voulu la lui enlever... la lui disputer du moins... Est-ce là de la reconnaissance ?

ADÈLE.

Oh ! monsieur...

DE BOISMORIN.

Il s'est adressé à une jeune fille simple et candide qui, dans l'ignorance de son cœur, ne pouvait se défendre contre des sentiments qu'elle ne soupçonnait même pas... Est-ce là de l'honneur, de la probité ?

ADÈLE.

Oh! non... non!... il n'est pas coupable!... il avait pour vous tant de vénération et de reconnaissance... Il me parlait comme à sa sœur, moi à mon frère... et si nous nous entendions tous deux, c'était pour vous aimer et vous respecter...

DE BOISMORIN.

Je n'ai donc pas perdu toute ton amitié?

ADÈLE, vivement.

Jamais! jamais! Est-il rien au monde que je puisse vous préférer?... Je suis auprès de vous si heureuse et si tranquille... c'est un plaisir, un bonheur que rien ne vient altérer! mon cœur et ma raison se trouvent d'accord... je suis en paix avec moi-même... car il me semble que vous aimer c'est aimer la vertu!... Auprès de lui, au contraire, c'est un trouble, un malaise que je ne puis exprimer... Tout m'agite et m'irrite; mécontente de moi et des autres, je souffre... et loin d'oser me plaindre... je sens là, dans ma conscience, une voix qui me dit : tais-toi... tais-toi!... ce n'est pas bien... Voilà ce que j'éprouve, monsieur, voilà ce dont il est cause, et vous pourriez croire, après cela, que je l'aime mieux que vous!

DE BOISMORIN, secouant la tête.

Non, pas mieux, mais plus!... Écoute-moi, mon enfant, car je te regarde comme ma fille, ma fille bien-aimée! Que n'en ai-je une de ton âge, parée de tes attraits, de ta candeur! j'éclairerais son inexpérience, je lui dirais que dans les premières démarches d'une jeune femme, tout est grave, tout est important... car souvent d'une imprudence dépend le bonheur de sa vie entière. Oui, ma fille, aux yeux du monde... bien plus, aux yeux même de ce jeune homme qui t'aime, il faut que tu apparaisses toujours pure et irréprochable... Dans ton intérêt, dans celui de ton bonheur... dans le sien!... oui... oui, écoute-moi bien... cet ami qui est là près de toi n'y sera pas toujours; son absence te rendra

bientôt et ta liberté et le droit de disposer de toi-même...
Mais alors, et quel que soit le choix que tu fasses, c'est ta
conduite passée qui répondra de ton avenir... Il n'y a pas
d'amour durable sans beaucoup d'estime... et celui qui
t'aurait aidée à tromper ton vieux mari craindrait d'être
trompé à son tour.

ADÈLE.

Ah! monsieur...

DE BOISMORIN.

C'est pour toi que je te dis cela!... moi, je touche au port...
ma carrière est finie... la tienne va commencer... tu as de
longues années à espérer... Qu'elles s'écoulent sans remords
et sans regrets! que rien n'attriste une existence qui promet d'être si belle, et pour cela, mon enfant, suis mes conseils.

ADÈLE.

Oh! toujours, monsieur... Parlez, que faut-il faire?

DE BOISMORIN.

Anatole va partir!

ADÈLE.

Demain?

DE BOISMORIN.

Ce soir! Tu vas le voir tout-à-l'heure pour la dernière
fois, et, dans ce dernier adieu, calme et indifférente, ne
lui laisse rien soupçonner de ce que tu éprouves.

ADÈLE.

Oui, monsieur.

DE BOISMORIN.

Tâche de maîtriser ton émotion... de commander à ta
physionomie... à tes regards.

ADÈLE, sanglotant.

Oui... oui... je vous le promets.

DE BOISMORIN.

Ah! tu pleures... tu le regrettes?

ADÈLE.

Non... non... mais cette idée de départ... de séparation éternelle peut-être...

DE BOISMORIN, avec fermeté.

Eh bien ! s'il était vrai... s'il fallait choisir !

ADÈLE, poussant un cri et se jetant dans ses bras.

Ah!... je resterais avec vous!... n'êtes-vous pas mon père?

DE BOISMORIN.

Oui, mon enfant, oui, je reçois tes chagrins et tes larmes... ne crains pas de me les confier... Et moi aussi, quoique glacé par l'âge, je me rappelle des souffrances et des tourments pareils... Il est des sacrifices bien cruels que la vertu nous impose... mais dont elle nous dédommage!... Courage, ma fille, courage!... ne te laisse pas abattre par les chagrins : car la vie en est faite, et il faut combattre... il faut se vaincre soi-même... Vous surtout, vous pauvres femmes, à qui il n'est pas permis de laisser éclater vos douleurs... vous devez les réprimer... les renfermer en vous-mêmes... et quand la souffrance déchire votre cœur... il faut aux yeux de tous que le sourire brille sur vos lèvres... l'honneur le veut ainsi.

ADÈLE, vivement.

Et je lui obéirai... ne craignez rien... je ne pleure plus, monsieur, et quoi qu'il arrive, vous serez content de moi.

SCÈNE XVII.

ADÈLE, M. DE BOISMORIN, TRICOT.

TRICOT.

Pour cette fois, c'est trop fort, il n'y a plus de doutes.

DE BOISMORIN.

Qu'est-ce donc ?

TRICOT.

M. Anatole en veut décidément à mademoiselle Marie... elle en est folle...

ADÈLE, s'avançant.

Comment?...

(Sur un geste de M. de Boismorin, elle s'arrête.)

TRICOT.

C'est à ne rien comprendre aux femmes!... un homme qui ne sait pas tenir sa plume... qui n'a même pas d'écriture décidée... car qu'est-ce que c'est qu'une anglaise en pattes de mouches?... Eh bien! elle l'aime malgré cela... elle l'écoute!

DE BOISMORIN.

Qu'en sais-tu?... les as-tu entendus?

TRICOT.

Non!... mais mieux que ça... je les ai vus de loin dans le parc derrière un bouquet d'arbres... qui était là comme un pâté au milieu de la page... je veux dire de la plaine... si bien qu'ils ne pouvaient m'apercevoir... je l'ai vu qui courait à elle... qui l'arrêtait... il était hors de lui... en délire, la tête perdue, il la suppliait d'accepter une lettre...

ADÈLE, avec émotion.

Encore!...

DE BOISMORIN, à voix basse et lui faisant signe de se modérer.

Adèle!...

ADÈLE, s'efforçant de sourire.

Une lettre... Ah! c'est singulier!... c'est unique!

TRICOT.

Pas du tout... c'est la seconde fois d'aujourd'hui... et quoique mademoiselle Marie se soit défendue d'abord avec assez de résolution... quand elle l'a vu qui se jetait à ses genoux... qui lui serrait les mains, en lui disant : « Dans deux heures, pas avant... » Qu'est-ce que cela veut dire?... je l'ignore ; mais elle a accepté la lettre, la perfide... elle l'a prise... et moi qui sentais mon cœur défaillir, qui ne pouvais plus me soutenir sur mes jambes, j'ai encore eu la force de lui arracher cette lettre... cette preuve que je vous apporte.

DE BOISMORIN, regardant l'adresse.

Cette lettre... elle est pour moi.

TRICOT.

Pour vous !

DE BOISMORIN.

Tu ne sais donc pas lire ?

TRICOT.

Par exemple !...

DE BOISMORIN.

Va me chercher Anatole.

TRICOT.

Mais, monsieur, vous êtes sûr...

DE BOISMORIN.

Va me le chercher.

(Tricot sort.)

SCÈNE XVIII.

ADÈLE, M. DE BOISMORIN.

DE BOISMORIN, s'approchant d'Adèle, qui est assise auprès du guéridon.

Tu as de meilleurs yeux que les miens... (Lui présentent la lettre.) Et d'ailleurs, je n'ai pas de secrets pour toi... tiens, lis-moi cela.

ADÈLE, toujours assise.

Oui, monsieur... je vais tâcher... (Lisant.) « Malgré les « apparences qui m'accusent, je ne suis pas un ingrat... je ne

« suis pas coupable : j'aimais Adèle avant qu'elle ne fût la
« femme de mon bienfaiteur...et jamais un seul mot n'a trahi
« l'amour que j'ai pour elle... » (S'interrompant.) C'est bien vrai.

DE BOISMORIN.

Continue...

ADÈLE.

« Mais, vous ne me croirez pas... vous m'avez retiré votre
« confiance et votre estime, je ne puis vivre ainsi ! je ne
« puis supporter l'idée de votre mépris, et quand vous rece-
« vrez cette lettre, j'aurai délivré la terre d'un malheureux...
« mais non pas d'un ingrat! (Elle se lève.) Adieu, mon bien-
« faiteur, adieu, mon second père, ma dernière pensée sera
« pour vous et pour une autre personne que je n'ose nom-
« mer. » Ah! monsieur! il est mort! (Apercevant Anatole et poussant un cri d'effroi.) Ah!

(Elle se remet promptement et affecte de sourire.)

SCÈNE XIX.

TRICOT, MARIE, ANATOLE, ADÈLE, M. DE BOISMORIN;
à la fin de la scène, LES JEUNES PENSIONNAIRES, AMIES d'Adèle.

TRICOT.

Monsieur le capitaine, vos ordres sont exécutés!

MARIE, passant à la droite d'Adèle.

Madame, voici toutes ces demoiselles, vos amies de pension, qui viennent d'arriver en carriole.

ADÈLE.

C'est bien.

ANATOLE, à M. de Boismorin.

On m'a dit, monsieur, que vous me demandiez...

DE BOISMORIN, assis à la table.

Oui sans doute!... tu nous avais annoncé que tu partirais ce soir...

ANATOLE.

Je pars à l'instant même...

DE BOISMORIN, repassant entre Anatole et Adèle.

Raison de plus pour te voir!... avant d'aller à ce bal où l'on nous attend, nous voulions, ma femme et moi, te faire nos adieux... (Regardant Adèle.) N'est-ce pas?...

ADÈLE.

Certainement...

DE BOISMORIN.

Rien ne porte bonheur comme le dernier adieu d'un ami!

ANATOLE.

Un ami... m'en reste-t-il un seul?

DE BOISMORIN.

Mieux que ça!... ici d'abord je t'en connais deux. (Regardant Adèle.) N'est-il pas vrai?...

ADÈLE, avec calme.

Oui, monsieur.

DE BOISMORIN.

Qui, malgré l'éloignement et l'absence, s'intéresseront toujours à ta fortune... à ton bonheur... et quant à la lettre que tu m'as adressée...

ANATOLE.

O ciel! serais-je trahi!

(Il regarde Marie.)

MARIE.

Ce n'est pas moi... (Montrant Tricot.) c'est lui.

DE BOISMORIN.

Non... non!... je l'ai reçue deux heures trop tôt... ce qui vaut beaucoup mieux que deux heures trop tard... et dorénavant, mon cher Tricot, vous pouvez vous rassurer... Anatole m'annonce dans cette lettre qu'il s'éloigne de nous...

TRICOT.

Dieu soit loué!...

MARIE.

Pourquoi donc?...

(Adèle, par un signe, lui impose silence.)

DE BOISMORIN.

Cette lettre, qui, du reste, est très-bien, nous a réconciliés... et puisque vous tenez encore à mon estime... je vous la rends!

TRICOT, avec noblesse.

La mienne aussi!

DE BOISMORIN, à Anatole qui veut lui prendre la main.

Quoiqu'il y ait encore là un certain passage que je blâme... (Avec sévérité.) Que je blâme très-fort! et qui peut-être ne méritait pas de réponse... J'en ai fait une cependant... je l'ai faite en un seul mot!... elle est là... au bas de cette page... et j'espère qu'après l'avoir lue... vous aurez assez de force, assez de courage pour changer d'idée... (On entend en dehors un prélude de contredanse, et l'on voit paraître au fond, les jeunes pensionnaires invitées pour le bal.) C'est le bal qui commence... viens, ma femme, viens... donne-moi ton bras! (Avec bonté.) Adieu, Anatole!

ADÈLE, donnant le bras à M. de Boismorin et passant près d'Anatole.

Adieu, monsieur!

MARIE, prenant le bras de Tricot qui vient de le lui offrir, et s'en allant en regardant Anatole.

Pauvre jeune homme!...

DE BOISMORIN, de loin et prêt à sortir, lui faisant un dernier adieu de la main.

Adieu!... adieu!... mon ami!...

ANATOLE, resté seul en scène, suit encore quelque temps des yeux M. de Boismorin et Adèle, puis il redescend le théâtre dans la plus grande agitation.

Non! quoi qu'il puisse dire... ma résolution est prise... je ne puis vivre sans elle, et je me tuerai!... (Jetant les yeux sur la lettre.) Que vois-je!... ce mot de sa main... « *Attendez!* » (Il tombe à genoux en jetant un dernier regard sur M. de Boismorin et Adèle qui s'éloignent. — Pendant ce temps, l'air de danse qu'on entend au dehors devient plus vif et plus animé.)

VALENTINE

DRAME EN DEUX ACTES, MÊLÉ DE COUPLETS

EN SOCIÉTÉ AVEC M. MÉLESVILLE

Théatre du Gymnase. — 4 Janvier 1836.

PERSONNAGES. ACTEURS.

M. DE VALDINI, propriétaire. . . . . MM. Saint-Aubin.
LARA, officier espagnol. . . . . Paul.
BOUTILIER, maçon. . . . . Silvestre.

VALENTINE, femme de M. de Valdini . . . . . Mmes E. Sauvage.
GENEVIÈVE, filleule de Valentine . . . . Habeneck.

Dans le château de M. de Valdini, auprès de Vendôme.

VALENTINE

ACTE PREMIER

Une grande salle du château de Vendôme. — Porte au fond et portes latérales. Une petite table à droite du théâtre, un peu sur le devant. A gauche un guéridon. Chaises et fauteuils.

SCÈNE PREMIÈRE.

M. DE VALDINI, assis auprès de la table et rêvant.

De l'adresse... de l'audace... surtout du cœur, et l'on arrive toujours!... Quand je pense que moi, si longtemps errant et malheureux loin du Piémont, ma patrie, je me trouve aujourd'hui en France, dans ma terre... dans mon château de Vendôme... nommé colonel par Napoléon... marié par lui à une femme charmante... bien plus, à une dot superbe... c'était là le coup de maître... (Se levant.) Séparés de biens... il est vrai, mais qu'importe?... (Marchant.) Les revenus sont à moi, et ici, comme à Paris... comme ailleurs... je mène joyeuse vie... pour cela qu'a-t-il fallu?

AIR du vaudeville du *Piège*.

Marcher au combat sans pâlir!

Sous le canon qui vous décime,
Jouer ses jours pour parvenir,
Ce fut en tous temps ma maxime!...
Car pour m'enrichir d'un seul coup,
Quand c'est ma tête que j'expose,
Je risque de gagner beaucoup,
Et de ne pas perdre grand'chose.

Aussi maintenant rien ne peut plus me renverser de la position... où je me suis placé... rien... qu'un vent d'orage... qui soufflerait du Piémont... Bah!... rien à craindre ni pour ma fortune, ni pour ma conscience... Turin est loin... et Dieu aussi!...

SCÈNE II.

VALDINI, BOUTILIER.

BOUTILIER, entr'ouvrant la porte du fond.

Puis-je entrer, monsieur le colonel?

VALDINI.

C'est Boutilier, mon protégé...

BOUTILIER.

Ça, c'est vrai, vous êtes la providence des maçons ; depuis que vous êtes devenu propriétaire de ce château, la truelle va joliment!

VALDINI.

Oui, mais elle ne va pas vite... voilà deux mois que le pavillon du jardin est commencé...

BOUTILIER.

Nous n'avions pas de matériaux...

VALDINI.

Et pour la cheminée que je t'ai commandée là, dans mon cabinet... tu ne diras pas que ce sont les matériaux qui te manquent... car, depuis ce matin, l'appartement est encombré de briques... et de sacs de plâtre... d'outils de toute espèce, au point que je ne peux l'habiter...

BOUTILIER.

Pour ce qui est de ça, c'est juste... je veux toujours me mettre à cette satanée cheminée... mais, par malheur, je n'ai de cœur à rien... et si monsieur le colonel ne se fâchait pas, je lui dirais pourquoi...

VALDINI.

Dis-le donc.

BOUTILIER.

C'est que... sous votre respect, je suis amoureux comme une bête.

AIR : Au soin que je prends de ma gloire.

Depuis qu'l'amour chez moi séjourne,
Je n'me retrouve plus, hélas!
Le cœur me bat, la tête m' tourne,
Je n'sais quoi me casse les bras...
Les jamb's n'soutienn't plus l'édifice...
Comment, soyez de bonne foi,
Voulez-vous que chez vous j'bâtisse,
Quand tout se démolit chez moi?

VALDINI.

Ce qui ne m'empêche pas de te payer tes journées comme si tu travaillais.

BOUTILIER.

Voilà pourquoi, dans votre intérêt, vous devriez faire finir c't'amour là.

VALDINI.

Comment cela ?

BOUTILIER.

En me faisant épouser la petite Geneviève, la fille de votre concierge.

VALDINI.

Ah! c'est elle que tu aimes!...

BOUTILIER.

Et elle me rudoie toujours... je n'en mange plus... je languis... vos travaux de maçonnerie n'avancent point; et si ça dure comme ça... je ne sais pas ce qui arrivera... mais je ne voudrais pas être à votre place.

VALDINI, riant.

Je vois en effet que ça me reviendrait cher! je vais parler pour toi.

BOUTILIER.

Je vous le conseille, par économie...

VALDINI.

Et je compte bien que son père aura égard à ma demande...

BOUTILIER.

Si c'est ainsi, monsieur le colonel, je serai comme votre âme damnée, et je vous défendrai dans le pays encore plus que par le passé... mais qu'ils y viennent maintenant!...

VALDINI.

Comment!... j'ai donc ici des ennemis?

BOUTILIER.

On attaque toujours ceux qui ont quelque chose, et moi, par malheur, on ne m'attaque jamais... ce qui me désespère...

VALDINI.

Vraiment!... et que dit-on de moi?

BOUTILIER.

Ça vous ferait bien rire... ils disent que vous n'êtes pas bon tous les jours... que vous êtes dur comme la lame de votre sabre... et moi je dis : « C'est tout naturel... un officier de l'empereur... un chenapan!... ça ne craint rien... c'est habitué à se faire tuer, et ça se moque de la vie d'un homme comme moi d'une truellée de plâtre... » Voyez-vous, ça leur fait comprendre.

VALDINI.
C'est bien... et que disent-ils encore?...

BOUTILIER.
Que vous êtes jaloux... et quoique madame soit bien douce et bien sage, vous la tenez toujours comme qui dirait sous clef... et moi je leur réponds : « C'est tout simple... ce n'est pas un Français... c'est un Italien... et dans son pays, toutes les femmes sont ordinairement poignardées... c'est l'usage... tout le monde vit comme ça... » et alors ça leur explique...

VALDINI.
Je te remercie.

BOUTILIER.
Quant aux bourgeois de Vendôme, ils parlaient quelquefois de vous et de votre ménage, et ils vous appelaient Raoul Barbe-Bleue... c'était drôle... mais depuis l'explication que vous avez eue (Il fait signe de tirer l'épée.) avec ce jeune homme qui en est mort... ça a tué les cancans... il n'y en a plus dans la ville.

VALDINI.
Je vois que la recette est bonne... et j'en userai dans l'occasion... laisse-moi.

BOUTILIER.
Je m'en vais me mettre à l'ouvrage... Si monsieur pouvait m'avancer un peu d'argent?

VALDINI.
Pourquoi ça?

BOUTILIER.
J'aurai un effet à payer pour ce moellon que j'ai fait venir... ça me tombera sur la tête un de ces jours.

VALDINI.
C'est bon!... quand tu voudras...
(Boutilier fait quelques pas pour sortir; il s'arrête.)

BOUTILIER.

Et puis une chose encore. (Il revient et passe à la gauche de Valdini.) Si monsieur pouvait prendre un ou deux ouvriers de plus, ça irait plus vite.

AIR de la valse de Robin des Bois.

Travailler seul, voyez-vous, c'est bien rude,
Et comme on dit, un peu d'aid' fait grand bien.

VALDINI.

Oui, je comprends, selon ton habitude,
De paresser tu cherches le moyen.
(Souriant.)
Comment vas-tu faire dans ton ménage?

BOUTILIER.

De c'côté là, je m'en tirerai bien,
Et puis parfois on dit qu'en mariage,
On est aidé, sans qu'on en sache rien.

Ensemble.

VALDINI.

Travailler seul lui semble par trop rude,
D'un compagnon il s'arrangerait bien;
Mais paresseux, selon son habitude,
De ne rien faire il cherche le moyen.

BOUTILIER.

Travailler seul, voyez-vous, est bien rude,
Et comme on dit, un peu d'aid' fait grand bien;
Moi, je me soigne aussi par habitude,
De me r'poser je cherche le moyen.

(En s'en allant.) Vous y penserez, n'est-ce pas, monsieur le colonel...

VALDINI.

Oui... oui... mais va travailler.

(Boutilier sort.)

SCÈNE III.

VALDINI, VALENTINE, entrant par la porte à gauche.

VALDINI, à part.

C'est ma femme!... toujours triste et rêveuse! Est-ce qu'elle aurait quelques soupçons... quelques doutes?... oh! non! ce n'est pas possible!

VALENTINE, tressaillant en l'apercevant.

Ah! c'est vous, monsieur! je vous croyais parti pour la chasse.

VALDINI.

J'ai changé d'idée... je n'irai pas... cela vous contrarie?

VALENTINE.

Nullement... mais pendant ce temps, j'avais l'intention de faire une visite...

VALDINI.

A quelques dames de la ville... les femmes ont toujours des confidences à se faire entre elles, des chagrins à se raconter... et Dieu sait, dans ces récits confidentiels, si les maris sont épargnés!

VALENTINE.

Je n'allais voir aucune dame...

VALDINI.

J'y suis... le père Urbain, votre confesseur?

VALENTINE.

Oui, monsieur.

VALDINI.

Encore!... et que diable avez-vous à lui dire?... vous, une femme si chaste et si pure... qui ne commettez aucune faute!... il faut donc que vous en inventiez... car moi qui suis plus riche que vous... de ce côté-là... je ne pourrais pas suffire à une consommation aussi active.

VALENTINE, *ôtant son châle et son chapeau et les posant sur le guéridon à gauche.*

Je n'irai pas, monsieur!...

VALDINI.

Et pourquoi?

VALENTINE.

Parce que cela vous déplaît, et qu'avant tout, mon premier devoir est de vous obéir.

VALDINI.

C'est-à-dire que je suis un tyran.

VALENTINE.

Je n'ai pas dit cela...

VALDINI.

Mais vous le pensez...

VALENTINE.

Non, monsieur!... seulement, je vous plains; et je prie le ciel de changer votre caractère.

VALDINI.

Vous êtes bien bonne... mais puisque vous êtes en train de lui demander des changements... il en est d'autres qui me seraient plus agréables...

VALENTINE.

Et lesquels!... que voulez-vous dire?...

VALDINI.

Que vous changiez vos manières vaporeuses et sentimentales... vous avez toujours l'air d'une élégie, et ça me fait du tort dans le pays... cela donne lieu à mille bruits plus absurdes les uns que les autres. On croit que je vous tourmente, que je vous rends malheureuse... vous passez pour une victime résignée...

VALENTINE.

Qu'importe, monsieur, si vous n'entendez de moi ni reproches ni plaintes?

VALDINI.

Eh! morbleu! je l'aimerais mieux! je préférerais une femme qui me tiendrait tête... on se croirait en face de l'ennemi... alors chacun pour soi... on attaque et on se défend... il y a du plaisir.

VALENTINE.

Vous ne voyez dans le mariage... que l'image d'une bataille.

VALDINI.

Je n'aime que ça... mais un ennemi qui ne résiste jamais... qui se soumet toujours sans rien dire... et qui, malgré cela, n'est pas content...

VALENTINE.

Quelque désir que j'aie de vous obéir, puis-je me persuader que je suis heureuse?

VALDINI.

Et pourquoi pas?

VALENTINE.

Croyez-vous donc qu'il suffise d'être un bon militaire, d'avoir emporté une batterie à Austerlitz ou à Wagram, pour avoir toutes les qualités requises en ménage?... Pensez-vous que les épaulettes de colonel soient un talisman si puissant, qu'il dispense un mari des soins, des égards, de la complaisance? Et quand vous passez vos journées entières à la chasse... ou à table avec des officiers de vos amis...

VALDINI.

Pourquoi n'y venez-vous pas?

VALENTINE.

Ah! monsieur!... je vous respecte trop pour cela... et vous qui êtes si jaloux de l'honneur de votre femme... vous ne voudriez pas l'exposer en pareille compagnie...

VALDINI.

Si vous êtes bégueule!... si des chansons vous font peur...

si vous préférez vous retirer dans votre appartement pour vous y ennuyer ou y dire des patenôtres, à qui la faute?... à vous qui avez voulu venir à Vendôme! qui m'avez forcé de quitter Paris, où j'avais de meilleur vin de Champagne qu'ici, le Bois de Boulogne, l'Opéra... et tous les dimanches une grande parade dans la cour des Tuileries... Vous n'avez qu'à parler, je suis prêt à y retourner.

VALENTINE.

Je ne le peux pas, monsieur.

VALDINI.

Il faudra pourtant bien vous y décider d'ici à quelques jours... car on prétend qu'il va y avoir de l'avancement... je veux être général de brigade... et pour cela, il faut être là... il faut que l'empereur vous voie.

VALENTINE.

Je vous prierai alors de partir sans moi.

VALDINI.

Et pourquoi?

VALENTINE.

Pour des raisons... inutiles à vous dire.

VALDINI.

Et que je veux connaître cependant... je le veux, entendez-vous?... ou sinon je vous emmène... avec moi... dès demain!...

VALENTINE.

Oh! mon Dieu! puisqu'il le faut!... Eh bien! monsieur... j'ai cru m'apercevoir qu'il y avait à Paris... un jeune homme, qui, dans toutes les promenades... dans toutes les sociétés, prenait autant de soin à suivre mes pas, qu'à éviter vos regards.

VALDINI.

Un jeune homme qui vous suivait sans cesse!...

VALENTINE.

Oui, monsieur... depuis longtemps...

VALDINI.

Et jamais... il ne vous a parlé?...

VALENTINE.

Si, monsieur... toute une soirée... aux Tuileries... pendant que vous étiez près de l'empereur, que vous n'avez pas quitté d'un instant...

VALDINI.

Que vous a-t-il dit?

VALENTINE.

Il m'a rappelé que, venant de Madrid avec mon père, nous étions tombés entre les mains d'un parti d'insurgés qu'il commandait... qu'il avait protégé mes jours et mon honneur, qu'il nous avait escortés jusque sur les frontières de France.

VALDINI.

Était-ce vrai?

VALENTINE.

Oui, monsieur... il a ajouté que depuis ce temps, il m'aimait... que, malgré ma froideur et mes dédains, il s'attacherait à mes pas... que rien ne lui coûterait pour se rapprocher de moi... et depuis ce temps, je l'ai évité... je ne suis plus sortie.

VALDINI.

Et vous ne l'avez plus revu?

VALENTINE.

Qu'une fois... au bal de l'ambassadeur d'Espagne, où malgré mes prières, vous m'avez forcée de me rendre... vous avez passé toute la nuit à jouer... et lui est resté près de moi.

VALDINI.

Eh bien?...

VALENTINE.

Eh bien!... je ne lui répondais pas... mais j'étais bien obligée de l'entendre sous peine de faire un éclat... un scandale... vous ne veniez pas à mon secours... et tout ce que la passion a de plus insensé...

VALDINI.

Et vous ne m'en avez pas parlé dès le soir... dès le lendemain?...

VALENTINE.

Jaloux et violent comme je vous connaissais, je tremblais pour vous...

VALDINI.

Ou pour lui peut-être?...

VALENTINE.

Ah! monsieur...

VALDINI.

Encore un qui mérite une leçon! et qui l'aura!... son nom?...

VALENTINE.

Maintenant que nous sommes loin de lui... je ne crois pas nécessaire de vous le dire.

VALDINI.

Son nom?... je le veux... ou je croirai que vous êtes d'intelligence...

VALENTINE.

S'il en est ainsi, monsieur, vous ne le saurez pas.

VALDINI.

Vous osez me résister!...

VALENTINE.

AIR du vaudeville de *la Robe et les Bottes.*

Je ne suis pas si faible qu'on le pense!
Vous avez cru que je manquais de cœur?
Détrompez-vous!... la violence
Me laisse calme et ne me fait pas peur...
Par les excès où votre cœur s'emporte
On n'obtient rien... vous pourrez l'éprouver...

Et plus la tyrannie est forte,
Plus je suis forte pour la braver !

VALDINI, étonné.

Ah ! je ne vous connaissais pas ainsi... et j'ai tort. Eh bien ! je vous le demande en grâce, je vous en supplie... dites-moi son nom.

VALENTINE.

A condition... et vous me le jurez, que vous n'irez point le défier...

VALDINI.

Je le jure...

VALENTINE.

Sur l'honneur et devant Dieu...

VALDINI.

Sur l'honneur...

VALENTINE, insistant.

Et devant Dieu.

VALDINI, avec insouciance.

Eh bien ! soit... devant Dieu, si vous voulez ! quel est cet amoureux ?

VALENTINE.

Il est Espagnol... il est parent de l'ambassadeur du roi Joseph.

VALDINI.

Et son nom ?...

VALENTINE.

Lara...

VALDINI.

Son rang... ses titres ?...

VALENTINE.

Je n'en sais pas davantage...

AIR du vaudeville d'*Agnès Sorel*.

Sinon, mon cœur franc et sincère
Vous le dirait! car un pareil aveu
Doit à présent vous prouver, je l'espère...

VALDINI.

Qu'à celui-là vous tenez peu!
Des femmes c'est là le système...
A son mari l'on nomme ainsi tout bas
Les amants que l'on n'aime pas,
Pour mieux cacher celui qu'on aime...
On nomme ceux qu'on n'aime pas,
Pour mieux cacher celui qu'on aime!

VALENTINE, indignée.

Ah! vous me punissez bien de mon indiscrétion... et quoi qu'il arrive maintenant, monsieur, je vous jure que je ne dirai rien!

VALDINI.

Et moi je reprends mon serment... (Voyant Geneviève, qui paraît en ouvrant la porte du fond.) Silence! c'est mademoiselle Geneviève, votre filleule et votre favorite...

SCÈNE IV.

VALDINI, VALENTINE, GENEVIÈVE.

VALDINI, à Geneviève qui s'avance timidement.

Eh bien! entre donc... que veux-tu?

GENEVIÈVE.

Pardon, monsieur le colonel, c'était quelque chose que je voulais dire en particulier à ma marraine... je reviendrai dans un autre moment.

(Elle veut se retirer.)

VALDINI.

Il paraît qu'il y a entre vous des secrets... dont je ne dois pas avoir connaissance...

VALENTINE, froidement.

Reste, Geneviève, et parle devant monsieur.

GENEVIÈVE.

Mais, madame...

VALENTINE.

Dis au colonel ce qui t'amène.

GENEVIÈVE.

C'est que justement il y est pour quelque chose, et qu'il ne devrait pas savoir...

VALDINI, avec colère.

Vous l'entendez !...

VALENTINE, froidement et faisant passer Geneviève entre elle et Valdini.

Parle, je te l'ordonne.

GENEVIÈVE.

Si vous l'ordonnez... c'est différent... Il y a donc que je suis désolée, et que j'accours à vous, ma marraine, qui êtes la consolation de tous ceux qui ont du chagrin... parce que je viens de voir Boutilier, le maître maçon, qui veut m'épouser... or, c'te volonté-là ça me serait égal, ça ne me ferait rien... mais il dit qu'il a aussi pour lui celle de monsieur le colonel... qui lui a promis de parler à mon père...

VALDINI.

C'est vrai !...

GENEVIÈVE.

Alors je suis perdue, parce que mon père, qui est votre concierge, a une peur de notre maître...

VALDINI.

Qu'est-ce que c'est ?...

GENEVIÈVE.

Il le craint comme Satan en personne.

VALDINI.

Eh bien ! par exemple !...

GENEVIÈVE.

Dame!... vous voulez que je parle devant vous... il faut bien que je dise les choses... comme elles sont.

VALDINI.

Ce qui veut dire, en d'autres termes, que tu n'aimes pas Boutilier...

GENEVIÈVE.

Dame!... c'est un bon garçon... qui m'aime bien, lui... mais il est un peu jaloux et brutal, et un mari qui est jaloux et brutal, vous savez bien, ma marraine... (Valentine l'arrête d'un coup d'œil... S'apercevant de sa gaucherie.) Non pas qu'on ne l'aime... mon Dieu! on l'aime tout de même... il le faut... c'est votre devoir... mais ça n'empêche pas que, si on était sa maîtresse, il y en aurait peut-être d'autres plus gracieux et plus gentils à qui on donnerait la préférence...

VALDINI, fronçant le sourcil.

Qu'est-ce à dire?

GENEVIÈVE.

Que voilà justement où j'en suis... il y en a un autre.

VALDINI.

Que tu aimes?...

GENEVIÈVE.

Tant que j'ai de forces!...

VALDINI.

Et tu oses nous l'avouer!...

GENEVIÈVE.

Pourquoi donc que je vous tromperais?... vous n'êtes pas mon mari... vous n'êtes pas mon père... vous êtes mon maître, c'est vrai, mais ma marraine est ma maîtresse.

AIR du vaudeville de *Turenne*.

Et je lui viens adresser ma prière
Contre vous et votre rigueur.

VALDINI.

Tu n'es donc pas comme ton père
Que mon aspect fait trembler de frayeur?

GENEVIÈVE.

Oh! non, vraiment, moi je n'ai jamais peur,
D'êtr' brave j'ai le privilège.

VALDINI, d'un ton menaçant.

Tu n'as donc pas peur de moi?

GENEVIÈVE.

Nullement.

VALDINI, de même.

Tu n'as pas peur de Satan?

GENEVIÈVE.

Non, vraiment...

(Se rapprochant de Valentine.)

Quand mon bon ange me protége.

VALENTINE, effrayée et lui faisant signe de se taire.

Geneviève!...

GENEVIÈVE, avec force.

Oh! je ne crains rien... (S'arrêtant.) que de faire du chagrin à ma marraine... car elle en a bien assez sans moi...

VALENTINE.

Tais-toi...

VALDINI.

Pourquoi donc l'arrêter? laissez-la dire... elle est brave, celle-là!... elle a du caractère, et c'est ce que j'aime... (A Geneviève.) Approche... Quel est ton amoureux?... est-il du pays?...

(Valentine va s'asseoir près de la table.)

GENEVIÈVE.

Non, c'est un étranger... un jeune homme... un pauvre prisonnier comme il y en a tant ici à Vendôme... un prisonnier espagnol, employé aux travaux de la ville... il a un air si triste et des yeux noirs si expressifs...

VALDINI.

Y a-t-il longtemps que tu l'aimes?...

GENEVIÈVE.

Oh! mon Dieu! non... ça m'est venu tout de suite... il y a une quinzaine de jours... quand il est arrivé ici, avec le dernier dépôt des prisonniers de guerre...

VALENTINE.

C'est un honnête homme?...

GENEVIÈVE.

Rien qu'en le voyant, on en est persuadé... et puis si respectueux... si timide... ce n'est pas comme les paysans d'ici...

AIR du vaudeville de *l'Homme Vert*.

Qui sont tous hardis à l'extrême,
Et qu'il faut toujours repousser,
Car ils vous pinc'nt les bras, et même
Ils veul'nt souvent vous embrasser;
Lui!... c'est sag' comme un' demoiselle;
Avec lui, le pauvre garçon,
Jamais de pein'... pas même celle
De lui dire : Finissez donc!

Il ne m'a jamais rien demandé que cette petite croix d'or que j'avais là à mon cou... et j'avais beau lui dire : « Je ne veux pas... ça me vient de ma marraine... c'est elle qui me l'a donnée... » ça n'y faisait rien... au contraire... encore plus entêté... et il a fallu la lui laisser... mais excepté ça...

VALDINI.

Je conçois que Boutilier n'est pas aussi héroïque... et je suis curieux de le voir... tu nous l'amèneras...

GENEVIÈVE.

Il est là... il m'avait priée de le présenter à madame, pour venir aussi réclamer sa protection...

VALDINI.

Et tu laisses ce noble Castillan faire antichambre! dis-lui donc d'entrer...

GENEVIÈVE.

Oh! je ne demande pas mieux... (Elle va à la porte du fond qu'elle ouvre en disant :) Entrez... entrez, monsieur José.

SCÈNE V.

VALDINI, LARA, habillé en ouvrier, VALENTINE, GENEVIÈVE.

VALENTINE, apercevant Lara, se lève vivement.

O ciel!

GENEVIÈVE, à Valentine.

Il n'est pas mal, n'est-ce pas?

VALENTINE, troublée.

Oui... sans doute!

VALDINI, à Geneviève.

Allons, tu as raison... il est mieux que Boutilier. (A Lara.) Avance, mon garçon... tu es donc prisonnier de guerre?...

LARA.

Oui, monsieur le colonel.

VALDINI.

Aussi, je vous le demande, comment de misérables guérillas espéraient-ils résister à la puissance de Napoléon?...

LARA.

Voilà trois ans que cela dure, et ça n'est pas fini!

VALDINI.

C'est que la garde impériale n'y a pas encore marché! c'est que nous n'y étions pas, nous autres Piémontais... Où as-tu été pris?

LARA.

A une bataille où il y avait deux régiments italiens.

VALDINI.

Ah! c'est ce que je disais! et où cela?

LARA.

A Salamanque, où les Espagnols ont été vainqueurs...

VALDINI.

Misérable!...

GENEVIÈVE.

Ce n'est pas sa faute... il n'y était pour rien... puisqu'il a été fait prisonnier...

VALDINI.

C'est juste!... et le pauvre diable n'a pas eu l'intention de nous offenser... Tu travailles donc aux terrasses de la ville?...

LARA.

Oui, monsieur le colonel...

VALDINI.

Travail pénible!

LARA.

Auquel je suis condamné depuis quinze jours... (Regardant Valentine.) Mais c'est égal!... il y a de bons moments...

VALDINI.

Ceux où tu vois Geneviève...

LARA.

Oui, monsieur... (Regardant Valentine.) Celui-ci, par exemple!

VALDINI.

Outre les travaux de terrasse, entendrais-tu un peu la maçonnerie?

LARA.

Oui, monsieur, tout ce qu'on voudra!

VALDINI.

Eh bien! écoute! quoiqu'on t'ait dit peut-être (Regardant Geneviève.) que j'étais dur et sévère... je suis bon diable au fond et bon enfant, surtout pour les militaires et pour les ennemis vaincus... (Geste de colère de Lara.) parce qu'on doit des égards aux ennemis vaincus... J'ai besoin d'un ouvrier... j'obtiendrai du commandant qu'il te laisse travailler chez moi...

LARA, vivement.

Ah! c'est tout ce que je demande...

GENEVIÈVE, vivement.

Quel bonheur!

VALENTINE, de même.

Mais, monsieur, y pensez-vous?

GENEVIÈVE.

Pourquoi pas?... laissez donc faire, ma marraine! vaut mieux qu'il soit ici...

VALDINI.

Sans doute... il sera mieux payé, mieux nourri...

GENEVIÈVE.

Enfin il aura des douceurs qu'il n'avait pas...

VALDINI.

Et puis, dans quelque temps, si on est content de lui... si c'est un bon ouvrier... on verra à se décider entre lui et Boutilier...

GENEVIÈVE.

Ah! si vous faites un trait comme celui-là...

VALDINI.

Tu m'offres la paix...

GENEVIÈVE.

A l'instant même...

VALDINI.

A la bonne heure!... j'aime à faire alliance avec les braves... (Il lui tend la main.) Touche là... (A part et la regardant.) Au fait, elle est gentille, cette petite, et ils pourraient bien ne l'avoir ni l'un ni l'autre... (Haut.) Je vais écrire au commandant, qui est notre voisin...

GENEVIÈVE.

Moi, je porterai la lettre et reviendrai avec la réponse... (Bas à Valentine.) Parlez-lui, ma marraine... (A Lara.) Attendez-moi ici, monsieur José...

VALENTINE, à Valdini qui sort avec Geneviève.

Je vous suis, monsieur...

VALDINI, brusquement.

A quoi bon?... je n'ai pas besoin de vous pour écrire une lettre... ne vous dérangez pas!... Viens, Geneviève...

(Il sort avec Geneviève par la porte à droite.)

SCÈNE VI.

LARA, VALENTINE.

LARA, à Valentine qui fait quelques pas pour sortir.

Eh quoi! madame, même en ce château, vouloir encore me fuir! m'envier un instant de bonheur que je paierais au prix de mes jours!...

VALENTINE.

Pourquoi venez-vous ici?

LARA.

Parce que vous y êtes!... parce que je ne puis vivre sans vous, et que, je vous l'ai dit, mon destin est de vous suivre partout où vous irez!...

VALENTINE.

Et que vous ai-je fait, monsieur, pour vous jouer ainsi de mon repos et de mon honneur?

LARA.

Moi!... plutôt mourir!... aussi, vous le voyez, pour ne pas vous compromettre, j'ai pris la feuille de route d'un de mes malheureux compatriotes; je suis venu ici à sa place comme un esclave, comme un forçat!... Mais que m'importaient le soleil brûlant et les travaux les plus durs?... que m'importaient les mauvais traitements, la honte, l'humiliation ? J'étais près de vous... je vous voyais... oui, je vous ai vue... vous avez passé près de moi, et vous ne vous doutiez pas que ce malheureux ouvrier qui travaillait, penché sur la route, aurait donné sa vie pour tomber à vos pieds et vous dire : C'est moi... moi qui vous aime !

VALENTINE.

Monsieur !...

LARA.

Mais je ne l'ai pas dit !... j'ai gardé le silence... et, craignant que ma vue ne vous arrachât un cri de surprise, j'ai eu le courage... j'ai eu l'amour de ne pas vous regarder, et vous doutez encore de moi ?...

VALENTINE.

Non, monsieur... Mais qui vous a permis de vous exposer à de pareils dangers ?...

LARA.

Eh ! qui vous a donné le droit de me les défendre ?... Depuis le jour où, en Espagne, vous fûtes ma prisonnière, jusqu'à ce moment où je suis à vos pieds... ai-je reçu de vous une seule preuve d'amitié qui m'enchaîne par la reconnaissance et me force à vous obéir ?... Ah ! s'il en était ainsi... si j'étais aimé de vous... vous n'auriez qu'à commander... vous me diriez : « Éloigne-toi, fuis mes regards... souffre en silence... » j'obéirais à l'instant sans murmurer, sans me plaindre... ce serait mon devoir... celle qui m'aime me l'aurait ordonné... Mais vous... je ne vous dois rien... je suis maître de mes jours... je puis les exposer... Pour les conserver, il faudrait qu'ils vous fussent chers !...

VALENTINE.

Monsieur... je ne puis ni ne dois vous répondre... mais j'ai pitié de l'état où je vous vois... vous ignorez quel est mon mari...

LARA.

Un homme qui ne vous méritait pas... un homme qui

21.

vous rend malheureuse et qui paiera de son sang les tourments qu'il vous fait souffrir...

VALENTINE.

On vous a trompé!... mon mari est digne de mon estime et de toute ma tendresse... Ses torts, quand même il en aurait, ne légitimeraient pas les miens... et ne me donneraient pas le droit de trahir des devoirs que je respecte, que j'aime, et auxquels je serai fidèle!...

LARA.

Soit!... moi, je reste ici.

VALENTINE.

Non, monsieur, vous écouterez la voix de la raison... vous sortirez de ce château.

LARA.

Pourquoi donc?... c'est votre mari qui m'y retient... qui veut que je demeure ici... près de vous... et avant de mourir, je refuserais un pareil bonheur... le premier qui me soit arrivé... Non, madame... je ne vous quitterai pas... mon parti est pris!

VALENTINE.

Et le mien aussi... car songez-y bien, monsieur, c'est vous qui le voulez... c'est vous qui m'y forcez... je dirai tout à mon mari...

LARA, froidement.

Comme vous voudrez...

VALENTINE.

Je vous en prie encore... ne m'y obligez pas! faites bien vos réflexions...

LARA.

Elles sont faites... Je suis chez lui... sans défense... il me tuera, soit...

AIR de *Lantara*.

Ainsi jadis le sort des armes

Vous fît tomber en mon pouvoir.
Je suis au vôtre !... et sans alarmes
J'attends mon sort, faites votre devoir !
Mais si je meurs... c'est là mon seul espoir,
Vous vous direz : Par lui je fus chérie,
Et mon mépris a payé ses amours !
Vous vous direz : Il m'a sauvé la vie,
Et sans pitié, moi, j'ai livré ses jours !

VALENTINE, les mains jointes.

Monsieur ! (Apercevant Valdini qui entre.) Ah ! mon Dieu ! le voici !...

SCÈNE VII.

LARA, VALDINI, VALENTINE.

VALDINI, en entrant.

Ma foi, monsieur le commandant est fort aimable et surtout fort expéditif... il m'a fait répondre sur-le-champ par Geneviève qu'il m'accordait la permission demandée... Ainsi, mon cher ami... *Navarrois*, *Maure* ou *Castillan*... qui que vous soyez, vous n'êtes plus obligé de retourner ce soir à la ville... vous resterez au château.

LARA.

Je vous remercie, monsieur... ainsi que madame...

VALDINI.

Et demain, au point du jour, à l'ouvrage.

LARA.

Soyez tranquille... ce n'est pas le travail qui m'effraie, et pour peu que l'on me garde ici quelque temps...

VALDINI.

Un mois ou deux... peut-être plus... quand on est une fois dans les ouvriers... (A Valentine qui fait un geste d'émotion.) Qu'avez-vous, madame ?...

VALENTINE.

Monsieur... je désirerais vous parler...

VALDINI.

Eh! mon Dieu! vous êtes bien émue...

VALENTINE.

Ce n'est pas sans raison... et j'accepte pour aujourd'hui... à l'instant même, la proposition que vous m'avez faite ce matin.

VALDINI.

Laquelle?

VALENTINE.

Celle de retourner sur-le-champ à Paris.

LARA, à part, avec effroi.

Grand Dieu!

VALDINI.

En voici bien un autre! quel nouveau caprice vous prend?... et les motifs qui vous engageaient à rester ici?...

VALENTINE.

Ce sont ceux-là même qui me forcent à partir...

VALDINI.

Comment cela?

VALENTINE.

Apprenez, monsieur, que la personne dont je vous ai parlé... cette personne qui, malgré moi, me poursuivait de sa tendresse et de ses assiduités...

LARA, à part.

O ciel!...

VALDINI.

Eh bien!... achevez.

VALENTINE.

Eh bien!... elle a quitté Paris... elle est ici, à Vendôme... je n'en puis douter...

VALDINI.

Comment le savez-vous?

VALENTINE, montrant Lara.

Par monsieur qui le connaît... qui l'a vu, qui l'a rencontré ce matin...

VALDINI, à Lara.

Ah! tu le connais... et il est près de nous... à Vendôme?

LARA.

Oui, monsieur!...

VALDINI.

Parbleu! j'en suis enchanté... et nous allons donc enfin...

SCÈNE VIII.

GENEVIÈVE, VALDINI, VALENTINE, LARA.

GENEVIÈVE, entrant par le fond et accourant.

Monsieur le colonel!... monsieur le colonel!

VALDINI.

Eh bien! qu'a donc cette autre avec son air effaré?... qu'est-ce que c'est?...

GENEVIÈVE, toute essoufflée.

Il y a qu'un homme à cheval... un courrier... j'étais là près de la grille... il vous a demandé...

VALDINI.

Eh bien?

GENEVIÈVE.

Eh bien!... il était arrivé à bride abattue... il est reparti de même...

VALDINI.

Et il n'y a pas autre chose?...

GENEVIÈVE.

Ah!... qu'une lettre qu'il m'a quasiment jetée au nez et dont mon père lui a donné reçu... un grand cachet vert.

VALDINI.

Eh! donne donc...

GENEVIÈVE, lui donnant la lettre.

Et il court encore... sans attendre la réponse...

VALDINI, jetant les yeux sur la lettre.

O ciel!... cette écriture...

(Il décachette la lettre avec agitation.)

VALENTINE.

Qu'avez-vous donc, monsieur?... d'où vient un trouble aussi grand?...

GENEVIÈVE, le regardant aussi.

Ah! mon Dieu!... il tremble.

VALDINI, avec colère.

Moi, trembler!...

GENEVIÈVE.

Pardon, notre maître... je ne m'y connais pas... et l'on peut s'y tromper... (A part et remuant ses mains tremblantes.) vu qu'il était là juste comme quelqu'un qui aurait peur...

VALDINI, à part, lisant toujours avec trouble.

Ah! mon Dieu!... (A Valentine.) C'est une lettre... d'un ami... un ancien ami que j'espérais... c'est-à-dire, depuis longtemps, je croyais l'avoir perdu... (Il continue à lire pendant quelques instants, puis en lisant, il dit :) Que faire?... (Haut.) Geneviève...

GENEVIÈVE.

Notre maître?...

VALDINI.

Dis à Baptiste d'amener des chevaux de poste...

VALENTINE, avec joie.

A la bonne heure!

VALDINI.

Ou plutôt... non!... (A lui-même.) D'ici à Blois... la distance n'est pas grande... et je rencontrerai sans doute en chemin... je pars à l'instant.

(Il fait quelques pas pour sortir.)

VALENTINE, avec joie.

Avec moi!... c'est bien... vous m'emmenez?

VALDINI, brusquement et s'arrêtant.

Vous emmener!... parbleu! non... c'est impossible... (A Geneviève.) Fais-moi seller un cheval...

VALENTINE, étonnée.

Comment, monsieur?

VALDINI, avec colère.

Ne puis-je faire un pas, m'absenter, m'occuper de mes affaires... sans avoir là une femme continuellement à mes côtés?...

VALENTINE.

Monsieur...

VALDINI.

Vous resterez!...

LARA, qui est passé à gauche du théâtre, toujours un peu dans le fond; à part.

Quel bonheur!

VALENTINE, à mi-voix.

Monsieur, monsieur, vous n'y pensez pas, partir sans moi, me laisser seule ici... après ce que je viens de vous apprendre... quand je vous ai prévenu des desseins de quelqu'un...

VALDINI.

Eh! madame... on dirait que vous le craignez...

VALENTINE.

Moi!...

VALDINI.

Et pour un jour... pour quelques heures, votre vertu ne peut-elle se garder elle-même?... ne peut-elle se défendre si elle n'a pour remparts ou pour auxiliaire la présence assidue d'un mari?... je vous le répète, un ordre de l'empereur...

GENEVIÈVE.

Vous disiez... la lettre d'un ami...

VALDINI, avec colère.

Qu'importe!... une affaire indispensable m'oblige à partir seul... à l'instant même... mais, à mon retour, je verrai cet amant mystérieux... (Allant vers Lara.) Ce Lara... cet Espagnol... (A Lara.) Et puisque tu le connais...

LARA.

Oui, monsieur... il est officier comme vous!...

VALDINI.

Eh bien! tu me donneras les moyens de me trouver avec lui!...

LARA.

Dès demain... quand vous voudrez...

VALDINI.

C'est bon... c'est bon... viens avec moi... je vais te donner un mot pour lui.

(Lara regarde un moment Valentine en silence et sort avec Valdini par la porte à droite de l'acteur.)

SCÈNE IX.

GENEVIÈVE, VALENTINE.

VALENTINE.

Je ne puis en revenir encore!... quelle affaire si importante peut l'obliger à s'absenter dans un pareil moment? lui d'ordinaire si défiant, si jaloux!...

GENEVIÈVE.

Voyez-vous, madame, je l'observais pendant qu'il lisait cette lettre... il faut qu'elle renferme quelque chose de diabolique... car lui qui ne s'émeut pas aisément, n'était pas à son aise... les gouttes de sueur lui découlaient du front.

VALENTINE.

Tu crois?...

GENEVIÈVE.

C'est quelque trahison...

VALENTINE.

Comment la connaître?...

GENEVIÈVE.

Soyez tranquille... j'observerai... j'écouterai... Je suis partout... on ne se méfie pas de moi... et puis je ne suis pas comme vous... je n'en ai pas peur... Qu'est-ce qu'il peut me faire?... il ne me tuera pas... la garde impériale ne tue pas les femmes.

VALENTINE.

AIR du vaudeville de la Somnambule.

N'importe, et surtout prends bien garde!

GENEVIÈVE.

Ma bonn' maîtress', ne craignez rien,
C'est mon affair', ça me regarde,
De vous servir je trouverai l' moyen ;
Aider un' femme à sortir d'esclavage,
Contr' son mari la défendre... voilà
Une bonne action, et peut-être en ménage
Une autre un jour me le rendra.

(On sonne.)

C'est monsieur qui sonne... je vais dire à mon père de seller un cheval... et puis j'irai préparer ses effets de voyage... et si, chemin faisant, je peux saisir quelque chose... Mais vous, madame, qui êtes restée avec mon prétendu... comment le trouvez-vous?

VALENTINE.

Très-bien...

GENEVIÈVE.

Il est gentil, n'est-ce pas? Lui avez-vous promis votre appui... lui avez-vous donné quelques bonnes paroles?...

VALENTINE.

J'ai fait ce que j'ai pu...

GENEVIÈVE.

Il en sera bien reconnaissant et il vous sera dévoué comme moi... car avant même de vous connaître... il me parlait toujours de vous; il vous aimait déjà. Ainsi, maintenant qu'il est de la maison, et qu'il va vous voir tous les jours... (On sonne encore.) J'y vais... j'y vais... (Elle va pour sortir par la droite; mais se ravisant.) Ah! ce cheval que j'oublie... On n'a jamais le temps de dire un mot.

(Elle sort en courant par le fond.)

SCÈNE X.

VALENTINE, s'asseyant à droite.

Elle a raison! c'est terrible à penser! mais, que puis-je faire de plus? dire à mon mari : « Cet amant... le voici, il est là, devant vos yeux... » (Elle se lève et marche avec agitation.) Mais c'est un duel... un duel à mort, et j'en serai cause... moi qui voulais au contraire faire tout au monde pour éviter une pareille rencontre... Pourvu que déjà elle n'ait pas eu lieu... car enfin tout-à-l'heure ils sont sortis ensemble, et je ne sais quel pressentiment!... (Apercevant Lara qui entre par le fond, et poussant un cri de joie.) Ah! c'est lui!... je respire...

SCÈNE XI.

VALENTINE, LARA.

VALENTINE, avec inquiétude.

Eh bien! monsieur... eh bien?...

LARA.

Ah! comme vous êtes tremblante!... est-ce pour moi?... c'est la première faveur que vous m'auriez accordée.

VALENTINE.

Qu'est-il arrivé?...

LARA, froidement.

Rien, madame... rien que de très-simple, il m'a chargé de porter à Lara un cartel... il l'aura demain.

VALENTINE, avec effroi.

Oh! mon Dieu!... et mon mari?

LARA.

Il attend que son cheval soit prêt, et va partir.

VALENTINE, avec crainte.

Et vous, monsieur?

LARA, froidement.

Je vous l'ai dit, madame... je reste.

VALENTINE.

Malgré mes prières...

LARA, avec douceur.

Mais elles sont cruelles, elles sont inhumaines... maintenant plus que jamais... car enfin, vous pouvez bien me supporter jusqu'à demain. Laissez-moi quelques heures encore jouir de votre présence... respirer le même air que vous... que votre pitié aille jusque-là... C'est ma prière à moi, et les dernières prières sont sacrées...

VALENTINE.

Que dites-vous?

LARA.

Que demain... je vous le promets... vous serez délivrée de mes assiduités... et moi d'une existence que je n'ai pas le courage de supporter depuis qu'elle vous est odieuse...

VALENTINE.

Eh bien! monsieur, puisque la crainte même de ma haine

ne peut rien sur vous, puisque mes supplications vous semblent cruelles, je ne vous en adresse plus... mais j'ai encore espoir en votre générosité... Je ne vous dirai plus qu'un mot... et, si après l'avoir entendu, vous refusez de partir, je n'aurai plus pour vous que du mépris.

LARA, vivement.

Parlez!

VALENTINE, à part.

Oh! mon Dieu! pardonnez-moi! vous voyez que j'y suis forcée... (A Lara.) Eh bien! monsieur!... vous me disiez tout-à-l'heure que si vos jours m'étaient chers, vous m'obéiriez sans hésiter?

LARA.

Achevez.

VALENTINE.

Eh bien! monsieur... eh bien!... je vous aime. (Lara pousse un cri de joie, elle reprend vivement.).Et si maintenant vous hésitez à m'obéir, vous n'êtes plus dangereux pour moi, car j'aurai cessé de vous estimer.

LARA.

Je pars, je quitte ce château! vos ordres seront exécutés... Quel temps fixez-vous à mon exil?...

VALENTINE.

Toujours...

LARA.

Quoi! ne plus vous revoir!...

VALENTINE.

Jamais!... vous l'avez voulu, et maintenant votre absence éternelle peut seule effacer à mes yeux l'humiliation d'un tel aveu.

LARA.

AIR nouveau de M. HORMILLE.

Vous avez reçu ma promesse,

A vos ordres je me soumets ;
Mais craignant de manquer sans cesse
Aux serments que je vous ai faits,
J'irai terminer une vie
Que proscrivirent vos refus ;
Ainsi vous serez obéie,
Ainsi vous ne me verrez plus !

VALENTINE, voulant le retenir.

Monsieur !...

LARA.

Je vais au pont de Valizi, et si je ne peux vous désarmer... si, d'ici à ce soir, vous ne révoquez pas mon arrêt... tout sera fini pour moi.

VALENTINE, joignant les mains de désespoir.

Oh ! mon Dieu !

LARA.

M'accordez-vous ma grâce ?... me permettez-vous de vous revoir ?...

VALENTINE, avec effort, et après un instant de silence.

Partez... faites ce que vous voudrez ; le reproche n'en sera pas à moi...

(Lara sort par la porte du fond.)

SCÈNE XII.

VALENTINE, s'asseoit sur un fauteuil ; GENEVIÈVE, sortant de la porte à droite, s'avance sur la pointe des pieds.

GENEVIÈVE, à demi-voix.

Madame... madame...

VALENTINE, effrayée.

Ah ! lui encore... non, Geneviève !...

GENEVIÈVE.

Monsieur vient de partir au galop... Son cheval est déjà

sur la grande route... et si vous tenez toujours à connaître la cause de son voyage...

VALENTINE.

Tu la sais?...

GENEVIÈVE.

En entier... et je crains même d'avoir été trop loin... Mais le mal était fait, il n'y avait plus à revenir.

VALENTINE.

Parle vite.

GENEVIÈVE.

Je suis entrée en lui disant : « Le cheval est prêt... » Monsieur ne l'était pas encore. Il était devant sa glace, à mettre un foulard... une cravate de voyage... et moi je me hâtais de fermer sa petite valise. Il y avait là, sur la table, sa montre et sa bourse, son portefeuille... mais plus de lettres... Il venait de les jeter, avec d'autres papiers, dans son secrétaire à secrets qui était encore ouvert... Je distinguais même parmi les papiers, non pas cette maudite lettre qui était à moitié cachée... mais le grand cachet vert que je reconnaissais très-bien. Après cela, pour oser y toucher, il n'y avait pas moyen, car monsieur était là, derrière moi, et pouvait même me voir dans la glace... Tout-à-coup il se retourne, appelle son valet de chambre : « Mon manteau! où est mon manteau? » (Valentine se lève.) Dans son impatience, il entre un instant dans son cabinet... et soudain, comme par un mouvement involontaire, j'avais saisi la lettre... je l'avais cachée là... (Montrant le haut de son corset.) En ce moment, le cheval piaffait dans la cour... la valise était prête... Monsieur rentre... ferme vivement son secrétaire... le ferme à double tour, met la clef dans sa poche, s'élance à cheval... Il part, et moi je reste... avec la lettre... la voici.

(Elle lui donne la lettre.)

VALENTINE, comme ayant pris sa résolution.

Donne... l'as-tu lue?

GENEVIÈVE.

Oui, madame... Si c'est un péché... je n'en sais rien ; mais pendant que j'y étais, il n'en coûtait pas plus... et vous allez en apprendre de belles.

(Ici l'orchestre rappelle l'air du dernier couplet chanté par Lara. Musique jusqu'à la chute du rideau.)

VALENTINE, qui a parcouru la lettre, et qui poussé un cri d'horreur.

Ah!... qu'ai-je lu?... J'avais tout supporté... mais cet excès d'opprobre et d'avilissement... moi qui lui immolais mon repos... ma vie... cent fois plus encore !... (Poussant un cri.) Ah ! et ce malheureux jeune homme... ses menaces de tout-à-l'heure... (Elle va à la table, prend une plume et écrit.) Geneviève... va vite... cours sur le pont de Valizi... tu y trouveras...

GENEVIÈVE.

Qui donc ?

VALENTINE.

Cet Espagnol...

GENEVIÈVE.

Mon amoureux ! que va-t-il y faire à cette heure-ci ?...

VALENTINE.

Que t'importe? remets-lui ce billet.

GENEVIÈVE.

Et après?

VALENTINE.

Rien de plus... reviens vite.

GENEVIÈVE.

Sans lui?

VALENTINE.

Certainement... pourvu qu'il soit temps encore.

GENEVIÈVE.

Est-ce qu'il y a du danger ?

VALENTINE.

Peut-être...

GENEVIÈVE, poussant un cri.

Ah! j'y cours!

(Elle s'élance par la porte du fond et disparaît. Valentine tombe sur son fauteuil.)

ACTE DEUXIÈME

L'intérieur de la chambre de Valentine. — Une large croisée au fond, ornée de draperies élégantes. A droite de l'acteur, au deuxième plan, la porte d'un placard ou armoire excessivement étroite, et n'ayant aucun jour. Du même côté, au premier plan, la chambre de Geneviève. A gauche, une porte latérale conduisant au cabinet de Valdini, et descendant au rez-de-chaussée. Sur le premier plan du même côté, une petite table de travail, sur laquelle brûle une lampe, et où se trouvent quelques pièces d'ouvrages de femme. Au fond, du côté de la porte, une autre petite table ronde. Un portrait de femme au-dessus de la porte du placard à droite.

SCÈNE PREMIÈRE.

LARA, seul; il entre par la fenêtre du fond et s'avance avec précaution.

Sa chambre... c'est bien ici... personne ne m'a vu... je lui ai obéi. (Regardant le billet.) « Je vous attends ce soir; « venez, et tâchez de ne pas être aperçu. » (Regardant de tous côtés.) Cette fenêtre... heureusement qu'une échelle était à quelques pas... (Il ferme la fenêtre. A lui-même et avec bonheur.) Est-ce un rêve? elle me rappelle en secret... moi!... moi!... Après l'aveu qu'elle m'a fait, et lorsque son mari est absent!... je n'ose y croire encore! (Regardant autour de lui.) Assurons-nous d'abord que nous ne pouvons être surpris... (Écoutant à une porte, à droite.) Cette porte!... c'est la chambre de Geneviève... car je l'entends... pauvre petite!... je me reproche de l'avoir trompée... mais je n'avais pas d'autre moyen!... (Allant vers la porte à gauche qui est entr'ouverte.) De ce côté les appartements et le cabinet du colonel... Cet amas de briques... ces sacs de plâtre... près de la cheminée... c'est là sans doute que travaille Boutilier... celui qui devait être mon général... (Allant à la petite porte à droite.) Et cette autre porte?... (Il l'ouvre.) Une espèce de porte-manteau... un placard étroit... sans jour et sans issue... rien à craindre de ce côté. (Il la referme.) C'est bien... attendons-la... (Il s'assied, à droite, auprès de la chambre de Geneviève.) Elle ne peut tarder... et dès qu'elle aura pu s'échapper... Je ne me trompe pas!... un pas léger... un pas de femme... le cœur me bat... (Il se lève.) C'est elle...

(Il va au-devant de Valentine qui entre.)

SCÈNE II.
LARA, VALENTINE.

LARA, courant à elle.

Valentine!...

VALENTINE, émue.

C'est vous?... Je l'espérais!... pas de bruit!... Geneviève est là qui pourrait nous entendre!... asseyez-vous...

(Elle se place sur un fauteuil à gauche, et montre à Lara une chaise auprès d'elle.)

LARA.

Vous êtes émue, tremblante?...

(Il s'assied à la droite de Valentine.)

VALENTINE.

Je l'avoue... une telle révolution dans ma vie!... une démarche si extraordinaire... si hardie!... n'importe!... écoutez-moi, Lara!... M'aimez-vous assez pour tout me sacrifier, pour m'obéir sans hésiter?...

LARA, vivement.

Pouvez-vous en douter?... ordonnez... disposez de moi...

VALENTINE.

Eh bien! vous allez me connaître!... Quelques jours avant la mort de mon père qui devait tout à Napoléon, j'ai été mariée, jeune, sans expérience... Je ne fus pas même consultée!... l'empereur avait dit : « *Je le veux!...* » et ce mot tenait lieu des convenances que l'on cherche dans un mariage!... J'étais disposée à aimer mon mari... et, pendant trois ans d'une existence bien malheureuse... Dieu m'est témoin qu'il ne m'est pas échappé une plainte, un murmure... Malgré l'aveu que je vous ai fait ce matin, et que je n'ai prononcé que pour contraindre votre générosité à respecter ma solitude, vous savez si j'ai jamais encouragé vos poursuites, si je vous ai donné, par un mot... un regard... la plus faible espérance!... Non!... je serais restée là... toute ma vie, triste, résignée... parce que souffrir près de lui me semblait mon devoir.

AIR du vaudeville du *Baiser au Porteur.*

Mais ce devoir, il l'a trahi lui-même,
   Tous nos nœuds par lui sont rompus;
Il n'est ni loi, ni puissance suprême,
   Qui maintenant m'enchaîne un jour de plus
A l'homme enfin que je n'estime plus...
Peines, chagrins dans le fond de notre âme,
Je sais qu'il faut tout souffrir en secret.
   Oui, tout...
      (Avec noblesse.)
   Du moins tant qu'une femme
Ne rougit pas du nom qu'elle portait.

LARA.

Comment!

VALENTINE, lui donnant une lettre.

Lisez cette lettre adressée à Valdini...

LARA, jetant les yeux sur la lettre.

De Turin!...

VALENTINE.

Son pays!... Il y allait deux fois par an...

LARA, regardant la signature.

Et c'est d'une femme!... « BIANCA MALFIERI... »

VALENTINE.

Lisez!...

LARA, lisant.

« Voilà six mois que je vous attends... vos lettres ont
« cessé tout-à-coup... et je ne sais plus à quoi attribuer
« votre silence... D'étranges bruits me sont parvenus... et
« ont pénétré jusque dans la retraite où je suis forcée de
« vivre... depuis notre mariage... » (S'interrompant.) Son mariage!...

VALENTINE.

Continuez!...

LARA, continuant.

« Je ne veux pas y ajouter foi!... S'il était vrai pourtant,
« comme on me l'assure... que depuis cette union secrète
« contractée à Turin... par ambition, peut-être par espoir
« de cette fortune immense que mon père n'avait pas encore
« perdue... vous eussiez osé vous remarier en France!...
« s'il était vrai que ce nouvel hymen fût avoué... public!...
« au mépris de mes droits... Je le saurai... je pars à l'ins-
« tant même... Si vous êtes coupable... tremblez... j'ai les
« moyens de démasquer un traître... et de reprendre la
« place qui m'appartient! » (Après un moment de silence.) Il serait possible!... le colonel!... Ah! ce n'était pas sans raison que je le haïssais...

VALENTINE.

Son trouble en recevant cette lettre... son départ subit... ne pouvaient me laisser aucun doute... je n'ai pas cherché à en savoir davantage!... Peu m'importe quelle est de nous deux la véritable victime d'une semblable trahison... Ou ce premier mariage est faux; alors c'est un infâme auprès de qui je ne pourrais plus vivre... ou il est vrai... et moi je ne suis pas sa femme, son nom n'est pas le mien... et je dois le quitter sur-le-champ!...

LARA, avec joie.

Quel est votre dessein?

VALENTINE.

De nous séparer pour jamais... de demander un divorce que nos lois autorisent.

LARA, vivement, lui rendant la lettre.

Et que cette lettre suffit pour faire prononcer.

VALENTINE.

Vous croyez?... Mais j'ai tout à redouter de sa violence... de sa jalousie... c'est loin de lui que je formerai cette demande... je pars, je quitte cette maison pour toujours!

LARA.

O ciel!

VALENTINE.

Dans deux heures, une voiture et des chevaux m'attendront à la petite porte du parc...

LARA.

Seule, sans guide, sans défenseur!... je vous suivrai, je ne vous quitte plus.

VALENTINE.

Non, non... je pars seule... je le veux... mais devant Dieu, Valdini n'est plus rien pour moi... je ne lui appartiens plus... et dès que les juges auront prononcé... dès que je serai libre aux yeux des hommes... je suis à vous pour toujours, Lara.

LARA.

Ah! ma vie entière passée à vos pieds, à prévenir vos moindres vœux!

VALENTINE.

Lara!... (Prêtant l'oreille avec frayeur.) Écoutez!...

22.

LARA.

Quoi donc?...

VALENTINE, de même.

Le bruit d'un cheval qui entre dans la cour... si c'était!... à cette heure! ô mon Dieu!... (Elle court à la fenêtre.) C'est lui... c'est mon mari!...

LARA.

Le colonel...

VALENTINE.

Malheureuse!...

LARA.

Calmez-vous!... ne suis-je pas là?...

VALENTINE.

Ce serait nous perdre... il nous tuerait tous deux sur la place!... fuyez, je vous en conjure... je vous le demande à genoux...

LARA, montrant la porte sur le devant à droite.

Eh bien!... cette porte...

VALENTINE.

C'est la chambre de Geneviève... elle vous verrait!...

LARA, courant à la fenêtre.

Cette fenêtre...

VALENTINE.

Tous nos gens sont rassemblés dans la cour pour le recevoir!...

LARA, montrant la porte à gauche.

De ce côté...

VALENTINE.

Il vous rencontrerait... j'entends déjà ses pas dans l'escalier...

LARA.

Et je suis sans armes... (Courant au petit porte-manteau.) Ah!... là!...

VALENTINE, voulant l'arrêter.

O ciel !... y pensez-vous ?... sans issue... sans air... à peine pourriez-vous y respirer...

LARA.

N'importe... votre salut avant tout...

(Il se jette dans le cabinet et referme la porte.)

VALENTINE, ôtant la clef.

Ah !... je me soutiens à peine...

SCÈNE III.

VALENTINE, GENEVIÈVE, sortant de sa chambre une lumière à la main.

GENEVIÈVE.

Madame !... madame...

VALENTINE.

Que veux-tu ?...

GENEVIÈVE.

De ma fenêtre qui donne sur l'avenue, j'ai reconnu monsieur... il va encore gronder de ce que l'escalier n'est pas éclairé...

VALENTINE, troublée.

Qui peut le ramener si vite ?...

GENEVIÈVE, qui va pour l'éclairer.

Le voici !...

SCÈNE IV.

LES MÊMES ; VALDINI.

(En entrant, il jette son manteau de côté sur la chaise qui se trouve auprès du fauteuil sur lequel Valentine est assise.)

VALDINI, avec humeur à Geneviève.

Il est bien temps !... j'aurais pu me briser la tête mille fois !...

GENEVIÈVE.

Dame ! monsieur... personne ne vous attendait... vous aviez dit...

(Elle allume les flambeaux qui sont sur la table.)

VALDINI, brusquement.

J'avais dit... j'avais dit... ce n'est pas une raison pour négliger son devoir... (Il donne son chapeau à Geneviève.) Mais dès que j'ai le dos tourné... cette maison est si bien conduite... (Regardant sa femme.) Parce que personne ne s'en occupe... qu'on aime mieux rêver, soupirer... que de veiller à son ménage !...

VALENTINE, d'une voix tremblante.

C'est ma faute, monsieur... je ne prévoyais pas... et en votre absence, j'avais permis à Geneviève d'aller se reposer...

GENEVIÈVE.

Oh ! mon Dieu ! j'allais me coucher... Baptiste est malade... je me suis rhabillée, dare, dare... (Remettant quelques épingles.) et Dieu sait comment...

VALDINI, sèchement.

Il suffit...

GENEVIÈVE, à part.

Il est encore plus gai que de coutume... (Regardant Valentine.) Ma marraine est trop bonne... Hum !... si j'avais un mari comme ça...

VALDINI, à Geneviève.

Qu'est-ce que c'est ?

GENEVIÈVE.

Rien !... Je disais que si monsieur avait besoin de quelque chose...

VALDINI.

Le souper dans une demi-heure... je vous sonnerai.

(Il se jette dans un fauteuil à droite du théâtre.)

VALENTINE, le voyant.

Quoi ! monsieur, vous allez vous établir ici ?

VALDINI.

Est-ce que je vous gêne ?

VALENTINE.

Non... mais je suis souffrante... et...

VALDINI, la regardant.

En effet... vous êtes pâle, les traits décomposés... Qu'est-ce que cela signifie? qu'est-ce que vous avez ?...

GENEVIÈVE, à mi-voix.

On ne pourra plus être malade à présent... pas la moindre distraction !...

VALENTINE, se remettant.

Un peu de fatigue peut-être... ce ne sera rien, sans doute... mais je me sens d'une faiblesse...

VALDINI.

Raison de plus pour ne pas m'éloigner !... Le devoir d'un bon mari est de soigner sa femme... Je ne vous quitterai pas de la soirée...

VALENTINE, à part.

O ciel !...

GENEVIÈVE, de même.

S'il se met à nous adorer... ça ne sera plus tenable.

VALDINI.

Geneviève, dis que l'on apporte le souper ici... près de ma femme.

VALENTINE.

Monsieur... puisque vous ne voulez pas descendre, ne peut-on vous servir dans votre cabinet?...

VALDINI.

Impossible!... Cet imbécile de Boutilier y a déjà tout bouleversé... des plâtras... une poussière...

GENEVIÈVE.

Dame! il a voulu travailler en votre absence...

VALENTINE.

Que l'on croyait plus longue...

VALDINI, avec ironie.

Vous l'espériez?...

VALENTINE, troublée.

Moi?... non, monsieur; (Insistant.) mais je vous l'ai dit, je suis souffrante... très-souffrante... C'est bien le moins qu'une femme soit libre dans son appartement, et comme j'allais me coucher quand vous êtes arrivé...

VALDINI, froidement.

Non!... (Montrant son ouvrage préparé sur la table.) Vous alliez travailler!... travailler ou causer... l'un n'est pas plus fatigant que l'autre...

VALENTINE, résignée, et s'asseyant auprès de la table.

Soit, monsieur...

GENEVIÈVE, à part, et préparant la table de côté.

Elle est trop bonne...

VALDINI.

J'ai à vous parler.

VALENTINE, le regardant avec intention.

De votre voyage?

VALDINI, avec aplomb.

Oui... de mon voyage.

GENEVIÈVE, près de la table.

Faut que l'ami que vous avez été voir ne vous ait pas bien reçu... Nous en avons le contre-coup...

VALDINI, sèchement.

Qui est-ce qui vous interroge?... (Regardant sa femme.) Si des personnes, dont je blâme la faiblesse, sont d'humeur à souffrir vos impertinences... songez à les réprimer devant moi... je ne les supporte pas...

VALENTINE.

Monsieur!...

VALDINI, se contraignant. Il se lève.

Du reste, cela finira bientôt... car vous partirez demain à la pointe du jour avec votre maîtresse qui retourne à Paris...
(Geneviève remonte le théâtre et va s'occuper de la petite table au fond.)

VALENTINE, étonnée.

Moi! monsieur...

VALDINI.

Ne me l'avez-vous pas demandé ce matin?... Et si je vous ai refusé... j'ai eu tort... je le reconnais... et je m'empresse, vous le voyez, de faire vos volontés...

VALENTINE.

Je vous avoue, monsieur, qu'un changement de résolution aussi brusque...

VALDINI.

Doit vous enchanter... Vous aviez tant de hâte ce matin de quitter cette maison... de fuir les poursuites de ce jeune homme... (Avec emphase.) de votre adorateur mystérieux... Est-ce que, maintenant, il vous déplairait moins?... est-ce que...

VALENTINE.

Monsieur!...

VALDINI, avec ironie.

Je serais fâché de déranger vos projets; mais j'ai donné mes ordres... vous partirez avec Geneviève...
(Geneviève se rapproche.)

VALENTINE.

Et vous, monsieur?...

VALDINI.

Je resterai pendant deux ou trois jours encore pour faire achever les travaux commencés... et puis j'irai vous rejoindre à Paris...

VALENTINE.

Mais, monsieur!...

VALDINI.

Je le veux... (A part.) Elle sera ici demain... Il faut qu'elle m'y trouve seul... ou sinon, dans sa jalousie...

GENEVIÈVE, bas à Valentine.

Il veut se débarrasser de nous, c'est sûr.

VALDINI, se retournant et regardant Geneviève qui l'observe.

Eh bien ! que fais-tu là ?...

GENEVIÈVE, interdite.

Moi... monsieur ? rien...

VALDINI.

Ce couvert... dépêchons...

VALENTINE, à part.

Oh ! mon Dieu !... il ne s'éloignera pas...

GENEVIÈVE, au moment de sortir, et parlant à Boutilier qui lui demande s'il peut entrer.

Oui... monsieur est de retour... Tu peux lui parler.

(Elle sort.)

SCÈNE V.

LES MÊMES; BOUTILIER.

VALDINI.

Qu'est-ce que c'est ?...

BOUTILIER.

Pardon, excuse... madame... monsieur le colonel... c'est moi... je ne vous dérange pas au moins ?

(Valentine est assise auprès de la table.)

VALDINI, brusquement et s'asseyant à droite.

Que veux-tu ?

BOUTILIER, tournant son chapeau.

Si je vous dérange... je reviendrai une autre fois...

VALDINI, plus brusquement.

Eh non !... parle.

BOUTILIER, un peu décontenancé.

Voilà ce que c'est... On m'a dit que monsieur était de retour... sans cela, je ne me serais pas permis... Après ça... si ça vous gêne... faut le dire.

VALDINI.

Eh, morbleu !... veux-tu t'expliquer...

BOUTILIER.

C'est tout simple, monsieur le colonel. Puisque vous avez la bonté de vous intéresser à ma position... c'est pour cet effet... dont auquel je vous ai prévenu... qui arrive demain matin, et qui m'embarrasse confusément... vu que je n'ai pas le premier sou.

VALDINI.

Ah ! c'est de l'argent que tu veux ?...

BOUTILIER.

C'est le but officieux de ma démarche... Si c'était un effet de votre part... de solder le mien...

VALDINI.

Tu ne pouvais pas me dire ça tout de suite !...

BOUTILIER, souriant.

Ah bien !... vous parler, à vous, ou à une batterie... c'est quasiment la même chose... On a toujours peur que ça ne vous parte sous le nez...

VALDINI.

As-tu là ton mémoire ?...

BOUTILIER, le tirant de sa poche.

Le voilà... Nous n'aurons qu'à mettre dessus : reçu à compte...

VALDINI, remonte le théâtre et va vers la porte à gauche, Boutilier le suit.

C'est bien... tu vas venir avec moi...

VALENTINE, à part.

Dieu soit loué!...

VALDINI, s'arrêtant.

Mais c'est à condition que tu ne t'endormiras plus... que tu mèneras mes travaux bon train... A présent, tu as un aide... je l'ai retenu... tu n'auras plus d'excuses...

BOUTILIER.

Soyez tranquille, colonel; ça va aller... L'ouvrage marche *toute seule*, même la nuit...

VALDINI.

Comment?...

BOUTILIER.

Oui... une échelle que j'avais serrée sous l'hangar, et que je viens de trouver dressée contre cette fenêtre...

VALENTINE, à part.

L'échelle!... ô mon Dieu!...

VALDINI, y courant.

Contre cette fenêtre!...

BOUTILIER, gaiement.

Elle se sera doutée qu'il y avait un pan de mur à recrépir...

VALDINI, regardant sa femme qui pâlit, et reprenant froidement.

En effet... c'est quelqu'un qui, par excès de zèle...

BOUTILIER.

Pardine! c'est pour vous dire que si tout le monde s'y met comme ça... l'affaire ira comme sur des roulettes. (Tendant son mémoire.) Pour lors, v'là donc mon mémoire.

VALDINI, sans l'écouter et regardant toujours sa femme qui affecte une contenance indifférente, et qui s'occupe à travailler.

C'est bien! c'est bien!...

BOUTILIER, le bras tendu et les regardant.

Hein!... qu'est-ce qu'ils ont donc tous les deux?... est-ce

que j'ai dit quelque bêtise?... (Haut.) Pour lors, v'là donc mon mémoire...

(Ici Geneviève rentre, portant un panier qui contient des plats qu'elle place sur la petite table qui est au fond.)

VALDINI, revenant à lui.

Ah! tu me donneras bien le temps de souper, j'espère...

BOUTILIER.

C'est trop juste!...

VALDINI.

Va m'attendre dans mon cabinet...

BOUTILIER.

Là, au milieu des plâtras... comme monsieur voudra...

VALENTINE, à part.

Il reste!...

BOUTILIER, passant au milieu, à part.

Il y a des moments où on ne sait plus si sa tête... Il veut... il ne veut plus... c'est la lune qui cause ça... c'est sûr...

(Il sort.)

SCÈNE VI.

VALENTINE, VALDINI, GENEVIÈVE, qui met le couvert sur une petite table au fond.

VALDINI, à part.

Une échelle... près de cette fenêtre... Ah! je saurai... (Il prend une chaise pour s'asseoir près de Valentine et aperçoit son manteau.) Geneviève!...

GENEVIÈVE, descendant.

Monsieur!...

VALDINI.

Vous n'avez aucun soin!... pourquoi ce manteau est-il resté là?... il est encore mouillé...

(Il le prend et le jette sur les bras de Geneviève.)

GENEVIÈVE.

Tiens... je ne l'avais pas vu... c'est que tout est en désordre chez vous... et je ne sais...

VALDINI.

Mets-le là... (Montrant la petite porte à droite.) au porte-manteau...

VALENTINE, à part.

Là!... Ah! quel instinct fatal!...

GENEVIÈVE, y allant.

Justement il n'y a rien...

VALENTINE, se levant vivement et arrêtant Geneviève d'un regard.

Chez moi... En vérité, monsieur... je n'aurai bientôt plus la libre disposition d'une seule pièce de mon appartement!... vous vous emparez de ma chambre, malgré mes prières... malgré mon état de souffrance... vous y donnez vos audiences, vous en faites votre cabinet de travail, votre salle à manger... et non content de cela...

VALDINI.

Quelle folie!... comment pouvez-vous mettre de l'importance... pour dix minutes que ce manteau restera... (A Geneviève avec un geste d'autorité.) Fais ce que je te dis...

VALENTINE.

Et moi, je le lui défends...

VALDINI.

Pourquoi donc?...

VALENTINE, avec fermeté

Parce que je ne le veux pas!

GENEVIÈVE, à part.

A la bonne heure!... v'là qu'elle s'y met...

(Elle pose le manteau sur une chaise.)

VALDINI, étonné et se contraignant.

C'est du nouveau. . et ce ton décidé...

VALENTINE, d'une voix émue.

C'est qu'il est inouï... que je ne puisse être maîtresse chez moi... d'ailleurs, je vous l'ai dit, ce cabinet est encombré de robes, de cartons.

GENEVIÈVE.

Oui, oui... je me rappelle maintenant...

VALDINI.

C'est ce que nous verrons... (Il va au cabinet.) Ah ! la clef n'y est pas... (A lui-même.) C'est juste !...

GENEVIÈVE, à part.

Allons, v'là qu'il va s'imaginer !... ah !... si c'était vrai !

VALDINI, revenant au milieu du théâtre entre Geneviève et Valentine, et reprenant froidement.

Madame a raison... il n'est pas convenable que chez elle... Portez ce manteau dans le vestibule... Allez !...

GENEVIÈVE.

Oui, monsieur.

Ensemble.

AIR : L'amitié vous engage. (*Elle est folle.*)

VALENTINE, à part.

Je prévois un orage
Qui va fondre sur nous...
Mais j'aurai du courage...
Et je brave ses coups !

VALDINI, à part.

Son trouble, son langage,
Enflamment mon courroux,
Je devine l'outrage
A mes transports jaloux.

GENEVIÈVE.

Je prévois un orage
Qui va fondre sur nous !
(Bas à Valentine.)
Pour sout'nir vot' courage,

Je reviens près de vous.
(A part, regardant sa marraine.)
Quelle existenc' cruelle!
Mon Dieu!... si je pouvais
Me fair' gronder pour elle...
Je n'la quitt'rais jamais!

Ensemble.

VALENTINE, à part.

Je prévois un orage, etc.

VALDINI, à part.

Son trouble, son langage, etc.

GENEVIÈVE.

Je prévois un orage, etc.

(Geneviève sort et emporte le manteau.)

SCÈNE VII.

VALDINI, VALENTINE.

VALDINI, après un silence et prenant la main de Valentine.

Il y a quelqu'un là, madame...

VALENTINE.

Qu'osez-vous dire?...

VALDINI.

Il y a quelqu'un... j'en suis sûr... ce trouble... vos regards... (Tremblant de fureur.) La clef de cette porte?...

VALENTINE.

Vous vous trompez, monsieur... et si je n'excusais votre caractère inquiet et jaloux...

VALDINI.

La clef...

VALENTINE.

Encore ces doutes injurieux... dont vous n'avez cessé de me poursuivre...

VALDINI.

Vous hésitez... ah!... c'est que vous savez bien que je serai sans pitié...

VALENTINE, avec amertume.

Oui!... sans pitié... comme sans amour!

VALDINI.

N'espérez pas me donner le change par des reproches que les femmes ont toujours à leur disposition... Quel que soit l'audacieux qui a osé arriver jusqu'à vous, rien ne peut le sauver; fût-ce mon frère lui-même, je le frapperais à vos yeux... si je ne pouvais lui trouver un supplice plus lent et plus cruel!

VALENTINE, à part.

Oh! mon Dieu!...

VALDINI, avec violence.

Encore une fois... cette clef...

VALENTINE.

J'ignore... je ne sais... ce qu'elle est devenue... (Affectant de la fermeté.) Et quand je le saurais... vos soupçons odieux m'autoriseraient à vous la refuser...

VALDINI, se contraignant.

Je devais m'y attendre... mais il est un autre moyen... de m'assurer de la vérité... et en brisant cette porte...
(Il va vers le fond, pour chercher quelque instrument propre à briser la porte.)

VALENTINE, traversant le théâtre et se mettant devant le petit cabinet.

Vous le pouvez, monsieur... mais j'exige à mon tour que vous fassiez monter tous vos gens... je veux qu'ils soient vos témoins et mes juges... Si je suis coupable... vous me tuerez... je le demande... je vous pardonne d'avance! Si je ne le suis pas... songez-y... cet outrage public sera le signal d'une séparation que je réclame à l'instant... (Appuyant.) que votre conduite passée ne justifie que trop... je pars... je m'éloigne; et nul pouvoir sur la terre ne pourra m'obliger à vivre une minute de plus avec l'homme qui m'aura avilie à ce point.

VALDINI, après un silence et s'approchant de Valentine.

Vous avez raison!... ce serait nous humilier tous deux!... Si je trouvais quelqu'un... je ne pardonnerais pas... et cet éclat... devant toute ma maison... ne vous punirait pas seule... Si je n'y trouvais personne, c'est vous qui n'oublieriez jamais cette offense!... Valentine... (Passant à sa droite, lui prenant la main et lui montrant le portrait.) jurez-moi devant vatre mère... devant Dieu qui vous... écoute... qu'il n'y a per onne...

VALENTINE, balbutiant.

Monsieur...

VALDINI, sévèrement.

Prenez-y garde... la moindre hésitation... serait une réponse...

VALENTINE, d'une voix faible.

Je le jure... devant ma mère... (A part.) Qu'elle me pardonne!...

VALDINI, l'observant.

Et... devant Dieu?...

VALENTINE, après un mouvement et à part.

Ah! mon âme pour le sauver... (Haut.) Et devant Dieu!...

VALDINI, montrant le petit cabinet.

Qu'il n'y a personne?...

VALENTINE, d'une voix faible.

Personne!...

VALDINI, lui lâchant la main.

C'est bien...

VALENTINE, tombant épuisée dans un fauteuil, près de la table.

Je respire...

SCÈNE VIII.

Les mêmes; GENEVIÈVE, elle apporte une carafe, deux verres et du pain.

GENEVIÈVE, posant tout sur la table.

Le souper est prêt, monsieur... Faut-il le monter?...

VALDINI, distrait.

Sans doute!... mais comme il est tard... tout le monde peut se coucher... tu resteras pour nous servir.

GENEVIÈVE, le regardant.

Oui, monsieur... (A part.) Non... il est tranquille!... je m'étais trompée!...

(Elle va au fond.)

VALDINI, après un moment de silence.

Fais revenir Boutilier... j'ai un mot à lui dire...

GENEVIÈVE, poussant la porte d'entrée.

C'est facile... il est là... assis... les bras croisés... j'crois qu'il dort... (L'appelant.) Boutilier... Boutilier...

BOUTILIER, dans le cabinet et comme quelqu'un qui s'éveille.

Hein?...

GENEVIÈVE.

Monsieur te demande...

BOUTILIER, de même.

Voilà!...

SCÈNE IX.

VALDINI, BOUTILIER, VALENTINE, GENEVIÈVE, qui entre et sort et met des plats sur la petite table du fond. Valentine est assise près de la table.

VALDINI, à Boutilier qui entre.

Approche!...

23.

BOUTILIER, se frottant les yeux.

Pardon, excuse!... comme je disais à monsieur... c'est deux cent quarante-six francs vingt-trois centimes...

VALDINI.

Va-t'en au diable... tu n'as que ton affaire en tête!... tu as fini ta journée?...

BOUTILIER.

Il y a longtemps...

VALDINI.

Tu n'as plus rien à faire?

BOUTILIER.

Qu'à aller me coucher...

VALDINI.

Un moment...
(Il lui fait signe de s'approcher plus près de lui; Boutilier obéit; il lui parle bas à l'oreille.)

BOUTILIER, étonné.

Tiens, c't'idée... est-ce drôle!...

VALDINI.

Je le veux à l'instant...

BOUTILIER, montrant le cabinet à gauche.

C'est différent... vous êtes le maître!... j'ai là tout ce qu'il faut... et il n'y en a pas pour un quart d'heure...

VALDINI, voyant Geneviève qui apporte sur le devant du théâtre la petite table toute servie auprès de Valentine qui est toujours assise.

Voici le souper! mettons-nous à table.

(Valdini s'assied à la table qui est placée sur le premier plan; Valentine est à droite du spectateur; Valdini à gauche, la porte du placard derrière lui; Geneviève les sert; rentre Boutilier, tenant dans ses bras une hotte, où sont des matériaux et des outils.)

BOUTILIER.

Des briques, des outils, du plâtre, ce ne sera pas long.

(Il dépose le tout près de la porte du cabinet.)

VALENTINE, voyant tous ces apprêts.

Qu'est-ce donc?

GENEVIÈVE, à Boutilier.

Eh bien, qu'est-ce que tu viens faire ici?... y songes-tu?... pendant le souper!

BOUTILIER.

Ça ne vous regarde pas... c'est l'ordre de monsieur...

(Il commence à travailler.)

VALENTINE, à Valdini.

Comment, monsieur, que voulez-vous faire?

VALDINI, montrant le placard.

Murer cette porte qui m'est inutile (A mi-voix.) et qui ne servirait à rien qu'à nous rappeler à tous deux un débat dont je veux faire disparaître jusqu'au moindre souvenir...

(Boutilier travaille.)

GENEVIÈVE, à part.

A-t-il des lubies, celui-là!...

(Par un mouvement involontaire, Valentine se lève brusquement et fait un pas pour aller vers Boutilier. Valdini se lève aussi vivement, l'arrête d'un regard, et par un signe impérieux, la force de rester à sa place. Valentine, tremblante, retombe sur sa chaise; Valdini se rassied sur la sienne; ils sont à table. Valdini tourne le dos à Boutilier qui est à genoux et qui travaille; Valentine est en face et voit les progrès de l'ouvrage; Geneviève va et vient pour les servir.)

VALDINI, à Geneviève.

A boire! (Geneviève, occupée à regarder Boutilier, n'entend pas Valdini qui répète plus haut et avec impatience :) A boire!

BOUTILIER, à Geneviève.

Mais allez donc, mamzelle.

(Geneviève verse à boire à Valdini.)

VALDINI, à sa femme.

Eh bien! madame, vous ne mangez pas.

VALENTINE, très-émue.

Je vous l'ai dit, monsieur... je suis fort souffrante...

GENEVIÈVE.

Et puis... c'est bien capable de vous donner de l'appétit... cette poussière... ce bruit!...

BOUTILIER.

Ça, par exemple... c'est bien l'envie de parler... il n'y a pas plus de poussière que dans mon œil... c'est l'ouvrage la plus propre...

VALDINI.

Silence!...

BOUTILIER.

Non!... c'est pour me vexer... Oh!... les femmes!... qu'elles y reviennent!... après m'avoir planté là, comme un malheureux moellon démoli... m'avoir abreuvé!... oser encore... ça me donne des mouvements de rage... que si je m'en croyais... (Il chante comme les ouvriers en travaillant.) Tra, la, la, la, la...

GENEVIÈVE.

Tais-toi donc!... mais tais-toi donc... devant monsieur... devant madame...

BOUTILIER, à Valdini.

Pardon, excuse... je ne peux pas travailler sans chanter, surtout quand j'ai de l'humeur...

VALDINI.

C'est bien!... va toujours... je ne t'écoute pas...

BOUTILIER.

Vous êtes bien bon!...

VALENTINE, d'un air suppliant à Valdini.

Monsieur...

VALDINI.

C'est leur habitude!... le travail en va plus vite... et vous en serez débarrassée plus tôt...

BOUTILIER, chante.

COUPLETS.

AIR : Une princesse de Grenade.
Premier couplet.

Une coquett' de village
Avait fait choix d'un amoureux ;
Bientôt, en femm' prudente et sage,
Au lieu d'un, v'là qu'elle en prend deux !
Le premier, qu'avait de l'usage,
Se dit tout bas : Je suis vexé,
(D'un air de surprise.)
Hé !
Et vexé par un god'lureau,
(D'un air de colère.)
Oh !
Mais l'amour me veng'ra...
Car j'vais la planter là.
(D'un air de triomphe.)
Ah !

VALENTINE, à part.

Ah ! quel supplice !... et n'oser faire un mouvement... ne pouvoir l'arrêter.

VALDINI, regardant l'ouvrage.

C'est bien... nous avançons.

BOUTILIER.

V'là que ça marche !... oh ! mais ne craignez rien, ça n'vous fera pas d'humidité... chaux et ciment... ça sèche tout de suite... en trois minutes, ça sera dur comme du fer.

(Il se remet à travailler.)

VALENTINE, bas à Geneviève qui se trouve près d'elle.

Geneviève, au nom du ciel, empêche-le de continuer !

VALDINI.

Geneviève, du vin !

GENEVIÈVE.

Voilà, monsieur... (Tout en lui versant à boire, elle tousse légèrement, en regardant Boutilier, et lui fait des signes.) Hum! hum!

BOUTILIER, à part, la regardant, tout surpris.

Tiens!... v'là qu'elle me refait des yeux... est-ce qu'elle aurait envie de revenir à mon sujet?... Oh! les femmes sont-elles *caméléons!*... si je pouvais donner un croc-en-jambe à l'Espagne...

(Il travaille avec plus d'ardeur.)

GENEVIÈVE, à part.

L'imbécile!... il ne comprend pas...

(Elle veut de nouveau lui faire signe et aller à lui.)

VALDINI, qui a remarqué le mouvement, et l'arrêtant au moment où elle passe.

Eh bien!... eh bien!... où vas-tu?... reste donc là... pour nous servir... tu as tout le temps d'aller faire la coquette avec ton ancien amoureux, s'il reprend l'avantage...

BOUTILIER.

Ah! oui, dites donc, mamzelle?

GENEVIÈVE.

Lui!... par exemple!...

VALDINI, avec ironie.

Pourquoi pas?... il ne faut jamais se décourager... Vois-tu, mon pauvre Boutilier, les nouveaux serments de ces dames (Regardant Valentine.) ne tiennent pas plus que les premiers... il ne faut qu'un caprice qui fait tourner la girouette...

BOUTILIER, à part, suivant les signes de Geneviève.

Oh!... la girouette a tourné... elle me refait des yeux... pauvre Espagne... tu me fais de la peine... va!

VALDINI, se tournant vers lui.

Je crois que tu te ralentis... allons donc... ton second couplet...

BOUTILIER.

N'est-ce pas, colonel... c'est une romance assez agréable?...

(Il chante en jetant des regards expressifs sur Geneviève, qui s'impatiente et hausse les épaules.)

(Même air.)

Deuxième couplet.

Mais un matin aux yeux d'la belle,
Le galant s'est évaporé!...
Pour l'autre ell' redevient fidèle,
Et dit : J't'ai toujours adoré;
La voyant jouer d' la prunelle,
L'autr' dit : Serais-je encor' vexé?
(D'un air de doute.)
Hé!...
Quoiqu' j'ai' souffert du quiproquo,
(Les yeux au ciel.)
Oh!
J'pardonne... l'amour, oui-dà,
Est assez bête pour ça...
(D'un air de dédain.)
Ah!

VALENTINE, se levant impétueusement.

Ah!... je n'y tiens plus.

VALDINI, se levant aussi.

Madame...

VALENTINE, hors d'elle.

Ayez pitié de moi, monsieur, je souffre!... je souffre trop...

BOUTILIER, se retournant.

Monsieur le colonel... c'est fini... regardez-moi ça.

VALENTINE, voyant le mur terminé.

Dieux!...

GENEVIÈVE, la soutenant.

Ma marraine!...

VALDINI, froidement et regardant le mur.

C'est bien!... je suis content de toi... et maintenant, il

est juste que je tienne ma parole... je vais te donner ton argent... (Montrant les outils.) Emporte tout cela... et suis-moi...

(Boutilier rassemble ses outils et les débris de briques qu'il place dans sa petite hotte.)

VALENTINE, bas à Geneviève.

Qu'il ne s'éloigne pas... j'ai besoin de lui...

GENEVIÈVE, allant à Boutilier, et bas pendant qu'il ramasse ses outils.

Ne t'éloigne pas... descends dans la cour... et monte dans ma chambre...

BOUTILIER.

Par où ?...

GENEVIÈVE.

Par la fenêtre qui est ouverte...

BOUTILIER, à part.

Un rendez-vous !... elle me revient.

VALDINI, l'attendant.

Allons donc... je t'attends !...

BOUTILIER.

Voilà ! (Saluant Valentine et faisant des signes à Geneviève.) Bonsoir, madame... bonsoir, mamzelle Geneviève... (La regardant.) Si vous avez besoin de moi pour autre chose...

VALDINI, à la porte.

Ah çà ! voyons... veux-tu ton argent ?

BOUTILIER, le suivant.

Voilà, voilà, colonel.

GENEVIÈVE, lui montrant la porte de sa chambre.

Là... dans ma chambre.

BOUTILIER.

Oui... oui... (A part, en s'en allant.) L'Espagne est flambée.

(Il suit Valdini qui est sorti avant lui.)

SCÈNE X.

VALENTINE, GENEVIÈVE.

VALENTINE, retombant sur son fauteuil toute inanimée.

Ah! Geneviève!...

GENEVIÈVE, à mi-voix.

Chut!... le colonel peut encore nous entendre... (Elle suit des yeux Valdini.) V'là qu'il entre chez lui...
(Elle pousse la porte doucement et revient près de Valentine.)

VALENTINE.

Je suis perdue!... je suis morte!...

GENEVIÈVE, à mi-voix.

Quoi! ma marraine... ce que disait le colonel... est-ce que?... là...

VALENTINE, avec hésitation.

Il est trop vrai... il y a quelqu'un...

GENEVIÈVE.

Sainte Vierge!

VALENTINE.

Quelqu'un à qui le moindre retard peut coûter la vie... et je ne sais... comment t'avouer...

GENEVIÈVE, courant à elle.

A moi... à votre pauvre Geneviève... qui vous aime tant... Il faut le sauver...

VALENTINE.

Et comment?

GENEVIÈVE.

Je n'en sais rien!... mais il faut le sauver...

VALENTINE.

Réveille le cocher... le jardinier...

GENEVIÈVE.

Ils ne nous entendraient pas... ils sont là-bas... de l'autre côté.

VALENTINE.

Appelle Boutilier...

GENEVIÈVE.

Il est avec monsieur... mais tout-à-l'heure... par la fenêtre de la cour, il doit monter là, dans ma chambre... que lui dirai-je?

VALENTINE.

Qu'il vienne le sauver... mais d'ici-là... le manque d'air... une minute, peut-être, et il ne sera plus temps. (Essayant de pousser le mur avec ses mains:) Oh!... ce mur... comment l'abattre?... deux femmes... et rien... (Avec désespoir.) Rien!...

GENEVIÈVE, s'approche du mur et frappe avec sa main.

Nous entendez-vous?... répondez...

VALENTINE et GENEVIÈVE, d'une voix tremblante.

Répondez-nous.

SCÈNE XI.

Les mêmes; VALDINI.

VALDINI, entrant par la gauche et regardant les deux femmes.

Répondez?...

VALENTINE et GENEVIÈVE, poussant un cri.

Ah!...

VALDINI.

Eh! qui donc?

Ensemble.

AIR: Dieux! qu'ai-je lu!

VALENTINE et GENEVIÈVE, à part.
Dieux! qu'ai-je vu!
Quelle imprudence!...

Plus d'espérance...
Tout est perdu!

VALDINI, à part.

Qu'ai-je entendu?
Rage et vengeance!
Tant d'impudence,
M'a confondu!

VALENTINE, à part.

C'est fait de nous!

(Elle passe à gauche du théâtre.)

VALDINI, à Geneviève en lui montrant sa chambre.

Rentrez...

GENEVIÈVE, hésitant.

Mais...

VALDINI, de même.

Rentrez, je le veux!

GENEVIÈVE, tremblante.

Monsieur!...

VALDINI.

Obéissez!...

GENEVIÈVE, à part.

Plus d'espoir pour tous deux!

(Avec résolution.)
Ah! malgré ma faiblesse et ma frayeur mortelle,
Je saurai les sauver... ou mourir avec elle.

Ensemble.

VALENTINE, et GENEVIÈVE, à part.

Dieux! qu'ai-je vu? etc.

VALDINI, à part.

Qu'ai-je entendu? etc.

(Geneviève rentre dans sa chambre, qui est à droite du côté du placard;
Valdini l'enferme en donnant un tour de clef.)

SCÈNE XII.

VALDINI, VALENTINE.

VALDINI, sans prononcer un mot, vient tranquillement auprès de Valentine, et après un silence, il lui dit, avec un sang-froid affecté.

Je vois combien pour les personnes pieuses... un serment est sacré!... (Montrant le mur et avec une ironie amère.) Il n'y a personne!...

VALENTINE.

Eh bien!... je l'avoue... je me suis parjurée... que Dieu me juge et me punisse!... (D'une voix abattue.) Il y a quelqu'un... oui!

VALDINI.

Quelqu'un!...

VALENTINE.

Que j'ai fait venir en votre absence... quelqu'un que j'aime...

VALDINI.

Que vous aimez!...

VALENTINE, presque à ses genoux.

Je ne cherche pas à désarmer votre fureur... je l'appelle sur moi tout entière... vengez-vous!... tuez-moi!... mais sauvez-le d'un supplice affreux!... d'une mort horrible!...

VALDINI, furieux.

Le sauver!... tu oses me demander sa vie...

VALENTINE.

Tuez-moi!

VALDINI.

Vous souffririez trop peu... (La saisissant par le bras.) Non!... non!... vous resterez là... près de lui... près de moi...

VALENTINE, avec horreur et tombant à ses genoux.

Ah!...

VALDINI.

Là... là... toute la nuit... je ne vous quitterai pas...

VALENTINE.

Par pitié!...

VALDINI, avec rage.

AIR : De votre bonté généreuse.

De la pitié!... pour de telles injures!
De la pitié! pour l'infâme rival,
Dont je voudrais prolonger les tortures...
Non!... que ce lieu lui soit fatal!
Puisqu'il a fui lâchement ma colère,
Pour votre honneur, je veux, en me vengeant,
    Ensevelir sous cette pierre
    Et l'affront et le châtiment!

VALENTINE, à ses pieds.

Monsieur!...

VALDINI, lui serrant le bras avec violence.

Vous resterez, vous dis-je!... (Avec ironie.) vous resterez là, près de votre complice...

VALENTINE, avec force.

Il ne l'était pas!... je ne suis pas coupable!... Dieu le sait!... jamais je n'ai trahi mes devoirs... vous seul pouviez me les faire détester... mais maintenant que votre âme s'est dévoilée... que je connais la honte que vous m'aviez préparée... je le déclare devant vous... devant lui... oui... je l'aime!... (Remontant la scène et s'adressant au cabinet muré.) Oui!... s'il peut m'entendre encore, je jure ici que sa mort sera vengée... je vous perdrai plutôt vous-même!...

VALDINI.

Vous?...

VALENTINE, de même.

Je sais tout.

VALDINI.

Comment?...

VALENTINE.

Cette lettre de Turin...

VALDINI.

Ciel !

VALENTINE.

Je dévoilerai votre crime !...

VALDINI.

Malheureuse !

VALENTINE, écoutant.

Écoutez ce bruit...

VALDINI, de même.

C'est à la porte de la cour... Qui peut donc, au milieu de la nuit?...

(Les coups redoublent au dehors.)

VALENTINE, avec joie.

C'est le ciel qui m'exauce et m'envoie des vengeurs... (Elle court à la fenêtre. Appelant de nouveau.) Au secours !

VALDINI, courant à elle et la retirant de la fenêtre, qu'il referme violemment.

Tais-toi... tais-toi...

SCÈNE XIII.

LES MÊMES; GENEVIÈVE, dans sa chambre et frappant à la porte qui est fermée et qui est du même côté que le placard; puis LARA.

GENEVIÈVE, en dehors.

Monsieur... monsieur !...

VALDINI.

Qu'est-ce donc?...

GENEVIÈVE, de même.

Eh! vite, une voiture à la porte du château... une dame qui vous demande.

VALDINI, troublé.

Une dame!... Dieu! serait-ce Bianca?

GENEVIÈVE.

Elle a parlé de gens de justice... et si dans cinq minutes, vous n'êtes pas auprès d'elle...

VALDINI.

C'est elle!... pas un instant à perdre... il faut courir...

VALENTINE, le retenant.

Vous ne sortirez pas...

VALDINI.

Silence!...

VALENTINE.

Ah!... vous tremblez à votre tour... cette Bianca Malfieri...

VALDINI.

Laissez-moi...

VALENTINE, s'attachant à lui.

Elle me verra... c'est devant elle que je vous accuserai...

VALDINI, la repoussant avec rage.

Vous voulez en vain me suivre... vous resterez ici... (Montrant la porte du placard.) Avec lui!

(Il sort par la porte à gauche que l'on entend refermer.)

VALENTINE, seule.

Monsieur... par pitié!...

GENEVIÈVE, enfermée à droite et frappant à la porte de sa chambre.

Ma marraine... ouvrez... ouvrez-moi donc!

VALENTINE, ouvre la porte.

Ah! Geneviève.

(Elle est prête à s'évanouir, Geneviève la soutient, et la conduit à un fauteuil.)

GENEVIÈVE.

Allons, madame... tout n'est pas perdu! la voiture que vous aviez commandée est en bas, à l'autre bout du parc!

VALENTINE.

Et lui!... et lui qui expire peut-être!...

GENEVIÈVE.

Du courage!... en auriez-vous assez pour supporter une grande joie?...

VALENTINE.

Que je meure, pourvu qu'il vive!...

GENEVIÈVE.

Et s'il vivait!...

VALENTINE.

Ah!...

BOUTILIER, sortant de la chambre de Geneviève, le visage, les mains et le tablier couverts de plâtre.

Muré d'un côté... (Montrant la chambre de Geneviève.) Démuré de l'autre... ça n'a pas été long. (Montrant Lara.) Le voilà! (Lara paraît au même instant à la porte de la chambre de Geneviève; il court à Valentine qui pousse un cri et se jette dans ses bras.)

BOUTILIER, à Geneviève.

Mais vous tiendrez votre promesse.

GENEVIÈVE.

Je t'épouserai... je l'ai juré... (Regardant Lara et Valentine.) Car maintenant je connais la vérité... (A Valentine.) Partez... partez... madame... la voiture vous attend... et avant le retour du colonel...

(Elle met le verrou à la porte par laquelle Valdini est sorti.)

VALENTINE, regardant Lara.

Impossible, ses forces le trahiraient...

LARA.

Non, non, j'en retrouverai pour défendre le trésor qui m'appartient maintenant... (Bas à Geneviève.) Geneviève, dis bien au colonel!... que je me souviens de son défi... et que demain... je l'attendrai seul toute la journée... sous les murs de Montbazon!...

GENEVIÈVE.

Oui, monsieur... (A part.) C'est la première chose que j'oublierai de lui dire.

VALENTINE, à Geneviève.

Tu viendras nous rejoindre, Geneviève... vous ne nous quitterez plus.

GENEVIÈVE.

Oui, oui, ma marraine.

(Lara et Valentine sortent par la chambre de Geneviève.)

BOUTILIER, à Geneviève.

Dites donc, mamzelle... l'autre va m'assommer.

GENEVIÈVE.

Qu'est-ce que ça te fait ?... Voilà ma main.

BOUTILIER, avec bonheur et crainte.

Allons, Dieu me garde de la sienne !

(On entend Valdini qui frappe à coups redoublés à la porte que Geneviève a fermée au verrou.)

TABLE

	Pages.
LA FRONTIÈRE DE SAVOIE.	1
ESTELLE OU LE PÈRE ET LA FILLE.	55
ÊTRE AIMÉ OU MOURIR!	121
UNE CHAUMIÈRE ET SON CŒUR.	181
LA PENSIONNAIRE MARIÉE.	273
VALENTINE.	345

Paris. Soc. d'Imp. PAUL DUPONT, 41, rue J.-J.-Rousseau (Cl.) 42.7.83.

www.ingramcontent.com/pod-product-compliance
Lightning Source LLC
Chambersburg PA
CBHW070926230426
43666CB00011B/2324